**北京一零一中生态智慧教育丛书——科学教育课程系列**

丛书主编 陆云泉 熊永昌

 北京一零一中 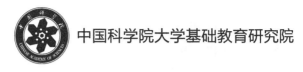 中国科学院大学基础教育研究院

# 中学生
# 科学思维能力培养的
## 物理教学实践研究

ZHONGXUESHENG
KEXUE SIWEI NENGLI PEIYANG DE
WULI JIAOXUE SHIJIAN YANJIU

史 艺 杨双伟 詹光奕 著

北京理工大学出版社
BEIJING INSTITUTE OF TECHNOLOGY PRESS

## 内 容 简 介

本书重点关注中学生物理核心素养中的科学思维能力培养，全书由六章组成。第一章，基于文献综述、作者的教学实践经验，从理论上梳理并以示例形式分析什么是中学生的科学思维能力；介绍了作者对北京市中学物理教师科学思维能力培养的调查结果，并基于调查结果、理论分析和实践经验，给出物理教学中科学思维能力的培养策略。第二章，对中学生的科学思维能力评价进行设计指导。首先介绍了物理学习评价的理论知识，然后基于解读新课标，对中学生科学思维能力表现水平进行分析，并基于前述分析对中学生科学思维能力表现的评价方式进行设计。第三章，从物理"概念课"入手，对科学思维能力培养进行案例分析。从概念建构、概念辨析、概念应用的角度，分别以实例形式分析培养学生科学思维能力的教学方法。第四章，从物理"实验课"入手，从演示实验、验证性实验、探究性实验角度，分别以实例形式分析培养学生科学思维能力的教学方法。第五章，从物理"复习课"入手，围绕单元设计、设计性任务教学、学习进阶理论，以理论介绍和实例展示形式，分析培养学生科学思维能力的教学方法。第六章，从信息技术辅助物理教学角度入手，分别以几何画板、仿真实验、频闪截屏、传感器为技术辅助，介绍提升学生科学思维能力的培养实例。该书是北京一零一中学物理组全体教师多年教学经验的提炼和升华，期待能和教育同人在学生科学思维能力培养上产生共鸣。

**图书在版编目（CIP）数据**

中学生科学思维能力培养的物理教学实践研究／史艺,杨双伟,詹光奕著. －－北京:北京理工大学出版社,
2023.4

ISBN 978 - 7 - 5763 - 2306 - 1

Ⅰ.①中… Ⅱ.①史…②杨…③詹… Ⅲ.①中学物理课-教学研究 Ⅳ.①G633.72

中国国家版本馆 CIP 数据核字（2023）第 071604 号

---

责任编辑：徐艳君　　　　文案编辑：徐艳君
责任校对：周瑞红　　　　责任印制：李志强

---

**出版发行** ／ 北京理工大学出版社有限责任公司
**社　　址** ／ 北京市丰台区四合庄路 6 号
**邮　　编** ／ 100070
**电　　话** ／ （010）68944439（学术售后服务热线）
**网　　址** ／ http：//www.bitpress.com.cn

---

**版 印 次** ／ 2023 年 4 月第 1 版第 1 次印刷
**印　　刷** ／ 廊坊市印艺阁数字科技有限公司
**开　　本** ／ 710 mm × 1000 mm　1/16
**印　　张** ／ 14.25
**字　　数** ／ 239 千字
**定　　价** ／ 76.00 元

教育事关国计民生，是国之大计，党之大计。

北京一零一中是北京基础教育名校，备受社会的关注和青睐。自 1946 年建校以来，取得了丰硕的办学业绩，学校始终以培养"卓越担当人才"为己任，在党的"教育必须为社会主义现代化建设服务，为人民服务，必须与生产劳动和社会实践相结合，培养德智体美劳全面发展的社会主义建设者和接班人"的教育方针指引下，立德树人，踔厉奋发，为党和国家培养了一大批卓越担当的优秀人才。

教育事业的发展离不开教育理论的指导。时代是思想之母，实践是理论之源。新时代的教育需要教育理论创新。北京一零一中在传承历史办学思想的基础上，依据时代教育发展的需要，守正出新，走过了自己的"教育理论"扬弃、创新过程。

学校先是借鉴了前苏联教育家苏霍姆林斯基的"自我教育"思想，引导师生在认识自我、要求自我、调控自我、评价自我、发展自我的道路上学习、成长。

进入 21 世纪以来，随着教育事业的飞速发展，学校在继续践行"自我教育"思想的前提下，开始探索"生态·智慧"课堂，建设"治学态度严谨、教学风格朴实、课堂氛围民主、课堂追求高远"的课堂文化，赋予课堂以"生态""智慧"属性，倡导课堂教学的"生态、生活、生长、生命"观和"情感、思想、和谐、创造"性，课堂教学设计力求情景化、问题化、结构化、主题化、活动化，以实现"涵养学生生命，启迪学生智慧"的课堂教学宗旨。

2017 年党的十九大召开，教育事业进入了"新时代"，北京一零一中的教育指导思想由"生态·智慧"课堂发展为"生态·智慧"教育。北京一零一人在思考，在新的历史条件下发展什么样的基础教育，怎样发展中国特色、国际一流的基础教育这个重大课题。北京一零一人在探索中进一步认识到，"生态"意味着绿色、开放、多元、差异、个性与各种关系的融洽，所以"生态教育"的本质即尊重规律、包容差异、发展个性、合和共生；"智慧"意味着点拨、唤醒、激励、启迪，所以"智慧教育"的特点是启智明慧，使人理性求真、至善求美、务实求行，获得机智、明智、理智、德智的成长。

2019年5月，随着北京一零一中教育集团成立，学校办学规模不断扩大，学校进入集团化办学阶段，对"生态·智慧"教育的思考和认识进一步升华为"生态智慧"教育。因为大家认识到，"生态"与"智慧"二者的关系不是互相割裂的，而是相互融通的，"生态智慧"意味着从科学向智慧的跃升。"生态智慧"强调从整体论立场出发，以多元和包容的态度，欣赏并接纳世间一切存在物之间的差异性、多样性和丰富性；把整个宇宙生物圈看成一个相互联系、相互依赖、相互存在、相互作用的一个生态系统，主张人与植物、动物、自然、地球、宇宙之间的整体统一；人与世界中的其他一切存在物之间不再是认识和被认识、改造和被改造、征服和被征服的实践关系，而是平等的对话、沟通、交流、审美的共生关系。"生态智慧"教育是基于生态学和生态观的智慧教育，是依托物联网、云计算、大数据、泛在网络等信息技术所打造的物联化、智能化、泛在化的教育生态智慧系统；实现生态与智慧的深度融合，实现信息技术与教育教学的深度融合，致力于教育环境、教与学、教育教学管理、教育科研、教育服务、教育评价等的生态智慧化。

学校自2019年7月第一届集团教育教学年会以来，将"生态智慧"教育赋予"面向未来"的特质，提出了"面向未来的生态智慧教育"思想。强调教育要"面向未来"培养人，要为党和国家培养"面向未来"的合格建设者和可靠接班人，要教会学生面向未来的生存技能，包括学习与创新技能、数字素养技能和职业生活技能，要将学生培养成拥有创新意识和创新能力的拔尖创新人才。

目前，"面向未来的生态智慧教育"思想已逐步贯穿了办学的各领域、各环节，基本实现了"尊重规律与因材施教的智慧统一""学生自我成长与学校智慧育人的和谐统一""关注学生共性发展与培养拔尖创新人才的科学统一""关注学生学业发展与促进教师职业成长的相长统一"。在"面向未来的生态智慧教育"思想的指导下，北京一零一中教育集团将"中国特色国际一流的基础教育名校"确定为学校的发展目标,将"面向未来的卓越担当的拔尖创新人才"作为学校的学生发展目标,将"面向未来的卓越担当的高素质专业化创新型的生态智慧型教师"明确为教师教育目标。

学校为此完善了教育集团治理的"六大中心"的矩阵式、扁平化的集团治理组织;研究制定了"五育并举"、"三全育人"、"家庭—学校—社会"协同育人、"线上线下—课上课后—校内校外"融合育人、"应试教育—素质教育—英才教育"融合发展的育人体系;构建了"金字塔式"的"生态智慧"教育课程体系;完善了"学院—书院制"的课程内容建设及实施策略建构;在教育集团内部实施"六个一体化"的"生态智慧"管理,各校区在"面向未来的生态智慧教育"思想指引下,传承自身文化,着力打造自身的办学特色,实现各美其美、美美与共。

北京一零一中教育集团着力建设了英才学院、翔宇学院、鸿儒学院和GITD学院(Global Innovation and Talent Development),在学习借鉴生态学与坚持可持续生态发展观的基础上,追求育人方式改革,开展智慧教育、智慧教学、智慧管理、智慧评价、智慧服务等实验,着力打造了智慧教研、智慧科研和智慧学研,尤其借助国家自然科学基金项目《面向大中学智慧衔接的动态学生画像和智能学业规划》和国家社会科学基金项目《基础教育集团化办学中学校内部治理体系和治理能力建设研究》的研究,加快学校的"生态智慧"校园建设,借助2019年和2021年两次的教育集团教育教学年会的召开,加深了全体教职员工对于"面向未来的生态智慧教育"思想的理解、认同、深化和践行。

目前,"面向未来的生态智慧教育"思想已深入人心,成为教育集团教职员工的共识和工作指导纲领。在教育教学管理中,自觉坚持"道法自然,各美其美"的管理理念,坚持尊重个性、尊重自然、尊重生命、尊重成长的生态、生活、生命、生长的"四生"观;在教师队伍建设中,积极践行"启智明慧,破惑证真"的治学施教原则,培养教师求知求识、求真求是、求善求美、求仁求德、求实求行的知性、理性、价值、德性、实践的"智慧"观;在拔尖创新人才培养中,立足"面向未来",培养师生能够面向未来的信息素养、核心素养、创新素养等"必备素养"和学习与创新、数字与AI运用、职业与生活等"关键能力"。

北京一零一中教育集团注重"生态智慧"校园建设,着力打造面向未来的"生态智慧"教育文化。在"面向未来的生态智慧教育"思想的引领下,各项事业蓬勃发展，育人方式深度创新，国家级新课程新教材实施示范校建设卓有成效；"双减"政策抓铁有痕，在借助"生态智慧"教育手段充分减轻师生过重"负担"的基础上，在提升课堂教学质量、高质量作业设计与管理、供给优质的课后服务等方面，充分提质增效；尊重规律、发展个性、成长思维、厚植品质、和合共生、富有卓越担当意识的"生态智慧"型人才的培养成果显著；面向未来的卓越担当型的高素质专业化创新型的"生态智慧"型教师队伍建设成绩斐然；教育集团各校区各中心的内部治理体系和治理能力建设成绩突出；学校的智慧教学，智慧作业，智慧科研，智慧评价，智慧服务意识、能力、效率空前提高。北京一零一中教育集团在"面向未来的生态智慧教育思想"的引领下正朝着"生态智慧"型学校迈进。

为了更好地总结经验、反思教训、创新发展，我们启动了"面向未来的生态智慧教育"丛书编写。丛书分为理论与实践两大部分，分别由导论、理论、实践、案例、建议五篇章构成，各部分由学校发展中心、教师发展中心、学生发展中心、课程教学中心、国际教育中心、后勤管理中心及教育集团下辖的十二个校区的相关研究理论与实践成果构成。

本套丛书的编写得益于教育集团各个校区、各个学科组、广大干部教师的共同努力，在此对各位教师的辛勤付出深表感谢。希望这套丛书所蕴含的教育教学成果能够对海淀区乃至全国的基础教育有所贡献，实现教育成果资源的共享，为中国基础教育的发展提供有益的借鉴和帮助。

中国教育学会副会长

北京一零一中教育集团总校长

中国科学院大学基础教育研究院院长

# 丛书序二

为全面贯彻落实党中央、国务院《关于进一步减轻义务教育阶段学生作业负担和校外培训负担的意见》、《全面科学素质行动规划纲要（2021—2035 年）部署要求，着力在教育"双减"中做好科学教育加法，一体化推进教育、科技、人才高质量发展，2023 年 5 月，教育部等十八部门联合印发了《关于加强新时代中小学科学教育工作的意见》，从课程教材、实验教学、师资培养、实践活动、条件保障等方面进行顶层设计、协同推进，为中小学提供更加优质的科学教育，全面提高学生科学素养，培育具备科学家潜质、愿意献身科学研究事业的青少年群体。

一项国家政策出台的背后逻辑通常有二：一是填补政策之缺；二是纠正现实之偏。

新中国成立以来，我国制定并颁布了许多规范、指导和管理科技的法律、法规和文件。在这些政策的引导和激励下，在全体科技人员艰苦卓越的努力下，我国的科学技术取得了突飞猛进的进步，甚至在航空航天、5G、桥梁高铁、深海探测等领域，技术已经处于世界先进水平。但不可否认，我国的科技发展总体水平还相对落后，科技人才储备不充足，科技体制不完善，尤其在科学教育方面，还存在很多问题，比如：科学教育的目标功利化、课程设置学科化、教学内容应试化、教育资源分散化、评价方式单一化、师资队伍非专业化，等等。这些问题严重阻碍了我国科技事业的进一步发展，这也是目前国家政策需要重点纠正的现实之偏。

放眼全球，随着科技的不断进步，人类已然进入了一个以科技为中心的时代，科技之光闪耀在世界的每一个角落。"它击退了愚昧，让人们摆脱了古老陈旧的神话，消除了祖先的恐惧，放弃了懦弱的屈从，最终用一种清醒开阔的眼光来观察我们的周围的世界，更好地认识、支配、影响、改变和征服这个世界，掌握人类的未来。一切都会因为科学的进步而成为可能。"2004 年，当法国著名的遗传学家、科普作家阿尔贝·雅卡尔 Albert Jacquard（1925—2013）在他的著作《科学的灾难》写下上述这段话时，西方世界的科学技术也正以迅猛的姿态飞速发展。然而，伴随着科技的高歌猛进，作者同时也看到了科学滥用导致的自然危机——"即使有些人想象力贫乏，联想不到核灾难，但他们只要环顾一下周围被破坏的风景就足以了解：连那些昔日开满色彩斑斓的丽春花、鸟声啾啾的稻田，现在也因为增产创收对农作物消毒杀菌而成了空旷悲惨的植物'集中营'。"科学滥用不仅导致了自然危机，更引发了社会和人性危机。由科技进步带来的对物质的过度欲望、贫富差距的进一步加大、日益严重的环境污染、生态失衡、技术应用的道德伦理等问题层出不穷。正如马克思所指出的那样："我们的一切发现和进步，似乎结果是使物质结果具有理智生命，而人的生命则化为愚钝的物质力量。"

中国要实施科教兴国战略，要走科技强国之路，如何及早预见并避免落入西方世界所经历的现代工业、科学与现代贫困、危机共存的巨大困惑中，是我们在出台国家政策时需要考虑的，这种纠偏，我们可以称为"远见性纠偏"。

无论是"现实性纠偏"还是"远见性纠偏"，都需要我们对科学的问题进行终极追问。科学到底是天使还是魔鬼？其实由科技落后和科技进步所带来的问题，根源并不在于科学本身，而在于那些制约科学发展和与科学内在的理性精神不相契合的人为或社会因素，剔除这些因素的唯一出路在于教育，只有用教育的方式全面提高人的科学素养，使人们能够智慧、理性地认识和利用科学，才能让科技真正为人类所掌握，为人类的福祉服务。

本套"北京一零一中生态智慧教育丛书——科学教育课程系列"是北京一零一中教育集团以生态智慧教育理念为引领，和中国科学院大学大中联合，在科学教育探索之路上的系列成果。双方之所以选择科学教育这个课题进行深度合作，不仅有着教育理念上的高度契合，在教育资源上还有着长期的深相整合。

北京一零一中是一所历史文化名校，创建于 1946 年，以培养"具有家国情怀和国际视野的未来卓越担当人才"为育人目标，坚持"基础宽厚、富于创新、个性健康、全面发展"的育人理念，在生态智慧教育理念引领下，学校注重课程建设，强化特色发展。2019 年，学校设立英才学院，深探科学教育改革前沿，和中国科学院大学、清华大学、北京大学、同济大学、北京理工大学、北京语言大学等高校以及中国科学院、军事科学研究院等多家科研机构开展合作，对标国家发展重大人才需求，落实强基计划，联手培养创新人才。

中国科学院大学作为一所以科教融合为办学模式、研究生教育为办学主体、精英化本科教育为办学特色的创新型大学，以"科教融合、育人为本、协同创新、服务国家"为办学理念，是中国科学院"率先建成国家创新人才高地"任务的重要承担者，以完成"出成果、出人才、出思想"为战略使命。

双方自合作以来，在北京一零一中英才学院平台上，对教育资源进行了"深相整合"，采用"在科学家身边成长"的培养方式，对学生进行理论方法培训、研究过程指导、创新思维训练，提升其动手实践、创新实验与分析思考的能力。同时在学校设立院士、科学家和博士工作站，零距离辅导项目班的学生，协助学校推进科学教育项目落地，取得了丰硕的成果。

2020 年 5 月，双方的合作全面升级为"有机融合"。

北京一零一教育集团与中国科学院大学签署全面战略合作框架协议，共建中国科学院大学基础教育研究院（以下简称"国科大基础教育研究院"）。在建设过程中，北京一零一教育集团发挥在基础教育改革与创新和集团化办学探索等方面的优势，中国科学院大学发挥在人才培养、科教融合育人和科教资源等方面的优势，立足国科大基础教育研究院，以科学教育为切入点，北京一零一中英才学院为平台，整合高校、科研院所、企业多方资源，探索我国科学教育在课程设置、人才培养、师资建设、评价手段等方面的实践路径，最终以点连线、以线成面、以面建体，形成我国科学教育的新模式，也为我国科技高中的建设提供初步经验。即将出版的有关科学教育的系列丛书是我们在探索过程中形成的各项成果，也是我们为中国的科学教育事业贡献的一份微薄之力。

我们计划将在丛书中陆续出版科学教育课程系列、科学教育评价系列、科学教育研学系列和科学教育教师培训系列：

## 一、科学教育的课程系列

课程是达致教学目标的重要载体，科学教育的根本目标在于全面提高人的科学素养，实现人的全面发展。基于此，科学教育的课程应包含科学知识课程、科学方法课程、科学应用课程、科学组织与管理课程、科学史课程、科学人文课程。目前我国的科学课程在设置上还体现为一门一门单独的科目，在教学内容上，选取的也是经过长期实践筛选、积累下来的科学知识，有的知识甚至已经严重过时，跟不上时代的发展，全面的科学教育成了单独的科学知识教育。

该系列丛书是由与北京一零一中合作的各大高校、科研院所及企业的资深科学教育领域的专家和学者，在英才学院对初高中学生实施真实授课的基础上，集结一章一章的自编讲义而成，旨在为我们的科学教育事业提供一个完整的科学课程框架体系，从知识、方法、应用、组织与管理、历史、人文等六个维度全面提升学生的科学素养。

## 二、科学教育的评价系列

教育评价是课程实施的一项重要内容，它既要判断学生的发展情况以及学习成效，又要发现课程实施环节中的优点与存在问题，以利于进一步改进提高。当前教育评价中存在唯分数、唯升学、唯文凭、唯论文、唯帽子的顽瘴痼疾，新课程新课标对教育评价改革提出了新要求，提出了改进结果评价、强化过程评价、探索增值评价、健全综合评价的具体举措。

该系列丛书旨在从评价观念、评价内容、评价方法、评价技术、教—学—评一体化等几个维度系统构建科学教育的评价体系，以评促教、以评促学，从而切实提高科学课程实施水平。

## 三、科学教育的研学系列

从科教融合的视角看，"研学旅行"对中小学生来说，不仅是一种新型的日常教育方式，而且更是一种新型的科学教育方式。它在本质上提供了一种真正意义上的科学生活，让学生们在这种科学生活中，打开"自然之书""社会之书""人生之书"，从而为完整而全面的科学教育开辟广阔的前景。从教育即生活的观点看，科学教育即科学生活。未来的科学教育应当走一条"科教融合"之路，即通过"研学旅行"，在学校和科研院所之间架起相互沟通的桥梁，逐步形成一种"科教融合"的科学教育模式。

该系列丛书将深度开发科学教育的研学课程、研学教师的培养和培训、研学资源的整合方案、研学活动评价机制等，让学生近距离接触前沿科技、了解科技发展趋势，培养科学精神和创造力，启发学生追求科技进步的梦想。

## 四、科学教育的教师培训系列

教育质量的好坏某种程度取决于师资队伍的质量。目前我国科学教育师资是短板，科学教育教师数量不足、水平不高、专业化程度差，成了制约我国科学教育发展的一大瓶颈。2023 年，教育部印发了《关于实施国家优秀中小学教师培养计划的意见》，正式启动"国优计划"。该计划将组织"双一流"建设高校为代表的高水平高校，成批承担中小学教师培养任务，开辟了高素质中小学教师培养的新赛道。"国优计划"的培养方式更贴近中小学的师资需求，可以为中小学的学生提供学科专业性强、理科思维逻辑更为清晰的科学教师，极大地满足了我国提升基础教育教学的需求。而且，该计划鼓励试点高校通过多种方式和中小学进行合作，让高校能够以"菜单式"为中小学进行师资定制。

该系列丛书立足于 2023 年 9 月由中国科学院大学与北京一零一中教育集团正式签署的"国优计划"合作培养方案，系统设置教师培训课程，从提升科学教师的科学知识和素养、教学方法与策略、课程设计与评估、教育技术与应用、专业发展与共享等五个维度全面提升科学教师的素养和能力。

科学教育是我国发展科学事业的一个重要关键领域，也是国家在新时代深化教育改革、培养未来科技创新人才的重要举措。北京一零一中教育集团和中国科学院大学作为基础教育和高等教育的翘楚，在这一新的领域做出贡献，既是一种责任，也是一种担当，是可能，也是可行的。

本套系列丛书的编写得益于与北京一零一中英才学院合作的各大高校、科研院所和知名企业的专家和学者的共同努力，在此对各位的辛勤付出深表感谢。希望丛书所蕴含的教育教学成果能够对海淀区乃至全国的基础教育有所贡献，为国家科学教育这项新的事业积累"大中联动""科教融合""企教合作""科技高中"等多方面的经验，为中国基础教育和高等教育的发展提供有益的借鉴和帮助。

中国教育学会副会长

北京一零一中教育集团总校长

中国科学院大学基础教育研究院院长

随着科技的迅猛发展和社会生活的快速变化，新时代需要更多具有创新思维的创新型人才。创新型人才是经济社会发展迫切需要的战略资源，是国家综合竞争力的重要体现。《国家中长期教育改革和发展规划纲要》中明确指出，高中教育阶段要"探索发现和培养创新人才的途径"。教育部出台的《新时代推进普通高中育人方式改革的指导方案》中也指出构建全面培养体系，培养学生创新思维和实践能力。"创新人才"培养的主阵地在学校。一所学校只有既注重课堂教学又注重实践活动，在学习、实践过程中，不断培养学生的批判和创新性思维，才能把学生真正培养成全面发展的创新型人才。北京一零一中以"国家级示范校"的建设为契机，以培养"未来卓越担当人才"为目标，打造"生态智慧课堂"，不断在实践中探索创新人才培养策略。

我校物理组，是学校优秀学科组的代表，曾获海淀区青年文明号、全国中学教育科研联合体优秀科研部门等荣誉。在全体优秀教师共同努力下，物理组形成了求真、务实、开拓、创新的教学和研究风格。史艺、杨双伟、詹光奕老师是物理组内的中坚力量和优秀代表，三位老师均是北京市骨干教师，他们以课题研究为载体，带领物理组其他教师协力在多轮高中教学实践中研究如何培养学生创新思维能力，致力于创新型人才培养，将多年物理教学研究、实践的做法分析整理，形成本书。

该书不是简单呈现高中物理教学案例，而是以新课标为指导，紧密结合核心素养中科学思维的四个要素，基于科学思维的理论指导剖析创新型人才培养的实践做法，既有理论高度，又有具体实践案例。该书挖掘"科学思维能力"的真正内涵，将培养"科学思维能力"扎扎实实地在物理教育教学中落到实处。

习近平总书记在党的十九大报告中明确指出：建设教育强国是中华民族伟大复兴的基础工程，青年兴则国家兴，青年强则国家强，青年一代有理想、有本领、有担当，国家就有前途，民族就有希望。我们要牢记总书记对教育的科学论述，为实现中华民族伟大复兴的中国梦而贡献自己的力量！我坚信，在像史艺、杨双伟、詹光奕一样的广大老师的共同努力下，"创新型人才"的培养不仅会在北京一零一中，也会在全国各地都生根、发芽、开花、结果。

北京一零一中书记、校长　熊永昌

# 前　言

党的二十大报告指出：“教育、科技、人才是全面建设社会主义现代化国家的基础性、战略性支撑。”报告首次把教育、科技、人才进行三位一体的统筹部署，强调教育优先发展、科技自立自强、人才引领驱动，坚持科技是第一生产力、人才是第一资源、创新是第一动力，教育、科技、人才三者需协同发力、整体联动，全面支撑社会主义现代化建设。党的二十大赋予了教育在全面建设社会主义现代化国家中新的使命任务。当今世界的科技竞争日趋激烈，深刻影响国家前途命运，科技竞争的本质是人才的竞争，人才竞争的本质是教育的竞争。进入发展新阶段，教育的总体任务是要构建高质量教育体系，而提高创新人才的培养能力是衡量教育体系质量高低的关键指标。一个国家要想实现高质量的创新人才培养，就要大力推进高水平的科技创新教育，尤其是在基础教育阶段加强创新能力的培养，有助于我国未来科技创新人才资源储备。

北京一零一中学是基础教育的领军学校，育人目标是培养未来具有担当能力的杰出人才。我们要培养学生把自己的个人价值融入社会的发展和国家的需要中，腹有良才、心怀天下、有理想信念、有使命担当，在国家变革中贡献自己的力量。教育是人的生命活动的过程，德国哲学家雅思贝尔斯说：“教育是一棵树摇动另一棵树，一朵云推动另一朵云，一个灵魂唤醒另一个灵魂。”北京一零一中学的教育理念是打造生态智慧课堂，生态智慧课堂关注学生的生命、生活和生长，追求的是建构生命成长和智慧生成的场域。有了尊重、唤醒、激励这样良性生态系统，才能让生命自由和谐地发展。我们要让教育回归生活本身，让学生善于发现生活中的美，让学生寻找热爱、勇敢追梦，让学生面对挫折不放弃，让学生学会海纳百川和包容合作，“学习”在这些体验中会自然而然地发生。

物理学是一门自然科学，研究的是物质的基本结构、最普遍的相互作用、最一般的运动规律以及所使用的实验手段和思想方法。物理学为人类打开了探寻自然规律、认识客观世界的大门，然而科学并非自然本身，它是人类对自然认识的过程和产物，物理学家的研究方法与思维工具形成了认识客观世界的系统化思维模式和信息处理对策。物理学科育人价值的集中体现是物理学的核心素养，它是指学生在接受物理教育过程中逐渐形成的，适应个人终身发展和社会发展需要的关键能力和必备品格。教师带领学生经历科学探究的过程，不断发展科学思维，逐渐形成物理观念，同时伴随着科学态度与社会责任的养成和对科学本质的认识不断深化。黑格尔曾说："方法是任何事物所不可抗拒的、最高的、无限的力量。"所以，在核心素养四个要素中，科学思维是核心中的核心。《普通高中物理课程标准》中指出："'科学思维'是从物理学视角对客观事物的本质属性、内在规律及相互关系的认识方式；是基于经验事实建构物理模型的抽象概括过程；是分析综合、推理论证等方法在科学领域的具体运用；是基于事实证据和科学推理对不同观点和结论提出质疑和批判，进行检验和修正，进而提出创造性见解的能力与品格。"由此可见，创新人才的培养需要真正地落实在课堂教学中，不断培养学生的批判性和创新性思维，才能把学生培养成全面发展的创新型人才。高中物理教学中，学生学习的科学内容不应是脱离生活的冰冷公式和枯燥题海，我们要让学生通过科学内容看到其中人的思维活动和情感活动，让学生感受到科学使人激动和振奋，科学让人充满智慧和创造力，我们要以发展学生的创造性思维、提高学生的科学素养为目标，为学生的终身发展并能应对现代社会和未来发展的挑战奠定基础。

北京一零一中学物理组的老师们在北京市基础教育研究中心教研员张玉峰老师的引领下，在海淀教师进修学校教研员苏明义、马朝华、崔琰等老师的指导下，在培养学生科学思维能力方面进行了一系列的探索。自 2019 年至今，物理组教师以培养学生"科学思维能力"为目标，以北京市和海淀区"十三五"规划课题研究为载体，在实践中对如何培养学生创新思维能力进行了实践路径规划研究和探索。2022 年 3 月，基于高三学生二轮高效复习的实际需求，物理组教师探索并实践了基于设计性任务的高三二轮复习课程开发。2022 年 7 月，物理组承办了北京市"设计，让学习更主动"教学整合研讨会，该研讨会由北京教科院基础教育研究中心主办，海淀区教师进修学校协办，北京、江苏、上海、浙江等全国各地的 1 000 多名教育同人围绕"促进创新能力发展的设计型任务教学实践"的主题进行交流，为一线教师提供了创新人才培养的策略与路径。经过多年的积累，物理组老师们尝试把中学生科学思维能力培养中的实践探索结集成书，书中包含中学生科学思维能力表现和测评设计，物理"概念课""实验课"和"复习课"中科学思维能力培养案例，以及如何基于信息技术与物理教学整合培养科学思维能力。本书旨在梳理汇总作者过去的教学实践，反思教育教学行为，为进一步提升自己教育教学能力提供抓手。鉴于作者的能力水平有限，书中一定还存在很多不足，敬请广大教育同人批评指正、不吝赐教。

诺贝尔物理学奖获得者李政道曾说："没有昨日的基础科学，就没有今日的技术革命。"我们会将教学研究落实到课堂教学中，在课堂主阵地培养学生的"创新思维能力"，提升学生的物理核心素养，让学生能够像科学家一样思考、像科学家一样研究、像科学家一样对未知世界充满探索热情，为我国未来科技创新人才的培养贡献力量。

# 目 录

第一章　中学生科学思维能力 　　　　　　　　　　　　　　　　　　　　　1

第一节　什么是中学生科学思维能力 　　　　　　　　　　　　　　　　1

一、思维 　　　　　　　　　　　　　　　　　　　　　　　　　　2

二、科学思维 　　　　　　　　　　　　　　　　　　　　　　　　2

三、中学生的科学思维能力 　　　　　　　　　　　　　　　　　　4

第二节　中学生科学思维能力培养的调查 　　　　　　　　　　　　　　6

一、科学思维能力培养的理念调查 　　　　　　　　　　　　　　　6

二、概念、习题教学中科学思维能力培养的调查 　　　　　　　　　7

三、实验教学中科学思维能力培养调查 　　　　　　　　　　　　10

第三节　物理教学培养中学生科学思维能力的策略 　　　　　　　　　14

一、物理概念和规律教学中培养科学思维能力策略 　　　　　　　14

二、物理复习课教学中培养科学思维能力策略 　　　　　　　　　16

三、物理实验教学中培养科学思维能力策略 　　　　　　　　　　18

四、利用信息技术与物理教学整合培养科学思维能力策略 　　　　19

第二章　中学生科学思维能力表现的评价设计 　　　　　　　　　　　　21

第一节　物理学习评价 　　　　　　　　　　　　　　　　　　　　　21

一、物理学习评价的功能 　　　　　　　　　　　　　　　　　　21

二、高中物理学习评价的类型 　　　　　　　　　　　　　　　　22

三、物理学习评价的方法 　　　　　　　　　　　　　　　　　　23

第二节　中学生科学思维能力表现水平 　　　　　　　　　　　　　　26

一、基于学科核心素养的学业质量水平 　　　　　　　　　　　　26

　　二、中学生科学思维能力水平　　　　　　　　　　　　26

　　三、中学生科学思维能力表现的维度　　　　　　　　　29

　第三节　中学生科学思维能力表现的评价设计　　　　　31

　　一、以课堂问答和课下访谈测评科学思维能力表现　　31

　　二、以观察量表测评科学思维能力表现　　　　　　　36

　　三、以测试题测评科学思维能力表现　　　　　　　　38

第三章　物理"概念课"中科学思维能力培养　　　　　　45

　第一节　概念建构中科学思维能力培养　　　　　　　　46

　　一、物理概念和规律建立的类型　　　　　　　　　　46

　　二、引导学生经历概念建构或探索规律的完整过程，帮助学生发展
　　　　科学思维　　　　　　　　　　　　　　　　　　55

　　三、从概念建构中帮助学生提炼萃取经典的物理学认识方式　　58

　第二节　在概念辨析中培养科学思维能力　　　　　　　59

　　一、在概念建立的过程中进行比较辨析，有助于培养学生的科学方法
　　　　提炼能力　　　　　　　　　　　　　　　　　　60

　　二、辨析物理概念的内涵，有助于培养学生的抽象概括思维能力　62

　　三、辨析物理概念的外延，有助于培养学生的发散思维　　63

　　四、在实际应用中进行概念辨析，有助于培养学生的逻辑推理能力　65

　　五、在知识体系中进行概念辨析，有助于培养学生的关联与整合能力　66

　　六、辨析概念教学案例　　　　　　　　　　　　　　68

　第三节　概念应用课中科学思维能力培养　　　　　　　73

　　一、基于理解概念的内涵和外延，提升学生的科学思维能力　　74

　　二、以概念应用为载体强化程序性知识　　　　　　　78

　　三、在概念应用过程中创设科学思维培养路径　　　　81

第四章　物理"实验课"中科学思维能力培养　　　　　　89

　第一节　"演示实验"中的科学思维能力培养　　　　　90

　　一、演示实验的特点与设计要求　　　　　　　　　　90

　　二、演示实验创设情景教学　　　　　　　　　　　　91

　　三、基于演示实验培养科学思想方法　　　　　　　　99

　第二节　"验证性"实验课中的科学思维能力培养　　　105

　　一、验证性实验的特点与设计要求　　105

　　二、基于验证性实验培养学生的科学思维能力　　106

　第三节　"探究性"实验课中的科学思维能力培养　　115

　　一、探究性实验的特点　　115

　　二、基于探究性实验培养学生的科学思维能力　　116

第五章　物理"复习课"中科学思维能力培养　　125

　第一节　基于"单元设计"培养科学思维能力　　125

　　一、基于核心概念确定"单元设计"主题　　126

　　二、基于"单元设计"主题的概念结构化分析　　127

　　三、基于"单元设计"主题的科学思维要素分析　　129

　　四、设计问题链提升科学思维能力　　131

　第二节　基于设计任务教学培养科学思维能力　　135

　　一、设计任务形成　　136

　　二、设计任务分解　　145

　　三、设计任务评价　　147

　第三节　基于"学习进阶"理论培养科学思维能力　　150

　　一、"学习进阶"理论　　150

　　二、基于"学习进阶"理论培养科学思维能力的策略　　153

　　三、教学案例　　161

第六章　利用信息技术手段培养科学思维能力　　167

　第一节　基于几何画板的科学思维能力培养　　167

　　一、利用几何画板函数图像功能实现数理学科的有机融合　　168

　　二、利用几何画板的函数计算功能培养学生的创新思维能力　　172

　第二节　基于仿真实验的科学思维能力培养　　174

　　一、利用仿真物理实验有效提高学生的物理模型建构能力　　174

　　二、利用仿真物理实验室显性化物理过程强化学生的空间想象力　　177

　　三、利用仿真物理实验室提高学生的理论联系实际能力　　179

　第三节　基于频闪截屏技术的科学思维能力培养　　182

　　一、利用频闪截屏技术培养学生的科学探究实践能力　　182

　　二、利用频闪截屏技术培养学生的理论联系实际能力　　188

第四节　基于传感器的科学思维能力培养　　195
　　一、利用传感器的实时数据采集培养学生的自主科学探究素养　　195
　　二、利用传感器的数据采集处理功能培养学生的质疑创新精神　　200

参考文献　　203

后　记　　205

# 第一章
## 中学生科学思维能力

《普通高中物理课程标准》（2020 年修订版，以下简称新课标）明确指出，高中物理课程应在义务教育的基础上，进一步促进学生物理学科核心素养的养成和发展。学科核心素养是学科育人价值的集中体现，是学生通过学科学习而逐步形成的正确价值观念、必备品格和关键能力。物理学科核心素养主要包括"物理观念""科学思维""科学探究""科学态度与责任"四个方面。[1]

在物理学习和实践活动中所形成的物理观念、所进行的科学探究以及所形成的科学态度与责任都包含科学思维的成分，也都离不开科学思维方法的参与和指导。为此，研究认为科学思维是物理学科核心素养的重中之重，是物理观念、科学探究、科学态度与责任的基础与内核。物理课程设置、教材编写、教学实施应该以提升和发展学生的科学思维为核心。[2]教育的本质在于思维能力的培养，其根本的课程目标以思维训练的需要为核心。[3]旧式的"填鸭式教学"不能满足提高学生科学思维能力的需要，教师必须改变传统的中学物理教学方法。

哪些多样化的教学方式可以引导学生理解物理学的本质，养成科学思维习惯，提升科学思维能力？为解决这一问题，首先需要清晰认识中学生的科学思维能力，了解并反思一线教学中科学思维能力培养中需要改进的方面，进而才有可能理出更有助于中学生科学思维能力培养的教学策略和典型案例。

### ■ 第一节　什么是中学生科学思维能力

中学物理教学核心目标就是培养中学生的科学思维能力。我们常常提到思维、科学思维，日常说的思维、科学思维指什么，中学生的科学思维能力与它们又有怎样的关系？

## 一、思维

什么是思维？不同的研究者对于思维的定义有不同的看法。《中外文化知识辞典》中给出思维定义为"人的大脑中对外界事物的特性及内在的特点所形成的概括性印象"[4]。在教育学与心理学场域，思维指理性认识或理性认识的过程，是人脑对客观事物能动的、间接的和概括的反映。思维的工具是语言，形式是概念、判断、推理等，方法是抽象、归纳、演绎、分析与综合等。[5]

思维本质上来说，是人类所具有的高级认识活动，思维过程是一个复杂过程，在整个思维过程中包含很多方面，比如分析与综合、比较与分类、抽象与概括、推理与论证等。[6]

## 二、科学思维

彭前程等人解读"科学思维"，认为科学思维是对自然界事物的本质属性、内在规律及事物间相互关系的间接的、概括的和建构的反映，该反映以科学知识经验为中介，以科学思维方法为途径，需要人脑借助多种科学思维形式，对多变量复杂系统进行加工与处理。[2]

廖伯琴老师主编的《普通高中物理课程标准》中对科学思维进行解读，指出科学思维的基本方法包括分析与综合、抽象与概括、比较与分类、逻辑推理。

### （一）分析与综合

分析，是把研究对象在思维中分解成各个组成部分或要素，然后分别加以考察和研究，研究它们相互联系及相互制约的关系，研究它们之间的相互作用及在整体对象中的地位，考察它们对研究对象的状态及发展变化的影响，从而揭示事物的属性和本质的方法。例如，水平地面上有一个斜面，斜面上有一个小物块，在推力作用下小物块与斜面相对静止地向前运动。将小物块、斜面隔离分别画出受力示意图，研究小物块和斜面间的相互作用力就属于借助分析方法研究问题。

综合，就是在分析的基础上，把研究对象的各个组成部分或要素在思维中重新结合为一个整体，从而在整体上把握事物的本质和规律。上面例子中，分别列出斜面和小物块在水平与竖直方向的牛顿第二定律公式，再分别将两个物体水平、竖直方向的牛顿第二定律公式相加，根据牛顿第三定律消掉物体间的相互作用力，得到小物块和斜面整体（系统）的牛顿第二定律公式，由此会发现系统的牛顿第二定律中涉及的力不包括内力，仅与外力相关。这个过程就是借助综合方法研究问题。

在科学思维中，分析与综合具有辩证统一的关系，它们既有区别又有联系，不可分割。

### （二）抽象与概括

为了探索和揭示事物的本质与规律，我们必须根据研究对象和问题的特点，从所考察的角度出发，撇开问题中个别的、非本质的因素，抽出主要的、本质的因素进行研究，并把一类事物共同的、本质的属性联合起来，从而建立起一个轮廓清晰、主题突出、易于研究的新形象、新过程，或者形成新概念，这种方法称为抽象与概括的方法。比如通过实验发现，同一电容器的充电电压越大所带电荷量越大，且电荷量与电压比值不变；不同的电容器，电荷量与电压比值不同，为此可以抽象出电荷量和电压比值作为衡量电容器容纳电荷本领的物理量。常见的抽象与概括还包括理想模型的产生、理想过程的形成和理想实验的应用。

### （三）比较与分类

比较是确定事物之间差异点和共同点的思维方法，包括类似比较、差异比较和系统比较。分类是以比较为基础，根据研究对象的共同点和差异点，对事物进行分类的思维方法。科学研究中的分类必须遵循以下原则：一是分类必须按一定的标准进行；二是分类要遵循穷尽性原则，即划分出来的子项目的外延之和必须等于母项目的外延；三是分类要反映事物的层次和次序。比如按照波的传播方向与振动方向关系分类，波可以分为横波、纵波；按照振动体相互间有无作用划分，波可以分为机械波、概率波。

### （四）逻辑推理

逻辑推理包括归纳推理和演绎推理。归纳推理是由一些个别的、特殊的判断推出一般性判断的思维方式，也就是从个别的或者只具有一定程度的一般性的知识中导出一般的或者比一般性更大的知识推理。演绎推理是由一般性的判断推出个别性的判断的推理，即从一般的原理、结论出发，导出新的结论的思维形式。比如牛顿根据太阳与行星间引力、地球与月球间引力、地球与地面物体间引力都满足引力与质量乘积成正比、与距离平方成反比的规律，归纳出全部有质量的物体间都存在引力，且引力满足与质量乘积成正比、与距离平方成反比的规律，即万有引力定律，就是归纳推理。比如由牛顿第二定律推导出动能定理、由动能定理推导出机械能守恒定律都属于演绎推理。

基于上述，可以得出"科学思维"隶属于"思维"，但又不是"思维"的全部，科学思维更侧重于对事物本质属性、内在规律以及事物间联系的反映。在我国中学物理课程史上，思维主要作为方法或能力被提出，如过去常说的"使教学的顺序适合学生思维发展的顺序"，"通过模型的建立培养学生的抽象和概括、分析和综合、推理和判断等思维能力"。"科学思维"最早于 1996 年进入我国中学物理课程，2003 年进入我国高中物理课程标准。对于科学思维是什么，2003 年以前的物理课程均未予澄清。[7]2017 年新课标中给出物理学科核心素养中的"科学思维"定义：是从物理学视角对客观事物的本质属性、内在规律及相互关系的认识方式；是基于经验事实建构物理模型的抽象概括过程；是分析综合、推理论证等方法的内化，是基于事实证据和科学推理对不同观点和结论提出质疑和批判，进行检验和修正，进而提出创造性见解的能力与品格。"科学思维"主要包括模型建构、科学推理、科学论证、质疑创新等要素。

### 三、中学生的科学思维能力

科学思维能力是指拥有科学理念和科学观念，并能依据科学概念和正确运用各种逻辑方法思考问题的思维能力。[8]

国内有研究认为，青少年的科学思维能力是一种特殊的能力，是一般思维能力与科学学科的有机结合，是一般思维能力在科学学科中的具体表现，是一般思维能力发展与科学教育的结晶。结合物理学科特征、青少年科学思维能力特点、科学思维概念和基本方法，本书里中学生的科学思维能力，指青少年的物理核心素养下的科学思维能力。本书里中学生的科学思维能力依据新课标"科学思维"进行定义，即"是从物理学视角对客观事物的本质属性、内在规律及相互关系建立认识方式的能力；是基于经验事实建构物理模型的抽象概括能力；是分析综合、推理论证等方法在科学领域的具体运用能力；是基于事实证据和科学推理对不同观点和结论提出质疑和批判，进行检验和修正，进而提出创造性见解的能力"。依据新课标，本书里中学生的科学思维能力主要包括模型建构能力、科学推理能力、科学论证能力、质疑创新能力等要素。

#### （一）模型建构能力

模型建构能力，是指在实际物理问题研究中，对研究对象和情境进行抽象概括的能力。模型建构过程，作为一种认识手段和思维方式，是学生研究问题和情境，在对客观事物进行抽象和概括的基础上建构易于研究的、能反映事物本质特征和共同属性的理想模型、理想过程、理想实验和物理概念的过程。高中典型的物理模型，比如质点模型、平抛运动模型、匀速圆周运动模型、磁流体发电机模型等，都是从不同的角度描述并揭示各种实际问题的主要特征，是物理学研究问题的简化。学生建构模型的过程，有助于锻炼学生抓住事物的关键要素，加深对概念、过程和系统的理解，形成系统思维。

（二）科学推理能力

科学推理能力，是指学生能正确理解和应用科学思维方式，从定性和定量两个方面进行推理，找出规律，形成结论，并能解释自然现象和解决实际问题的能力。科学推理，不仅包括逻辑上的归纳推理、演绎推理和类比推理，而且包括分析与综合、抽象与概括、比较与分类等思维方式，还包括控制变量及组合推理、概率推理、相关推理、因果推理等推理形式。其中归纳推理、演绎推理和类比推理是中学物理学习中科学推理的常用方式。

归纳推理是从一类事物的部分对象所具有的某种属性出发，推理出这类事物的所有对象都具有共同属性的推理方法，也就是由具体结论推理出一般规律的方法。比如楞次定律的得出，是通过研究不同磁极插入和拔出线圈等的实验现象，逐步归纳推理得出反映感应电流方向的规律。这个思维过程就属于归纳推理过程。再比如研究抛体运动时，以特殊的平抛运动为例，研究平抛运动的基本规律和研究方法，从而推理出其他一般的复杂抛体运动的研究方法。

演绎推理是由已知物理规律出发，推理出一个具体的结论。例如，依据匀变速直线运动的位移时间关系式，演绎推理出自由落体运动的位移时间关系，以及初速度为零的等时间间隔情况下速度、位移的比值关系。

类比推理是在学习物理模型时，有很多模型都具有相似的特征，可以根据这些特征，猜测这些模型在其他方面的相似性，然后根据猜测提出检验方法进行验证。例如，因为电场力做功和重力做功类似，都呈现保守力做功特点，即和路径无关，为此可以类比重力做功和路径无关建立重力势能概念，由电场力做功和路径无关建立起电势能概念。

（三）科学论证能力

科学论证能力，是指学生在遇到未知问题时，能通过充分论证来解决相应问题，并获得科学知识的能力。"论证"是由"资料"推论而产生"主张"，同时说明推论过程与理由，并且在"主张"受到质疑时能够对自己的理由和依据做出合理性的辩护的一种过程。高中生应该具有使用科学证据的意识和能力，能运用证据对研究的问题进行描述、解释和预测。将"论证"引入物理学科的学习，可以使学生经历类似物理学家的问题解决方案论证过程，促进学生对物理概念和规律的理解，使学生感受到科学家在论证科学时的精神，从而能使学生的科学论证能力、科学态度以及科学精神得到较大的提高。[6]比如伽利略在反驳亚里士多德"重的物体下落快，轻的物体下落慢"的观点时，通过逻辑推理、理想化实验的证据，产生自己的主张"自由落体运动中轻重物体下落得一样快"。这一过程就属于科学论证过程。

### （四）质疑创新能力

质疑创新能力，是指学生在物理知识学习、物理问题解决和创造活动中，运用一切已知信息，在新颖、独特且有价值地产生解决问题方案的过程中表现出来的智力品质或能力。高中生的科学创造力主要表现在思维和想象的流畅性、灵活性和独创性等方面。从物理学习和活动的角度来看，高中生的科学创造力主要表现在观察与实验、物理知识的学习、物理问题的提出、物理问题的解决、物理创造活动等方面。培养质疑创新能力，教师可以在教学过程中设计质疑点，由浅入深、层层递进，引导学生在提出问题、解决问题的过程中，提升科学思维能力；也可以让学生动手做一些小实验，在实验过程中不断质疑创新，加深对知识的理解，从而达到培养学生质疑创新能力的目的。

## ■ 第二节  中学生科学思维能力培养的调查

物理课堂是中学生科学思维能力培养的"最后一公里"，教师是这"最后一公里"的引导者。一线教师对于学生科学思维能力培养是怎样的态度，目前的中学物理教学实践中科学思维能力培养的现状又是怎样的呢？

北京市的物理教学改革走在全国中学物理教学改革的前沿，教师的理念、做法都有一定的借鉴意义。为此，我们对北京市的物理教师进行了科学思维能力培养的理念、概念和习题教学以及实验教学的调查。调查以问卷为主，访谈为辅。

理念、概念和习题教学调查的有效问卷共回收 143 份。参与调查的物理教师，本科学历占 58.74%，研究生学历占 36.4%，博士研究生学历上 4.9%，没有本科以下学历的；教龄 15 年以上的教师占大多数，为 68.53%，11～15 年的占比为 14.69%，6～10 年的占比为 11.19%，即 6 年以上教龄的教师占比约为 94%，参与调查的教师有较丰富的教学经验，一定程度上保证了调查结果的一般性。

### 一、科学思维能力培养的理念调查

### （一）调查基本情况介绍

在"物理课堂授课方式（多选题）"的调查中，如图 1－2－1 所示，82.52% 的教师选择"教师全程讲授，但会留较多时间让学生思考和回答问题"，有 57.34% 的教师选择"学生间互相讨论"的学习方式，有 32.17% 教师选择"小组合作学习"的学习方式，仅有 16.08% 的教师选择"教师全程讲授，留给学生回答问题的时间不多"的学习方式。

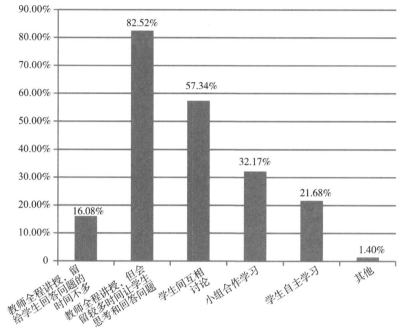

图 1 - 2 - 1

**（二）科学思维能力培养理念的调查结果分析**

从上面的调查结果来看，几乎所有参与调查的教师都认为科学思维能力培养是有必要的。而且在实际的物理课堂中，教师在逐步走出传统的"满堂灌"的讲授方式，已经有意识地给学生留出思考的时间。同时从学生间互相讨论、小组合作学习的课堂比例来看，北京市的一部分物理教师正在尝试新的教学方式，辅助提升学生的科学思维能力。

## 二、概念、习题教学中科学思维能力培养的调查

**（一）调查基本情况介绍**

备课过程中教师最关注的是"怎样让学生更深入理解概念和规律"，占比90.21%，其次关注"怎样以知识为载体培养学生的建模、推理论证等能力"，占比88.81%，而关注"怎样把习题讲得学生易懂"的教师占比仅为55.24%，如图1 - 2 - 2所示。

如图1 - 2 - 3所示，教师"课堂布置的物理作业大多数情况考虑（多选题）"巩固物理概念和规律的理解，占比为90.21%，有76.22%的教师选择布置作业是"有助于学生建模、推理论证等能力提升"，还有37.06%的教师选择强化某一解题方法。

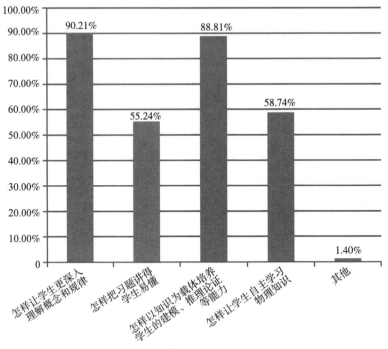

图 1 - 2 - 2

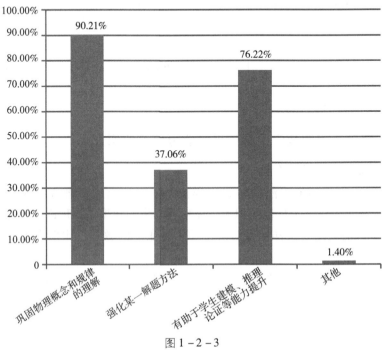

图 1 - 2 - 3

从"物理概念课上"调查情况看（多选题），89.51%的教师选择"创设问题情境，引导学生理解概念的建立过程"，73.43%的教师选择"引导学生在理解概念过程中，提升科学思维能力"，选择"直接给出概念，再让学生通过解决问题理解概念"的教师占比最低，仅为13.99%，如图1-2-4所示。

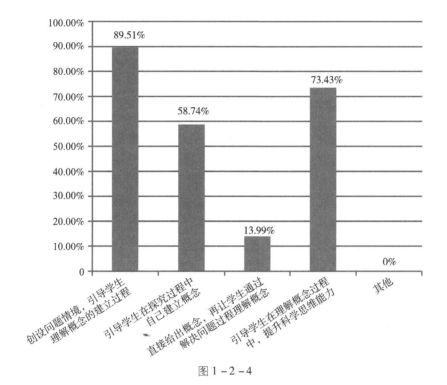

图1-2-4

从"物理习题课上"调查情况看（多选题），占比最大的选项是"根据学生出错较多题目，一题多变引导学生理解知识或者方法"，占比最少的选项是"直接讲解学生出错比较多的题目"。而"以习题为载体，授课目标是提升学生模型建构、推理论证等能力"占比为67.83%，也是比较高的。

**（二）概念、习题教学中科学思维能力培养调查分析**

从上面的调查数据来看，一线物理教师普遍对概念和规律的理解更为重视，也就是对物理知识的关注度高于对学生科学思维能力培养的关注度。虽然绝大部分教师都认为科学思维能力培养是有必要的，但是在实际的物理课堂中，教师最关注的仍是学生对物理知识和方法的掌握情况。

通过访谈了解，这种情况出现的原因和学校对教师的评价有关。教师认为日常的测试和高考中，学生掌握了物理知识则更容易获得高分。科学思维的培养虽然很重要，但是由于课时紧张，以及科学思维提升的判断标准不明确，教师更关注能够检测的物理知识和方法的培养。通过访谈还了解到，一线教师比较喜欢典型的科学思维培养微视频课例，教师认为这样的课例可借鉴、可复制。

习题教学过程中，一题多变、一题多解仍是教师最喜欢的习题处理方式。但可喜的是，有 67.83% 的教师考虑把习题当作载体，把提升学生科学思维能力作为最终目标。通过上面的调查也可以看出，教师对于习题的认识相对传统的"题海战术"已经发生了变化。通过访谈了解到，教师希望用典型的习题培养学生的科学思维能力，但是困难在于整理这样的系列习题。

### 三、实验教学中科学思维能力培养调查

北京市的物理教师在实验教学方面有很多成果，实验教学方法相对全国来说有一定的借鉴意义。而演示实验、学生分组实验是最主要的中学物理实验教学类型，为此，我们专门针对北京市各个城区、郊区的教师进行了实验教学的调查，了解物理演示、分组实验教学及科学思维培养现状。基于物理实验教学在初中和高中阶段有共通的培养目标，没有对初中和高中教师进行再区分。

本次调查共回收有效问卷 114 份，参与调查的教师中，本科学历占 64.91%，研究生学历占 28.95%，博士研究生学历占 4.39%，大专学历仅占 1.75%；教龄15 年以上的教师占大多数，为 56.14%，11～15 年的占比为 15.79%，即 11 年以上教龄的教师占比接近 71.93%，参与调查的教师有较为丰富的教学经验，一定程度上保证了调查结果的一般性。

#### （一）演示实验物理教学情况调查及分析

1. 调查基本情况介绍

92.98% 的教师均认为演示实验对学生来说非常重要，6.14% 的教师认为比较重要。对于"在物理教学中，对于教材中给出的演示实验完成情况怎样"，调查结果显示，"全部都做"的教师占比仅为 32.46%，"做了大部分"的教师占比为 62.28%，"能够做到一半左右"的教师占比为 2.63%。

除了教材中要求的演示实验，教材中的"科学漫步""科学足迹"以及"做一做"板块中所涉及的物理实验，有 27.19% 的教师每次都按照教材的要求进行实验，并注重挖掘实验中可以培养学生的能力点；有 6.14% 的教师每次按照教材的要求进行实验。也就是说，在"科学漫步"等栏目中涉及的演示实验，每次都能按教材要求进行实验的教师占比仅为 33.33%；54.39% 的教师有时会做实验，有时仅作为科普知识授课；还有 12.28% 的教师基本作为科普知识进行授课。

关于"演示实验的功能定位（多选题）"，92.98% 的教师选择了"直观展示物理现象，辅助学生理解物理概念或规律"。83.33% 的教师选择了"激发学生物

理学习兴趣"，71.05%的教师认为演示实验可以"辅助学生思考，培养学生的科学思维"，58.77%的教师把演示实验功能定位在"引出要讲授内容"，如图1-2-5所示。

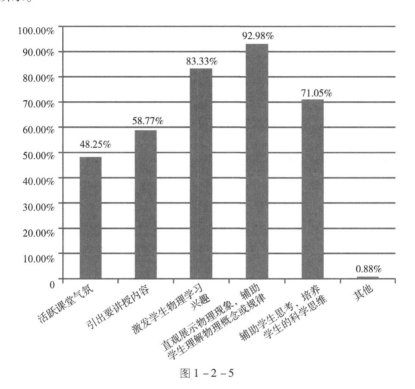

图1-2-5

2. 演示实验教学调查基本情况分析

（1）教师重视演示实验但教学实施不足。

从上面的教师问卷回答情况来看，对于演示实验，教师普遍都很重视，有92.98%的教师都认为演示实验非常重要。但在实际的教学中，演示实验能够按重视程度如实进行教学落实的教师占比却大大降低，只有32.46%的教师会把教材中要求的演示实验全部完成；对于"科学漫步""做一做"等栏目中给出的演示实验，能够去做的教师占比例也仅为33.33%；能够着意去挖掘演示实验中学生的能力培养点的教师占比更低一些，仅有27.19%。

教材中的演示实验为什么不能全部都做呢？笔者访谈了参与调查的部分教师，原因是多方面的。原因一，教材中明确要求的演示实验如果现象不太明显或者不容易成功而未做，例如静电现象的部分演示实验；原因二，有的演示实验会用到传感器，但教师对传感器不熟悉或者没用过，感觉学习操作有些烦琐，所以就未做，例如用电流、电压传感器研究电容器充放电的实验；原因三，"科学漫步"或者"做一做"中涉及的实验，课标中没有明确要求，考虑教学时间比较紧张，就跳过去不做了。

（2）教师对演示实验功能的定位偏低。

对于演示实验功能，92.98%教师定位为"直观展示物理现象，辅助学生理解物理概念或规律"，58.77%的教师定位为"引出要讲授内容"。概念或者规律理解属于物理知识范畴，绝大部分教师把演示实验功能定位为辅助学生理解物理概念和规律，部分教师定位为"引入"，从学生核心素养提升角度来看，虽然指向物理观念，但这种定位更直接的教学目标或者效果往往仅仅是强化学生对知识的记忆。

演示实验现象的新奇性可以激发学生好奇心，而对于现象的预测及观察过程有助于学生猜想、推理、论证能力的提升。所以，演示实验是培养学生科学思维能力较好的教学平台。但从调查结果来看，定位"激发学生物理学习兴趣"的教师占比为83.33%，定位"辅助学生思考，培养学生的科学思维"的教师占比为71.05%，从激发学习兴趣角度来定位演示实验功能的教师占比高于利用演示实验培养学生科学思维的教师比。激发学习兴趣的目的是希望学生在学习过程中有情感体验，而这种情感体验可以成为学生在实验学习过程中认真参与、思考的动力，有了动力并不是最终目标，进一步的功能定位应该是引导学生提升科学思维。

**（二）学生分组实验教学情况调查及分析**

1. 调查基本情况介绍

83.33%的教师认为学生分组实验非常重要，14.91%的教师认为比较重要。而关于学生分组实验的完成情况，只有57.89%的教师对于教材中的学生分组实验全部都做了，32.46%的教师做了大部分，7.02%的教师做了一半左右，甚至有2.63%的教师只做了一小部分。

关于"您在准备学生分组实验教学时，教学流程为讲授实验目的、引导学生理解实验原理，明确实验步骤后，学生分小组独立操作完成实验"的调查问题，38.60%的教师总是这样做的，42.98%的教师经常这样做。也就是说81%左右的教师分组实验按照上述方式处理。

从"分组实验教学重视内容"的调查来看，如图1-2-6所示，重视"有根据猜想能力培养"的教师占比为39.47%，重视"正确使用实验仪器和工具获取数据、正确记录和分析实验数据能力"的教师占比为86.84%，重视"理解实验原理、明确实验步骤"的教师占比为82.46%，重视"与同学合作、交流能力、实事求是科学态度"的教师占比为79.82%，重视"推理、论证、质疑创新精神培养"的教师占比仅为59.65%。

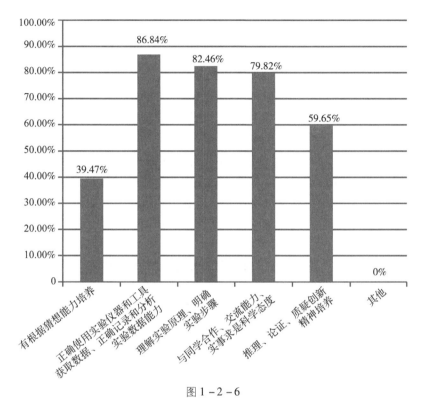

图 1 - 2 - 6

2. 学生分组实验教学调查基本情况分析

（1）分组实验重视程度低于演示实验。

从上面的调查数据来看，认为演示实验非常重要的教师占比是 92.98%，而认为分组实验非常重要的教师占比为 83.33%，教师对学生分组实验的重视程度不如演示实验高。但分组实验"全部都做"的教师占比为 57.89%，高于演示实验"全部都做"的教师占比 32.46%，原因可能是教材中要求的分组实验数量较少，而演示实验数量很多。

（2）更重视物理原理知识和操作技能。

从调查情况来看，82.46% 的教师重视"理解实验原理、明确实验步骤"，86.84% 的教师重视"正确使用实验仪器和工具获取数据、正确记录和分析实验数据能力"，也就是说，物理原理性知识和程序性技能是教师更重视的，原因可能是高考的实验题目会有常规的实验原理、步骤理解性考查。

（3）分组实验选取的教学方式不利于学生科学思维的培养。

在分组实验教学中，81% 左右的教师"讲授实验目的、引导学生理解实验原理，明确实验步骤后，学生分小组独立操作完成实验"。大部分教师选取的这种教学方式，"剥夺"了学生"被迫"去寻找实验原理的过程。通过访谈部分教师了解到，明确实验步骤主要是利用实验学案，而利用学案这种方式，再一次"剥夺"了学生基于操作需求逻辑推理出操作步骤的过程。另外，重视学生"推理、论证、质疑创新精神培养"的教师占比仅为59.65%，在大班授课情况下，大部分教师选取的教学方式不利于学生推理、论证、质疑、合作和交流能力的培养。

重视"与同学合作、交流能力，实事求是科学态度"的教师占比为79.82%，可以看出，大部分教师对于学生分组实验中应该培养的交流合作能力和实事求是科学态度是重视的。从访谈的几位教师那里了解到，分组实验最大的困难在于学生人数较多、教学进度紧张、可利用的时间短。如果在分组实验课上给学生更多猜想、思考、交流的时间，那么很多知识性内容就会没有时间处理。

## ■ 第三节　物理教学培养中学生科学思维能力的策略

物理课堂是教师提升学生科学思维能力的主阵地，怎样以物理课堂为平台，以物理知识和方法教学为载体，适应学生终身发展的需要，提升学生的科学思维能力？基于调查，大部分教师已经意识到培养学生科学思维能力的重要性，但在教学实践中受到诸多因素影响，实践中的教学策略有待改进。

### 一、物理概念和规律教学中培养科学思维能力策略

在物理教学中，概念和规律教学一直被放在最基础、最重要的位置。在新课改的大背景下，物理概念和规律教学应该运用多种教学策略，让学生真正掌握物理概念，构建完善的物理知识结构，并以概念的学习过程为载体培养学生科学思维能力。[9]

物理概念形成的教学过程，概括起来就是创设物理情境、进行思维加工、理解物理意义、运用概念规律解决问题。如果与学生的认知相结合，概念形成的教学过程可以从概念的建构、辨析、应用三个环节入手培养学生的科学思维能力。

#### （一）建构物理概念——概念建立过程中培养科学思维能力

概念建立过程中，基于对学生前概念的分析，通过创设恰当的物理情境，引导学生运用比较、分析、综合、抽象、概括等思维方法，对感性材料进行思维加工，进而抽象概括出事物的本质属性，从而使他们形成概念。学生建立了物理概念的同时，也促进科学思维能力的提升。

比如电场强度概念建构过程，可以先介绍超距作用学史，再引导学生分析试

探电荷在电场中不同位置受力，逐步建构出电场强度概念，如表 1 - 3 - 1 所示。[10]

表 1 - 3 - 1 电场强度概念建构

| 电场强度概念学习层级 | 素养发展规划 |
| --- | --- |
| 放弃超距作用观点而引入电场概念解释电荷间的相互作用力 | 发展学生基于事实的科学解释能力 |
| 将试探电荷放在电场中不同位置，感受电场不同位置的强弱不同 | 发展学生基于事实进行抽象概括的模型建构能力 |
| 将不同的试探电荷放置在电场中的同一点，通过推理得出试探电荷在同一位置所受力 $F$ 与试探电荷所带电荷量 $q$ 之比 $F/q$ 是定值 | 发展学生基于比较的科学推理能力 |
| 基于试探电荷在电场中不同位置受力的影响因素论证某点的 $F/q$ 与该点的电场强弱具有正相关 | 发展学生基于证据的科学论证能力 |
| 用 $F/q$ 定义电场强度大小，并约定正电荷受力方向为该点场强的方向 | 加深学生对比值定义法和物理学中约定的理解，体会科学知识表达的主观性 |
| 以点电荷产生的电场为例解释电场中不同位置的强弱不同，并反思建构电场强度概念的策略 | 加深学生对场概念和场强概念的理解，完善头脑中的物质观念 |

**（二）辨析物理概念——理解概念间关系过程中培养科学思维能力**

类比和对比是常用的两种概念辨析方法。在不同的事物上出现了某些类似或相同的属性，这些事物便可以归属于一类，而这一相同的属性便是联系这一类事物的纽带。学生会通过类比辨别出它们的共同属性，把这类事物用这一纽带相互关联起来，建立网格化的认知结构。例如，磁感应强度对于学生来说是比较抽象的概念，可以类比电场强度的建构过程，引导学生建构出磁感应强度概念。

把所研究的事物与其他事物相比较，通过对比使事物呈现出本质属性。例如，光的粒子性与波动性，光到底是粒子还是波呢？分别从"粒子"和"波"的特性与可能出现的光学现象去进行对比教学，启发学生对现象和本质的思考，提高其思辨能力。在力学中，将"一对相互作用力"与"一对平衡力"的概念进行对比，在对比两个概念之间的相同点和不同点的过程中，加深了学生对概念的内涵和外延的理解，同时训练了思维的深刻性。

**（三）应用物理概念——概念应用过程中培养科学思维能力**

初步建立概念后，运用概念解决问题是深入领会概念的内涵和外延的较好方法。物理概念的内涵是指物理概念所反映的对象、现象、过程所特有的本质属性。例如，力的内涵是物体对物体的作用。物理概念的外延是指具有物理概念所反映的本质属性的全体对象。例如，摩擦力、重力、压力等属于力概念的外延。在物理教学中，要使学生理解物理概念的内涵，清楚物理概念的外延，引导学生厘清概念间的联系和关系。在理解运用阶段，围绕内涵和外延这两个角度进行展开。

## 二、物理复习课教学中培养科学思维能力策略

在物理教学过程中，复习课一般可以理解为习题课。从调查来看，习题教学过程中，一题多变一题多解，仍是教师们最喜欢的习题处理方式。有 67.83% 的教师考虑把习题当作载体，把提升学生科学思维能力作为最终目标。大班授课必然存在学生两极分化现象：一部分学生提前预习并做过部分习题，存在上课不愿意听重复内容的情况；另一部分学生问题较多，存在听了依旧不会且问题越积越多的情况。针对学生的实际需求"授之以渔"，即以培养学生的科学思维能力为目标的复习课，一方面可以满足有一定知识基础学生的提升需求，同时也可以兼顾学习基础薄弱学生由易到难的学习需求。

### （一）层次设问——基于一题多变培养科学思维能力

高中物理习题课教学，精选习题是基础。根据对学生的分析设计一系列具有层次性的习题，这些习题的难易程度应该由简单到复杂，由特殊情况到一般情况，由简单情境到复杂情境，由具体到抽象，符合学生的认知规律，有助于培养学生的推理能力。例如，下面这道习题的设问。

图 1-3-1 是某一运动员在蹦床比赛训练中的一个情景示意图。设这位蹦床运动员仅在竖直方向上运动，且离开蹦床的运动可视为竖直上抛运动。运动员的脚在接触蹦床过程中，蹦床对运动员的弹力 $F$ 随时间 $t$ 的变化规律通过传感器用计算机绘制出来，如图 1-3-2 所示。取 $g = 10 \text{ m/s}^2$。

图 1-3-1

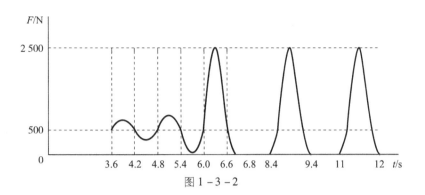

图 1 - 3 - 2

（1）由蹦床对运动员的弹力 $F$ 随时间 $t$ 的变化图像，可以获取到哪些信息？（至少说两条）

（2）该运动员的质量是多少？

（3）若忽略空气阻力，根据图 1 - 3 - 2 信息，该运动员在空中上升的最大高度多高？

（4）根据图 1 - 3 - 2 信息，该运动员在整个运动过程中最大加速度是多少？

（5）根据图 1 - 3 - 2 信息，该运动员在 3.6 ~ 6.6 s 时间段内哪些时间段属于超重状态，哪些时间段属于失重状态？

（6）研究运动员与蹦床相互作用过程的运动速度及时间，如果建构出一个物理模型与之对应，你认为应该建构出怎样的模型比较合适？

如果教师直接抛出比较难的物理问题让学生求解，一方面不适合基础薄弱学生，出现学生花大量时间但仍不会求解，逐渐失去学习物理信心的问题；另一方面，比较难的习题会将基础较好学生的注意力拉到解决问题的思路与方法上，忽视概念的理解以及推理规范性。所以，对于学生的物理习题练习，教师要根据学生情况把握好习题的难易程度，由简单到复杂具有层次性来设计整个习题课，有助于所有学生紧跟教师的步伐，提升解决问题的信心，加深对概念和规律理解，同时提升学生的科学思维能力。

**（二）迁移应用——基于"问题"的解决方法迁移培养科学思维能力**

在高中物理学习中，我们可以发现许多学生不会的题目虽然物理情境不同，但内在的"问题"点却是雷同的，解决方法也是类似的。如果学生是模型建构的意识和能力不足，可以用不同的实际问题为载体，让学生从具体情境中去挖掘信息然后自主构建物理模型，并根据物理模型进行设问、解答。例如，前面的蹦床问题，可引导学生进一步建构模型，并自行设计两个问题："根据图中信息，试分析该运动员在 6.3 ~ 6.8 s 过程中加速度如何变化？你认为运动员与蹦床相互作用过程等效为小球砸弹簧模型是否合理?"

如果学生在审题时由于隐含条件挖掘不到位导致"没有思路",教师在教学过程中,可以引导学生质疑原有的问题条件,转换条件表述,比如在语言文字、公式、图像、图形等方式间转换,重新厘清问题条件,再进行分析推理进而解决问题。把学生解决问题的过程,有意识地引导成学生推理论证、质疑创新能力提升的过程。

教师在物理习题教学中要让学生学会对不同的题目进行归纳总结,这样在遇到类似的物理模型题目时,可以快速找到解题方法。

### (三) 任务设问——基于设计任务培养科学思维能力

学生是学习的主人,教师是学生学习的引导者。知识和方法的学习,都需要学生经过自己的主动建构,才有可能内化为学生真正理解的内容,也才有可能作为载体推动学生科学思维能力的提升。

张玉峰老师等人研究认为,设计性任务,在创意产生阶段,学生需要发散思维去寻找解决方案,而在确定并优化创意设计阶段,又需要收敛思维评判方案。在创意的实践与优化阶段,同样需要经历思维的发散和收敛,才可能获取设计性任务的解决方案或实物。为此,设计性任务,有助于学生推理论证、质疑创新能力的发展。设计创造过程如图 1 - 3 - 3 所示。

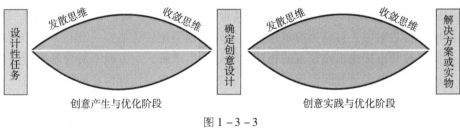

图 1 - 3 - 3

在复习课中,可以抛出恰当的设计性任务给学生,让学生在解决任务的过程中,实现科学思维能力的提升。比如在复习质谱仪的过程中,可以抛出任务"确定带电粒子种类",让学生设计合适的装置,完成该任务。在万有引力复习课中,可以让学生设计卫星的发射过程、卫星的回收阶段,在复习知识和方法基础上,促进学生科学思维能力的提升。

### 三、物理实验教学中培养科学思维能力策略

#### (一) 演示实验教学中培养科学思维能力

物理是一门以实验为基础的学科,演示实验是物理教学中最为常见的实验形

式。演示实验可以引发学生对实验现象的思考，辅助深入理解概念或者规律，同时也便于学生勾勒出整节课堂教学内容的框架。教师在演示实验教学中，一方面，可以引导学生将新旧知识框架进行归纳与整合。比如通过牛顿管实验，演示羽毛和金属片在有空气、真空环境中的下落情况，引导学生将生活中重物下落较快的印象与轻重物体下落一样快的结论进行辨析、整合。另一方面，可以通过预期实验现象，引发学生猜想和质疑，并及时通过演示验证，培养学生的论证能力。比如通过洛伦兹力演示仪演示带电粒子在匀强磁场中运动，验证带电粒子在磁场中的圆周运动、螺旋线运动。

对于物理教师而言，在演示实验教学中有意识提高学生的科学思维能力至关重要。教师要基于学情和教学内容，从演示实验设计、预期结果两个方面入手设计演示实验教学策略，提升课堂培养学生科学思维能力的效果，帮助学生从根本上认识物理取之于生活、用之于生活，并通过课上及课后及时反馈提升学生学习物理的兴趣，并验证实验案例对提高学生科学思维能力的效果。

（二）学生分组实验教学中培养科学思维能力

学生分组实验主要涉及验证性实验、探究性实验。验证性实验与其他实验最明显的不同是学生在进行实验之前已经知道实验的实验原理，实验准备阶段只需要确定实验方案、分析实验可行性。验证性实验的目的就是提高学生分析问题、解决问题和动手探究的能力，做到理论和实践相结合。探究性实验是提高学生科学思维能力的关键，原因是探究性实验从发现问题开始便需要依靠学生的科学思维，这对学生来说既是挑战又是思维的补充与积累。探究性实验分定性实验和定量实验。学生理解探究性实验，思维才会有质的飞跃。

（三）设计性实验教学中培养科学思维能力

除了教材中规定的演示实验、学生分组实验，教师也可根据情况抛出"设计性实验"，让学生进行设计。比如让学生完成设计性实验：某同学居家学习期间，注意到一水龙头距地面较高，而且发现通过调节水龙头阀门可实现水滴逐滴下落，并能控制相邻水滴开始下落的时间间隔，还能听到水滴落地时发出的清脆声音。于是他计划利用手机的秒表计时功能和刻度尺测量重力加速度。为准确测量，请写出需要测量的物理量及对应的测量方法。

设计性实验需要学生经过分析、推理，找出合适的实验原理，然后再通过比较严谨的语言表述，呈现实验方案，对于学生的分析、推理、数据、评估能力的提升都有极大的作用。

## 四、利用信息技术与物理教学整合培养科学思维能力策略

近年来，信息技术蓬勃发展，引领着教育领域的改革。微视频、翻转课堂、

慕课、互动反馈技术等新技术和新观点不断给教育带来科技的力量。

　　在课堂上，利用数码相机、模拟仿真技术等，辅助学生理解抽象的物理学习内容。也可以录制微视频，一部分学生只需观看一次微视频就可以掌握相关知识，而有些学生需观看两次甚至多次才能完成相关作业。这样就可以将学习的主动权交给学生，学生视自己的情况决定自己看什么、看几遍。有的实验现象发生得比较快，比如平抛运动过程，可以通过录制视频后慢速回放，辅助学生发现运动规律。

　　在课后，可以鼓励学生组成学习小组，学习小组成员利用通信工具快速且便捷的优势，建立微信群即时讨论和交流。物理学习小组在合作学习、任务分配的过程中，优势互补，共同成长，在这个过程中教师可以充当小组合作学习的促进者和引导者。教师与学生一起交流，为学生的合作学习起到榜样和引领作用。

# 第二章
# 中学生科学思维能力表现的评价设计

高中物理学习评价是以学生发展为本，基于学科核心素养的评价，其目的是贯彻落实立德树人的教育方针，促进学生学习和改进教师教学。物理学习评价应围绕物理学科核心素养的具体要求，创设真实而有价值的问题情境，采用主体多元、方法多样的评价方式，客观全面地了解学生核心素养的发展状况，对学生的物理学习水平进行评估和判断，找出存在的问题，明确发展的方向，及时有效地反馈评价结果，促进学生全面而个性化地发展。

## ■ 第一节 物理学习评价

### 一、物理学习评价的功能

学生物理学习评价在促进学生形成物理核心素养，提高物理教学效果等方面所发挥的积极作用，主要包括以下四个方面。[11]

#### （一）评估学习水平

物理学习评价利用一定的方式收集学生物理知识、思维方法、技能、情意等方面的信息，并依据一定的标准进行分析，形成关于学生物理学习程度的判断，评估物理学习水平，对了解学生的物理学习情况和物理素养水平，起到澄清和辨别的作用。

#### （二）诊断学习问题

物理学习评价可以了解学生物理学习的困惑、疑难，通过综合深入的诊断与分析，发现在学习表现背后，学生在物理学习内容、方法策略、学习习惯等方面存在的问题，通过诊断学习问题，能够发现影响或妨碍学生达到物理学习目标的关键因素。例如，教师对比某学生在多次测验中的表现，发现该学生只善于解答熟悉的问题，对于变化情境条件的问题，无法给出正确的分析和解答，于是判断该学生的物理知识迁移能力可能存在欠缺。通过观察和询问，发现该学生习惯于记忆习题类型和答题步骤，忽略对知识的理解、总结和迁移，对此，教师通过引导该学生深入分析问题、建构知识网络、拓展情境条件等方式，帮助该学生调整学习策略，提高知识的迁移能力。

### （三）调控学习行为

通过选择评价内容、制定评价标准、设计评价问题以及反馈评价结果等活动，让学生了解自身物理学习的结果、问题和可提升的空间，从而引导学生改进学习策略，调整学习内容和规划学习安排。通过调控学习行为，激励学生形成积极的学习态度，帮助学生明确学习方向，引导学生调整学习活动。

### （四）改进教学策略

通过学习评价，促使教师对教学行为进行分析与反思，建立以教师自评为主，学校、教师、学生共同参与的评价制度，使教师不断改进教学策略，促进教师教学水平的提高。

## 二、高中物理学习评价的类型

物理学习评价可按照不同的标准进行分类，依据评价主体和对象间的关系可分为自我评价和他人评价；依据评价的作用可分为终结性评价和过程性评价；依据评价所参照的标准可分为标准参照评价和常模参照评价。要发挥学校、教师和学生等不同角色在评价中的作用，从不同视角进行评价。应将单项评价与整体评价、定量评价与定性评价、终结性评价与形成性评价有机结合，及时准确地反馈评价结果，保证评价结果与改进策略的一致性。

### （一）自我评价和他人评价

自我评价是指学生作为评价主体，对自己学习物理的成效与问题、方法与习惯、期望与潜能等进行分析评估、判断和反思的活动。自我评价，有助于培养学生自主学习意识，促进学生客观认识自身学习现状，并依据个人的能力和水平，合理安排学习进程，完成学习任务。由于学生的自我评价，有时缺乏自觉性和方法性，需要教师或者专家给予一定的指导，具体来看：一是让学生认识到自我学习评价的重要价值，并且明确评价所要解决的问题和所评价的内容；二是指导学生运用自我评价的程序方法进行评价，对学习信息和资料进行收集分析，从而评估自身学习现状并获得反思。为了提高学生自我评价的科学性与可行性，教师与学生商定，制定自我评价标准和开发评价工具。

他人评价是由他人作为评价主体，对学生的物理学习进行水平评估和价值判断的活动。有效的他人评价能够对学生物理学习起到激励、指导和修正的作用。

其中，教师评价是学生获得他人评价的重要来源，评价过程中应关注学生个体差异，充分了解学生的学习情况，尽量做到全面而客观；不仅如此，教师还应注意评价反馈的形式要恰当有效，除了利用书面语口头评价，在课堂上也可以利用肢体语言、表情等暗示效果，达到评价的目的。

### （二）终结性评价和过程性评价

终结性评价是在相对完整的物理教学测试完成后，基于阶段性的培养目标，对学生的物理学习结果进行评价。终结性评价关注评价内容的全面性、评价结果的代表性。一般来说，终结评价的结果要能够体现学生在该阶段知识、技能、情意等方面的总体水平，从而总结学生的学习成效，预估学生未来的物理学习情况或者从事相关职业的情况。终结性评价一般一学期或一学年开展期中、期末两次考试。

过程性评价是在教学过程中基于一定的教学目标，对学生物理学习过程中的学习表现和学习效果进行评价。过程性评价的目的是学生和教师获得学习反馈信息。过程性评价关注评价结果的导向性，也就是说，评价内容的选择要指向目标；还要对学习重点、难点和易错点给予关注，目的是诊断出学生物理学习中存在的问题；并且评价结果应该能够有效地激励学生，并指导学生学习活动的调整与改进。过程性评价可以是常规性的单元测试，也可以根据需要灵活地设计实施课堂互动提问、课后小测，教师应充分把握好学生的学习进度成效，及时评价并合理反馈。

### （三）标准参照评价和常模参照评价

标准参照评价是根据物理课程标准的要求、物理教学目标和物理表现水平要求进行的，得到的是学生完成目标情况的评价。标准参照评价的成绩多少与其他人表现的优劣无关，标准参照评价的目的是检查学生的物理学习现状与目标之间的差异。实施标准参照评价，一是确立想要评价维度的目标、标准或要求；二是评价的方法、工具能够有效地考查学生在以上目标、标准、要求方面的表现。

常模参照评价是以已建立的常模为标准，衡量学生在群体中的位置，解释学生分数的评价。常模是根据标准化样本（对于评价总体具有代表性的部分个体）的测试结果，经过一定的统计技术处理建立起来的参照评价系统，如平均数、标准差等。常模参照评价的目的是区分学生之间的相对水平。设计合理的常模参照测试，学生的成绩分布会呈现正态分布，因此在设计参照测试试题时，要注意试题的区分度，太难的题和太简单的题都应该被排除。

## 三、物理学习评价的方法

物理学习评价的方法是在评价学生物理学习时采用的手段和方式。常用的方法有观察评价法、调查评价法、测验评价法和档案袋评价法。每种学习评价方法有其具体的内涵、过程和适用条件，从而有效地获取学生学习水平的信息。

## （一）观察评价法

观察评价法是评价主体有目的、有计划地通过观察学生在学习过程中的语言和行为，获取信息，从而对学生的学习情况加以分析和评价的方法。教师通过观察学生的课堂互动问题解答、实验操作等，评价学生的知识、技能、情意等方面的情况。课堂问答在学生原有基础与课堂学习的目标之间搭起桥梁，帮助学生克服学习障碍，纠正原有的错误观点或模糊认识，达到新的思维高度和探究水平。课堂提问的关键在于问题的设置：问题设置应有针对性，即针对学生原有的想法、观念和思维惯性等设置问题，引发认知冲突；还应与学习目标密切关联，学生能正确回答问题，就意味着向学习目标前进一步，这样通过一系列的问题和对问题的分析解答，促进学生自然而然地达到学习目标；应有恰当的思维难度，让学生"跳一跳、摸得到"，使学生既不至于无从下手，也不会觉得没挑战性，过难和过易的问题既不利于学生的学习，也不利于调动学生的积极性。教师还可以用教学日记、行为评定表等方式有意识地记录观察结果；及时地把观察到的材料记录下来，不仅能够帮助教师反思教学问题、促进教学水平的提升、持续记录学生学习成长过程，还有助于教师进行阶段性学习评价。观察法具有直接性、过程性的优点；但观察评价法是教师对学生进行的单项评价，容易带入主观倾向，为了提高观察评价法的效度，教师应结合实际情况进行多次观察记录，必要时可根据评价目的设计观察量表判断学习水平。

## （二）调查评价法

调查评价法是通过书面或者直接面谈的方式，向学生收集有关资料和信息的方法。调查法包括问卷调查、访谈等具体形式。问卷调查法可以同时针对多名学生进行，能在简短的时间内获得大量的资料和数据，适合评定学生集体在某一方面的等级水平，例如，一个班级学生的学习态度。在设计问卷时，一般要先围绕评价主题确定评价的维度和指标，然后依据指标设计问题，问题的表述应该确切并能关照学生的认知水平和阅读水平，选项的设置应避免学生产生理解偏差，影响试卷的信度。

访谈法简便易行，评价双方直接交流有利于进行深度追问和获取新信息，更适合评价一些书面难以获取的维度和指标，如价值观态度、情感信念等。进行访谈之前，一般要先明确所要评价的主体和维度，根据维度设计访谈问题，然后要结合学生的个性认知特点、过往表现、学习和生活经历等，对可能回答的内容进行必要的了解预设，最终形成访谈提纲。访谈时应注意事实追问，合理回应。

### （三） 测验评价法

测验评价法是通过编制试题对学生的物理知识、技能、思维方法等情况进行测量、评估和判断。在教学中教师应灵活地测验，充分发挥测验法的评估、诊断、反馈等功能。教师可以运用试卷了解学生的物理学习情况，针对教学目标通过对问题的深入分析和讲解，帮助学生克服学习困难，解答学习困惑。与其他方法相比，测验评价法能够比较全面地评价学生的物理学业水平，但是此法对于了解学生在学习过程中的困惑以及获取学生复杂的心理机能有一定的局限性，如学习动机、学习需要等，需要结合观察、访谈、问卷等其他方法对学生的物理学习进行评估。

阶段性测试的目标应与物理学科核心素养要求、课程内容要求以及学业质量相吻合。测试内容的选择应与测试目标保持一致，围绕课程标准中有关内容和学业要求的规定，评价学生是否达到要求。在阶段性测试中，还应注意测试结果的反馈，倡导让学生参与测试结果的判断和解释过程，关注后续决策与测试结果的一致性。教师应将测试结果及时反馈给学生以帮助学生发现、纠正学习中存在的问题，增强学生学习物理的兴趣和自信心，促进学生发展。教师应充分认识测试结果不同呈现方式的优势和不足，采取恰当的方式进行反馈，让学生了解自己取得了哪些进步、发展了哪些能力、还有什么潜能，同时指出存在的不足，引导学生积极调整学习策略、学习方法等。

### （四） 档案袋评价法

档案袋评价法是在某个学习过程中教师依据一定的评价目标，将收集筛选的学生物理学习资料整理在一起，并展示学生的物理学习成长经历，从而综合评价学生的学习过程的方法。档案袋可以用实体文件夹、电子文件夹等任何可以存储学生学习资料的方式，可以把这些档案袋分为展示型、过程型、评价型等多个类型，每个类型中又可以根据需要放入不同种类的材料。例如，展示型档案袋是展示学生最佳成绩、最佳作品的档案袋，展示对象可以是教师、家长，内容有学生收集的自己最满意、最优秀的学习成果，最满意的小制作，最好的测试，试卷最佳问题回答等；这种档案袋能够有效地促进学生树立自信、扬长补短，激发学生的学习兴趣和潜能，关注学生物理素养的发展过程。自我评价和同伴评价对学生起到激励的作用。自我评价和同伴评价的方法很多，采用成长记录的方式，让学生用自己的语言描述学习和进步的情况，对自己和他人的作品进行评议，教师要及时对成长记录进行评析，肯定学生的进步，指出存在的问题，明确进一步学习的方向；在一个阶段的学习结束之后，可通过分组或全班的形式举行学习分析讨论会，教师不应代替学生进行分析，而应提出具体的问题，引导学生讨论，和学生一起分析总结。

## ■ 第二节 中学生科学思维能力表现水平

### 一、基于学科核心素养的学业质量水平

2017 版《普通高中物理课程标准》提出了学业质量的概念，并且以学科核心素养为依据，制定了普通高中学生学业质量水平的标准体系。学业质量水平是针对学生学业状态给出的水平测量的标尺，它既是日常教学的依据，也是选拔性考试的依据。学业质量标准是以学科核心素养及其表现水平为主要维度，结合课程内容，对学生学业成就表现的总体刻画。依据不同水平学业成就表现的关键特征，学业质量标准明确将学业质量划分为不同水平，并描述了不同水平学习结果的具体表现。

高中物理学业质量，根据问题情境的复杂程度、知识和技能的结构化程度、思维方式或价值观念的综合程度等划分为 5 级水平，如表 2 - 2 - 1 所示，每一级水平都包含物理学科核心素养的四个方面，主要表现为学生在不同复杂程度情境中运用重要概念、思维、方法和观念等解决问题的关键特征。不同水平之间具有由低到高逐渐递进的关系。学业质量水平 2 是高中毕业生应达到的合格要求，是学业水平合格考试的命题依据，学业质量水平 4 是用于高等学校招生录取的学业水平等级性考试的命题依据。

表 2 - 2 - 1 学业水平的等级

| 等级水平 | 基本要求 |
| --- | --- |
| 1 | 学生有学习物理的意愿与兴趣，但其学业水平处于向学业合格水平发展之中 |
| 2 | 通过必修课程的学习，达到高中学业水平考试合格的要求 |
| 3 | 超过了高中学业水平考试合格的要求，但还没有具备高等学校相关专业学习的要求 |
| 4 | 通过必修与选择性必修模块的学习，达到高等学校相关专业学习的要求 |
| 5 | 达到全国一流大学相关专业学习的要求 |

### 二、中学生科学思维能力水平

新课标根据问题情境的复杂程度、知识和技能的结构化程度、思维方式或价值观念的综合程度，将科学思维能力划分为 5 级水平，如表 2 - 2 - 2 所示。

表 2 - 2 - 2　"科学思维"能力 5 级水平

| 等级水平 | 科学思维 |
| --- | --- |
| 水平 1 | 能说出一些简单的物理模型；能对常见的物理现象进行简单分析；能区别观点和证据；知道质疑和创新的重要性 |
| 水平 2 | 能在熟悉的问题情境中应用常见的物理模型；能对比较简单的物理现象进行分析和推理，获得结论；能使用简单和直接的证据表达自己的观点；具有质疑和创新意识 |
| 水平 3 | 能在熟悉的问题情境中根据需要选用恰当的模型解决简单的物理问题；能对常见的物理现象进行分析和推理，获得结论并作出解释；能恰当使用证据表达自己的观点，能对已有观点质疑，从不同角度思考物理问题 |
| 水平 4 | 能将实际问题中的对象和过程转换成物理模型；能对综合性物理问题进行分析和推理，获得结论并作出解释；能恰当使用证据证明物理结论；能对已有结论有依据地质疑，采用不同方式分析解决物理问题 |
| 水平 5 | 能将较复杂的实际问题中的对象和过程转换成物理模型；能在新的情境中对综合性物理问题进行分析和推理，获得正确结论并作出解释；能考虑证据的可靠性，合理使用证据；能从多个视角审视检验结论，解决物理问题具有一定的新颖性 |

　　下面以动量守恒为例，来说明不同的题目体现科学思维能力水平的不同。

　　问题一：质量为 $m$ 的物块甲以 3 m/s 的速度在光滑水平面上运动，有一轻弹簧固定于其左端，另一质量也为 $m$ 的物块乙以 4 m/s 的速度与甲相向运动，如图 2 - 2 - 1 所示，则（　　）。

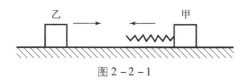

图 2 - 2 - 1

A. 甲、乙两物块在弹簧压缩过程中，由于弹力作用，系统动量不守恒

B. 当两物块相距最近时，甲物块的速率为零

C. 当甲物块的速率为 1 m/s 时，乙物块的速率可能为 2 m/s，也可能为 0

D. 甲物块的速率可能达到 5 m/s

这个问题达到了科学思维能力 3 级水平，学生能在熟悉的弹簧和物块系统中根据需要选用完全弹性碰撞模型解决简单的物理问题。甲、乙两物块在弹簧压缩过程中，由于弹力是系统内力，系统所受合外力为零，所以用动量守恒进行分析和推理获得结论并作出解释。因为整个过程中，系统的机械能不可能增加，若甲

物块的速率达到 5 m/s，那么乙物块的速率肯定不为零，这样系统的机械能就增加了。能恰当使用证据表达自己的观点，能对已有观点质疑，从不同角度思考物理问题。

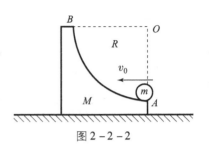

图 2 - 2 - 2

问题二：如图 2 - 2 - 2 所示，在光滑水平面上放置一个质量为 $M$ 的滑块，滑块的一侧是一个 $\frac{1}{4}$ 圆弧形光滑凹槽，凹槽半径为 $R$，$A$ 点切线水平。一个质量为 $m$ 的小球以水平速度 $v_0$ 从 $A$ 点冲上凹槽，重力加速度大小为 $g$，不计摩擦。下列说法中正确的是（　　）。

A. 当 $v_0 = \sqrt{2gR}$ 时，小球能到达 $B$ 点

B. 如果小球的速度足够大，小球将从滑块的左侧离开滑块后落到水平面上

C. 当 $v_0 = \sqrt{2gR}$ 时，小球在弧形凹槽上运动的过程中，滑块的动能一直增大

D. 如果滑块固定，小球返回 $A$ 点时对滑块的压力大小为 $m\dfrac{v_0^2}{R}$

本题达到了科学思维能力 4 级水平。小球与滑块组成的系统水平方向动量守恒，且系统机械能守恒，由 $\dfrac{1}{2}mv_0^2 = \dfrac{1}{2}(m + M)v_1^2 + mgR$，代入数据得 $v_0 = \sqrt{\dfrac{2gR(M + m)}{M}} > \sqrt{2gR}$，故当 $v_0 = \sqrt{2gR}$ 时，小球不能到达 $B$ 点；小球离开弧形凹槽时，在水平方向上与滑块的速度相同，则球从滑块的左侧离开滑块后返回时仍然回到滑块上，不可能落到水平面上；小球在弧形凹槽上运动的过程中，小球对滑块的压力一直对滑块做正功，所以滑块动能一直增加；若滑块固定，由机械能守恒定律知小球返回 $A$ 点时的速度大小仍为 $v_0$，根据牛顿第二定律得 $F - mg = m\dfrac{v_0^2}{R}$，解得 $F = mg + m\dfrac{v_0^2}{R}$，根据牛顿第三定律可知，小球返回 $A$ 点时对滑块的压力大小为 $mg + m\dfrac{v_0^2}{R}$。达到这个水平的学生能将实际问题中的对象和过程转换成物理模型，采用多个物理规律分析解决物理问题。

问题三：随着科幻电影《流浪地球》的热映，"引力弹弓效应"进入了公众的视野。"引力弹弓效应"是指在太空运动的探测器，借助行星的引力来改变自己的速度。为了分析这个过程，可以提出以下两种模式：探测器分别从行星运动的反方向或同方向接近行星，分别因相互作用改变了速度。如图 2 - 2 - 3 所示，

以太阳为参考系，设行星运动的速度为 $u$，探测器的初速度大小为 $v_0$，在图 2-2-3 所示的两种情况下，探测器在远离行星后速度大小分别为 $v_1$ 和 $v_2$。

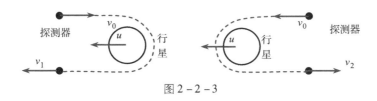

图 2-2-3

探测器和行星虽然没有发生直接的碰撞，但是在行星的运动方向上，其运动规律可以与两个质量不同的钢球在同一条直线上发生的弹性碰撞规律作类比。那么下列判断中正确的是（　　）。

A. $v_1 > v_0$         B. $v_1 = v_0$         C. $v_2 > v_0$         D. $v_2 = v_0$

这个问题达到了科学思维能力 5 级水平。学生可能不了解引力弹弓这个物理情境，但如果能将较复杂的天体运动的实际问题中的对象和过程转换成完全弹性碰撞模型，在新的情境中对综合性物理问题进行分析和推理。列出动量守恒和能量守恒得到推论，碰前二者的速度差等于碰后二者的速度差，从而获得正确结论并作出解释。有的学生能从变换参考系的视角检验结论，体现出解决物理问题的新颖性。

### 三、中学生科学思维能力表现的维度

北京市教科院基础教研中心张玉峰老师教研团队以"诊断 + 整合"整体改进教学为基础，给出了物理学科核心素养学习诊断内容的（3 + 2）×3 框架，如表 2-2-3 所示。

表 2-2-3　物理学科核心素养学习诊断内容的（3 + 2）×3 框架

| 认识属性 | 一级指标 | 二级指标 |
| --- | --- | --- |
| 认识领域 | 概念理解（A） | 概括论证（A1）：能从事实经验中提取事物或过程的本质特征，能在已有知识基础上通过逻辑推理得出概念 |
| | | 关联整合（A2）：能建立知识间的联系；能说明知识与核心概念间的关系以及知识在核心概念体系中的地位 |
| | | 策略反省（A3）：能说明知识建立过程和知识关联中蕴含的思维方式、策略与研究方法等认识方式 |

| 认识属性 | 一级指标 | 二级指标 |
|---|---|---|
| 认识领域 | 问题解决（B） | 问题与条件（B1）：能把实际问题转化为具体、明确、可解决的物理问题，并明确要解决问题的目标与已知条件 |
| | | 方案与路径（B2）：能根据目标和条件提出问题解决的方案或从整体上规划解决问题的思路 |
| | | 执行与评价（B3）：能根据整体策略与路径规划解决问题，并对结果进行分析讨论或者作出评价，评价结果的合理性或者提出新问题等 |
| | 新知建构（C） | 信息选择与变换表征（C1）：通过阅读观测能选择有用的新知识、新方法等信息，并根据需要变换信息的表征方式 |
| | | 信息整合与新知建构（C2）：能抽象概括关键信息，建立信息与已有知识间的有意义联系，经过推理论证，得出新知识并反省认知策略 |
| | | 关联整合与策略迁移（C3）：能把新知识与已有知识建立联系，并把新知识或者获取新知识的策略迁移应用在新的物理情境中 |
| 认识方式 | 科学思维（D） | 模型建构（D1）：能将实际问题中的对象和过程转换成所学的物理模型或者根据实际条件建构新模型 |
| | | 推理论证（D2）：能对综合性物理问题进行分析和推理，获得结论并作出解释；能恰当使用证据进行解释得出观点，并判断证据的可靠性 |
| | | 质疑创新（D3）：能对已有结论提出有依据的质疑，采用尽可能多的方式或视角分析解决物理问题 |
| | 科学探究（E） | 问题与猜想（E1）：能分析相关事实或结论，提出并准确表述可探究的物理问题，作出有依据的假设 |
| | | 设计与操作（E2）：能制定科学探究方案，选用合适的器材，能进行实验操作并记录数据 |
| | | 解释与评估（E3）：能分析数据，发现其中规律，形成合理的结论，用已有的物理知识进行解释；能分析实验误差来源并估计误差大小；能对科学探究过程与结果进行反思并提出实验改进方案 |

# ■ 第三节　中学生科学思维能力表现的评价设计

评价任务设计是实施评价活动的基础，首先根据物理学科核心素养和学业质量水平的要求，制定评价目标。评价目标的描述，要明确、具体、可测，体现一定的概括性，要说明学生在什么样的问题情境中，运用哪些物理知识、思想和方法，其行为应达到什么样的水平。其次根据评价目标和课程内容要求设计评价内容。评价内容的设计应以物理基本概念和规律为依托，指向物理学科核心素养，创设有利于学生讨论、探究的真实问题情境，评价学生在真实学习环境中物理学科核心素养的表现水平，以提高评价的真实性和准确性。

## 一、以课堂问答和课下访谈测评科学思维能力表现

课堂问答或者课下访谈通过一系列的问题和对问题的分析解答，促进学生循序渐进地达到学习目标；问答和访谈的问题设计应有恰当的思维难度，让学生"跳一跳、摸得到"，使学生既不至于无从下手，也不会觉得没挑战性，过难和过易的问题既不利于学生的学习，也不利于调动学生的积极性。

### （一）水平 3 的问题测评案例

如图 2 – 3 – 1 所示，轻质弹簧上端固定，下端悬挂一个重球，在重球下放着一光滑斜面，球与斜面接触且处于静止状态，弹簧保持竖直，则重球受到的力是（A）。

A. 重力和弹簧的拉力

B. 重力、弹簧的拉力和斜面的支持力

C. 重力、斜面的弹力和斜面的静摩擦力

D. 重力、弹簧的拉力、斜面的支持力和下滑力

图 2 – 3 – 1

本题是学生刚开始学习受力分析时的测评题目，测评学生对力的概念理解，学生容易错选 B 或 D。选 B 的同学分析停留在表面，看到了小球受到弹簧拉力，与斜面接触，便想当然认为接触便有支持力，没有考虑到如果重球受到重力、弹簧的拉力和斜面的支持力这三个力，根本不能满足使"弹簧保持竖直"这一条件。D 选项中"下滑力"是重力沿斜面方向的分力，不是真实受力。此题考查受力分析，学生错误在对接触力的判断不清，属于概念知识迁移类错误。

教学片段设计：

教师：同学们，我们学习了重力、弹力、摩擦力，现在请一位同学上来画出题中小球的受力。（测评内容：受力分析的基本能力）

学生 A：（在黑板画图）我认为小球受到四个力，分别是重力、弹簧的拉力、

斜面的支持力和下滑力。

教师：你所说的"下滑力"施力物体是谁？

学生 A：下滑力施力物体是地球，就是重力沿斜面方向的分力。哦，老师我懂了。没有"下滑力"这一项，它是重力的一个分力。（在老师的提示下自主纠错）

教师：我们在受力分析中每一个力都应找出施力物体，以防多分析出某些不存在的力。

学生 B：老师，我觉得小球受到三个力，分别是重力、弹簧的拉力和斜面的支持力。首先物体受到竖直向下的重力，弹簧对它有竖直向上的弹力，而且小球和斜面接触，受到斜面的支持力。

教师：接触就一定有力的作用吗？（测评内容：弹力产生的条件）

学生 C：不一定，两个物块静止于光滑水平桌面，即使相接触也一定没有相互作用力，否则它们就运动起来了。

教师：B 同学，你对刚才的图进行正交分解，看看有什么结果。（测评内容：用假设法判断是否存在弹力）

学生 B：哦，我受力分析做错了。弹力方向竖直向上，如果有支持力，水平方向就不能还保持平衡了。

教师：我们说受力分析先考虑非接触力，也就是重力、电场力、磁场力等场力。接着考虑接触力，如弹力、摩擦力等。如果不能确定是否存在弹力或摩擦力，可以用假设法，假设这个力存在，看看物体还能否满足平衡状态，如果不能满足，就说明之前的假设是错误的。

大家做受力分析时要养成良好的习惯，看看每一个力能不能找出它的施力物体，检查分析结果能否使研究对象处于题目所给运动状态，否则，必然发生了漏力、多力或错力现象。总结一下，大家通过这道题有什么收获？（测评内容：学生通过练习总结反思的意识和能力）

学生 A：对支持力或摩擦力要小心，不能看着接触就认为一定有力，可以通过假设法来判断。

学生 B：还记得要检查，看这些力最终效果和题目所给的状态是否一致。

教师：非常好，还有一点，合力和分力不能同时作为物体所受的力，一个力不能算两遍。

**（二）水平 4 的问题测评案例**

如图 2 - 3 - 2 所示，物体 A 放在物体 B 上，物体 B 放在光滑的水平面上，已知 $m_A =$

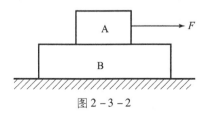

图 2 - 3 - 2

6 kg，$m_B = 2$ kg，A、B 间动摩擦因数 $\mu = 0.2$，A 物上系一细线，细线能承受的最大拉力是 20 N，水平向右拉细线，下述中正确的是（$g = 10$ m/s$^2$）（CD）。

A. 当拉力 $F < 12$ N 时，A 静止不动

B. 当拉力 $F > 12$ N 时，A 相对 B 滑动

C. 当拉力 $F = 16$ N 时，B 受 A 摩擦力等于 4N

D. 无论拉力 $F$ 多大，A 相对 B 始终静止

本题测评学生利用牛顿运动定律进行推理论证的思维水平。错选 B 的同学未理解清楚产生滑动摩擦力的条件，思维停留在粗糙平面拉动物体时拉力等于滑动摩擦力，通过 $f = \mu F_N = \mu m_A g = 12$ N，计算出拉力大于 12 N 时，A、B 间产生滑动，未考虑到 B 物体此时也可以在水平方向运动。学生对运动状态判断不清，对牛顿第二定律缺乏应用能力。

教学片段设计：

教师：A、B 间动摩擦因数 $\mu = 0.2$，题中这句话给我们什么信息？（测评内容：静摩擦和滑动摩擦力大小的计算方法）

学生：可以算出滑动摩擦力，$f = \mu m_A g = 12$ N。摩擦力达到这个值，A 和 B 就会产生相对滑动。

教师：好，但大家要注意一点，滑动摩擦力计算方法是 $f = \mu F_N$，这里的正压力正好等于 A 的重力。很多情况正压力是不等于重力的，大家要写原始公式，不能直接代入 $m_A g$，以免发生错误。谁能对物体 A、B 做受力分析？（测评内容：恰当选取研究的对象并采用隔离法受力分析的能力）

学生 A：因为 A、B 只在水平方向运动，分析它们水平方向受力。A 受向右的拉力 $F$ 和向左的摩擦力 $f_A$，物体 B 在水平方向只受向右的摩擦力 $f_B$，如图 2 - 3 - 3 所示。

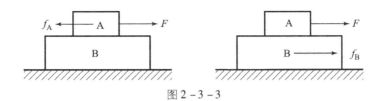

图 2 - 3 - 3

教师：分析得很好，你用了隔离物体法对 A、B 分别进行分析。那对 A、B 系统而言，受力是怎样的？（测评内容：恰当选取研究的对象并采用整体法受力分析的能力）

学生 A：对系统水平方向就只有外力 $F$，物体 A、B 间的摩擦力是系统内力，不考虑。

教师：有了合外力，就会产生加速度，有个相关的定律谁能说说？（测评内容：运用牛顿运动定律解决实际问题）

学生 A：牛顿第二定律，物体加速度的大小跟合力成正比，跟物体的质量成反比。

教师：对，注意定律里还描述了方向关系，加速度的方向跟作用力的方向相同。我看到之前很多同学选择了 B 选项，现在重新看下 $F = 12$ N 时，A、B 的运动状态是怎样的。

学生 B：我认为先假设 A、B 间无滑动，由 $F = (m_A + m_B)a$，此时 $F$ 使系统整体产生的加速度为 $1.5$ $m/s^2$。再对 B 分析，要产生此加速度，受摩擦力大小为 $3$ N，远没达到 $12$ N，是静摩擦力。所以 A、B 都以 $1.5$ $m/s^2$ 的加速度向右运动，没有滑动。

教师：非常好。我再提个问题，要是摩擦力达到 $4$ N，外力得多大？

学生 C：摩擦力 $4$ N，仍是静摩擦力。物体 B 的加速度可算出是 $2$ $m/s^2$。对 A 而言，$F - f = m_A a$，就能算出 $F = 16$ N。

学生 D：我觉得算出物体 B 的加速度后，对整体运用牛顿第二定律 $F = (m_A + m_B)a$，直接就得出 $F = 16$ N。

教师：大家说的都很好，这也是 C 选项的表述。如果不考虑绳子的承受能力，外力得多大才能使 A、B 产生滑动？（测评内容：运用牛顿运动定律解决两物体滑动的临界问题）

学生 C：物体 B 受滑动摩擦力 $12$ N，加速度 $6$ $m/s^2$。整体受外力 $F = (m_A + m_B)a = 48$ N。

教师：现在绳子最大承受 $20$ N，也就是说 A 相对 B 始终是静止的。那这道题的答案是什么？

学生 D：应是 C、D。

**（三）水平 5 的问题测评案例**

我们知道，处于自然状态的水都是向重力势能更低处流动的，当水不再流动时，同一滴水在水表面的不同位置具有相同的重力势能，即水面是等势面。通常稳定状态下水面为水平面，但将一桶水绕竖直固定中心轴以恒定的角速度 $\omega$ 转动，稳定时水面呈凹状，如图 $2 - 3 - 4$ 所示。这一现象依然可用等势面解释：以桶为参考系，桶中的水还多受到一个"力"，同时水还将具有一个与这个"力"对应的"势能"。为便于研究，在过桶竖直轴线的

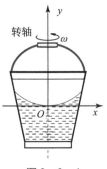

图 $2 - 3 - 4$

平面上，以水面最低处为坐标原点、以竖直向上为 $y$ 轴正方向建立 $xOy$ 直角坐标系，质量为 $m$ 的小水滴（可视为质点）在这个坐标系下具有的"势能"可表示为 $E_{px} = -\dfrac{1}{2}m\omega^2x^2$。该"势能"与小水滴的重力势能之和为其总势能，水会向总势能更低的地方流动，稳定时水表面上的相同质量的水将具有相同的总势能。根据以上信息可知，下列说法中正确的是（　　）

A. 与该"势能"对应的"力"的方向指向 $O$ 点

B. 与该"势能"对应的"力"的大小随 $x$ 的增加而减小

C. 该"势能"的表达式 $E_{px} = -\dfrac{1}{2}m\omega^2x^2$ 是选取了 $y$ 轴处"势能"为零

D. 稳定时桶中水面的纵截面为圆的一部分

教学片段设计：

教师：请大家说出重力做功的特点，重力做功和重力势能变化的关系。（评价内容：评价学生对功和能的概念理解以及知识之间的关联和整合）

学生 A：重力做功的特点是和路径无关，只和物体的初末位置有关。重力做功等于重力势能变化的负值。

教师：本题的"特殊力"做功有什么特点？"特殊力"做功和"特殊力势能"有什么关系？沿着 $x$ 轴正方向，"特殊力势能"如何变化？特殊力的方向指向哪儿？（评价内容：评价学生对势能大概念的整合和陌生情境下的迁移能力）

学生 B：类比重力做功和重力势能的关系，"特殊力"做功的特点是和路径无关，只和物体的初末位置有关。"特殊力"做功等于"特殊力势能"变化的负值。由题干中给的势能公式可知，沿着 $x$ 轴正方向的"特殊力势能"减小，推理论证得出"特殊力"做正功，"特殊力"的方向指向 $x$ 轴正方向。

教师：在一个新的物理情境中，类比迁移是非常重要的思想方法。能不能尝试画出"特殊力势能"随 $x$ 变化的图像，图像斜率代表什么？（评价内容：评价学生对图像斜率的理解）

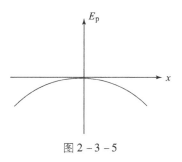

图 2 - 3 - 5

学生 C："特殊力势能"随 $x$ 变化的图像是二次函数的抛物线，如图 2 - 3 - 5 所示，"特殊力势能"随位移的变化率（图像斜率）增大，意味着理解"特殊力"随 $x$ 绝对值的增大而增大。

教师：图像的斜率理解得非常透彻，那么，"合力势能"有什么特点？弧形水表面的合力势能的表达式是什么？（评价内容：评价学生对"合力势能"的等势面的理解）

学生 D："合力势能"只和物体的初末位置有关。合力做功等于合力势能变化的负值。由弧形水表面的合力势能的表达式可知桶中水面的纵截面不是圆弧，而是抛物线。

学生理解重力的等势面是水平面，该题提出了学生从未接触过的"特殊力"的等势面是竖直的，这已经是超出了学生的认知范围，需要根据已知条件现场学习，难度更大的是还要理解合力的等势面是弯曲的水面。学生能否在质疑的基础上形成批判性思维，将知识和方法迁移至陌生情境，理解"合力"的等势面是弯曲的，这对学生提出了很大的挑战。学生要明确稳定时水表面上的相同质量的水具有相同的总势能，再借助势能表达式才能最终推出 $y$ 和 $x$ 的函数关系，确定出稳定时桶中水面的纵截面为抛物线。

## 二、以观察量表测评科学思维能力表现

在"用电压表和电流表测电池的电动势和内阻"分组实验中，测评学生实验操作过程的规范性和科学性。

评价方式：课堂观察、工作单、同伴互评。

评价过程：以二人小组为单位，进行实验操作，互为裁判指出操作过程的问题。也可以小组间角色互换，先作为裁判的小组在进行实验操作时，由先进行实验操作的小组扮演裁判角色。裁判主要关注实验操作过程是否规范，了解同学是否能够科学获取和记录数据，及时反馈使全体学生了解操作规范性，理解获取和记录数据的方法。教师对小组间的互评进行观察，及时给出指导。实验操作评价单如表 2 - 3 - 1 所示。

表 2 - 3 - 1　实验操作评价单

| 项目 | 要点及要求 | 分值 | 得分 |
|---|---|---|---|
| 1. 连接实验电路（水平 2） | （1）画出实验电路图。要求：采用限流电路，电流表内接，电路图画在实验报告上 | 0.5 分 | |
| | （2）正确摆放电路元件。要求：易读电表，易操作，仪器排布合理 | 0.5 分 | |
| | （3）电路连接正确。要求：按先串联后并联的顺序，最好是实物图与电路图对应 | 0.5 分 | |
| | （4）正确选择电表量程（电流表用 0.6 A 量程，电压表用 3 V 量程），电表的正负接线柱连接正确。电键断开和滑动电阻器滑片处于最大阻值位置 | 0.5 分 | |

续表

| 项目 | 要点及要求 | 分值 | 得分 |
|---|---|---|---|
| 2. 实验操作，数据记录（水平3） | （5）正确操作。要求：电键的闭合与断开要适时，变阻器的触头滑动方向要正确 | 1分 | |
| | （6）画实验记录表格并记录数据。要求：表格科学合理美观，读数方法正确，有效数字选取正确<br><br>项目 \| 1 \| 2 \| 3 \| 4 \| 5 \| 6<br>$U/V$<br>$I/A$ | 1分 | |
| | （7）多次测量数据。要求：每次移动滑动变阻器滑片之前要断开电键，合理读取6组数据 | 1.5分 | |
| | （8）实验完成后整理仪器 | 0.5分 | |
| 3. 数据处理（水平4） | （9）做出 $U-I$ 图像。要求：在坐标纸上以路端电压 $U$ 为纵轴、干路电流 $I$ 为横轴建立 $U-I$ 坐标系，在坐标平面内描出各组 $(I, U)$ 值所对应的点，然后尽量多地通过这些点作一条直线，不在直线上的点大致均匀分布在直线两侧 | 1分 | |
| | （10）得出电池的电动势和内阻。要求：直线与纵轴交点的纵坐标值即电池电动势的大小（一次函数的纵轴截距），直线斜率的绝对值即电池的内阻 $r$，即 $r = \left\| \dfrac{\Delta U}{\Delta I} \right\|$ | 1分 | |
| 4. 误差分析（水平5） | （11）误差分析。<br><br>①为测量线；②为真实线<br>$E_测 < E_真$；$r_测 < r_真$ | 2分 | |

| 项目 | 要点及要求 | 分值 | 得分 |
|---|---|---|---|
| 4. 误差分析<br>（水平5） | 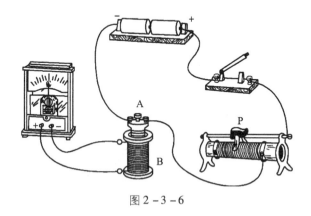<br>①为测量线；②为真实线<br>$E_测 = E_真$；$r_测 > r_真$ | | |
| 总分 | | | |

## 三、以测试题测评科学思维能力表现

### （一）"抽象概括"的测评设计

"抽象概括"要求学生能从事实经验中提取事物或过程的共同本质特征，形成物理概念、模型和规律，能在已有知识基础上通过逻辑推理获取新知识。

例题：现将电池组、滑动变阻器、带铁心的线圈 A、线圈 B、电流计及开关按图 2-3-6 所示连接。下列说法中正确的是（　　　）。

图 2-3-6

A. 开关闭合后，线圈 A 插入或拔出都会引起电流计指针偏转

B. 开关闭合时，电流计指针会偏转；断开时，电流计指针不会偏转

C. 开关闭合后，若滑动变阻器的滑片 P 匀速滑动，电流计指针不会偏转

D. 开关闭合后，若滑动变阻器的滑片 P 加速滑动，电流计指针会偏转

E. 若开关闭合时，发现电流计指针向左偏转，则滑动变阻器滑片 P 向右滑动，电流计指针向左偏转

本题是水平 3 的测试题，测评是否能通过实验现象归纳概括得出产生感应电流的条件：当穿过闭合电路的磁通量发生变化时，电路中有感应电流产生，并能够总结出磁通量的增减和电流计指针的偏转方向的关系。开关闭合后，线圈 A 插入或拔出都会引起穿过线圈 B 的磁通量发生变化，从而电流计指针偏转；线圈 A 插入线圈 B 中后，开关闭合和断开的瞬间，线圈 B 的磁通量会发生变化，电流计指针会偏转；开关闭合后，滑动变阻器的滑片 P 无论匀速滑动还是加速滑动，都会导致线圈 A 的电流发生变化，线圈 B 的磁通量变化，电流计指针都会发生偏转；开关闭合或滑动变阻器的滑片 P 向右滑动，均使线圈 B 的磁通量变大，所以电流计指针均应向左偏转。

评价标准：选 ADE 得 3 分，漏选 1 个得 2 分，漏选 2 个得 1 分，错选得 0 分。

**（二）"关联整合"的测评设计**

"关联整合"要求学生在理解知识内涵与外延的基础上，建立知识间的关联，再进行核心概念的整合，能说明知识与核心概念之间的关系以及知识在核心概念体系中的地位，并围绕核心概念建构物理观念。

例题：电流传感器反应非常灵敏，与计算机相连接，能即时描绘出电流随时间变化的图像。如图 2 - 3 - 7 甲所示，在观察电容器充、放电现象的实验中，电源用直流 8 V，电容器的电容是几十微法。先使开关 S 掷向 1 端，电源向电容器充电，这个过程瞬间完成。然后把开关 S 掷向 2，电容器通过电阻 R 放电，电流传感器将电流信息传入计算机，屏幕上显示出电流随时间变化的 $I$ - $t$ 曲线，如图 2 - 3 - 7 乙所示。下列说法正确的是（　　　）。

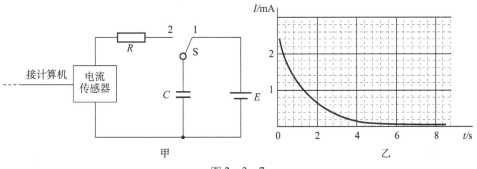

图 2 - 3 - 7

A. S 接 1 时，电容器充电，带电荷量 $Q$ 增加，板间电压 $U$ 增加，板间场强 $E$ 减小

B. S 接 2 时，电容器放电，带电荷量 $Q$ 减少，板间电压 $U$ 减少，板间场强 $E$ 减小

C. 根据以上数据和信息能估算出电阻值

D. 根据以上数据和信息能估算出电容值

本题是水平 4 的测试题，测评了电场强度、电压、电流、电荷量、电阻和电容之间的关联，需要学生对欧姆定律、电容定义式、电压和电场强度的关系进行整合。电容器充电，带电量 $Q$ 增多，板间电压 $U$ 增大，板间场强 $E$ 增大；电容器放电，带电量 $Q$ 减少，板间电压 $U$ 减少，板间场强 $E$ 减小。在 $I-t$ 图中，由 $Q=It$ 可知，图线与横轴之间的面积表示放电的电荷量；由于充电后电容器的电压是 8 V，放电的电荷量等于图线与横轴之间的面积，根据 $C=\dfrac{Q}{U}$ 能估算出电容值，放电开始时的电容器两端电压除以放电电流就等于电阻。

评价标准：选 BCD 得 4 分，漏选一个得 2 分，漏选两个得 1 分，错选得 0 分。

### （三）"模型建构"的测评设计

"模型建构"要求学生能将陌生物理情境问题与所学知识进行关联，主动合理地建构模型，有效解决问题。

例题：很多宏观现象，其本质是由微观粒子的运动与相互作用所体现出的结果。岩盐颗粒呈立方体形状，图 2-3-8 为岩盐晶体的平面结构：空心圆点为氯离子，所带电荷量为 $-e$；实心圆点为钠离子，所带电荷量为 $+e$。在分界线 $AA_1$ 和 $BB_1$ 的左侧各取一个钠离子 $M$ 和 $N$，分别以 $M$、$N$ 为圆心，作两个相同的扇

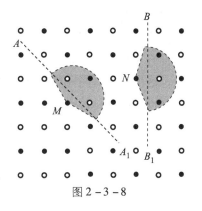

图 2-3-8

形。已知任意两个距离最近的离子间作用力的大小为 $F_0$，若离子之间的相互作用为库仑相互作用，不考虑扇形以外远处离子的作用，请分别计算出 $M$、$N$ 两个钠离子受到图 2-3-9 所示平面分界线右侧的扇形区域内的离子作用力大小 $F_M$、$F_N$，并判断岩盐晶体更容易沿分界线 $AA_1$ 还是分界线 $BB_1$ 断开。

本题是水平 4 的测试题，测评学生利用物质的微观机理解释宏观现象的能力，需要学生在新的物理情境中与所学知识进行关联，建构点电荷模型，利用库仑定律和力的合成来解决问题。

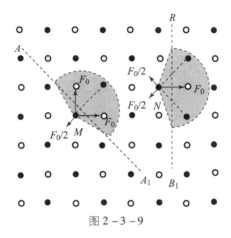

图 2 - 3 - 9

设任意两个距离最近的离子间距离为 $r$，根据库仑定律有 $F_0 = k\dfrac{e^2}{r^2}$，可得

$F_M = \left(\sqrt{2} - \dfrac{1}{2}\right)F_0$，$F_N = \left(1 - \dfrac{\sqrt{2}}{2}\right)F_0$，经比较可得 $F_M > F_N$。

故判断岩盐晶体更容易沿分界线 $BB_1$ 断开。

评价标准：公式正确、过程规范、结论正确得 4 分；公式正确、过程规范、$F_M$ 或 $F_N$ 有任意一个计算错误、结论正确得 3 分；公式正确、过程规范，$F_M$ 或 $F_N$ 有任意一个计算错误、结论错误得 2 分；用库仑定律表示正确，但计算结果和结论错误得 1 分，结论错误得 0 分。（把 $e$ 写成 $q$，扣 1 分）

**（四）"推理论证"的测评设计**

"推理论证"是指能对综合性物理问题进行分析和推理，获得结论并作出解释；能恰当使用证据进行解释得出观点，并判断证据的可靠性。

例题：压敏电阻的阻值随所受压力的增大而减小，有位同学利用压敏电阻设计了判断小车运动状态的装置，其工作原理如图 2 - 3 - 10 甲所示，将压敏电阻和一块挡板固定在绝缘小车上，中间放置一个光滑绝缘重球。小车向右做直线运动的过程中，电流表示数如图 2 - 3 - 10 乙所示，下列判断正确的是（　　　）。

A. 从 $t_1$ 到 $t_2$ 时间内，小车做匀速直线运动

B. 从 $t_1$ 到 $t_2$ 时间内，小车做匀加速直线运动

C. 从 $t_1$ 到 $t_2$ 时间内，小车做加速度变大的直线运动

D. 从 $t_2$ 到 $t_3$ 时间内，小车做匀速直线运动

E. 从 $t_2$ 到 $t_3$ 时间内，小车做匀加速直线运动

F. 从 $t_2$ 到 $t_3$ 时间内，小车做加速度变大的直线运动

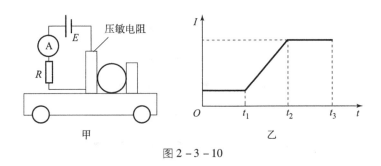

图 2 - 3 - 10

本题是水平 3 的测试题，测评通过闭合电路欧姆定律和牛顿第二运动定律的推理判断得出小车运动状态。从 $t_1$ 到 $t_2$ 时间内，电流不断增大，说明压敏电阻阻值在不断减小，进一步推理得出压敏电阻受到的压力在不断增大，由 $F = ma$ 可知，$a$ 不断增大，即从 $t_1$ 到 $t_2$ 时间内，小车在做加速度变大的直线运动。从 $t_2$ 到 $t_3$ 时间内，电流不变，说明压敏电阻阻值不变，进一步推理得出压敏电阻受到的压力不变，由 $F = ma$ 可知，$a$ 不变，小车做匀加速直线运动。

评价标准：选择 CE 得 3 分，漏选得 2 分，错选得 0 分。

**（五）"质疑创新"的测评设计**

"质疑创新"是对学生批判性思考的评价，要求学生能在质疑的基础上形成批判性评价或者发现新问题，能将知识和方法迁移至陌生情境，在具体情境中对提出的新实验方案进行评价或进行创意设计和改进。

例题：如图 2 - 3 - 11 所示，光滑绝缘的水平面上 $M$、$N$ 两点各放有一带电荷量分别为 $+Q$ 和 $+2Q$ 的完全相同的金属球 A 和 B，$M$、$N$ 的距离远大于球半径。给 A 和 B 以相等的初动能 $E_0$（此时初动量的大

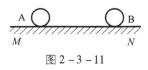

图 2 - 3 - 11

小均为 $p_0$），使其相向运动刚好能接触（接触过程中无机械能损失），碰后返回 $M$、$N$ 两点的动能分别为 $E_1$ 和 $E_2$，动量的大小分别为 $p_1$ 和 $p_2$。

（1）分析说明两球接触时发生在什么位置。（2 分）

（2）分析说明 $E_1$、$E_2$ 和 $E_0$ 的大小关系。（1 分）

（3）若两个点电荷电势能的表达式为 $E_{PA} = \dfrac{kQq}{r}$，则两球回到原位置电势能如何变化？（1 分）

（4）你还能提出什么问题？（1 分）

本题是水平 5 的测试题，测评运用牛顿运动定律、电荷守恒定律、动量守恒定律、动能定理、能量守恒定律解决实际问题。因两球质量一样，受力一样，故

加速度一样，两球接触时在 M、N 的中间位置。金属球 A 和 B 发生接触时，电荷量会平均分配，相互作用力变大，两球靠近过程库仑力做的负功小于远离过程中库仑力做的正功，所以碰后回到原位置总动能变大，有 $E_1 = E_2 > E_0$。回到原位置两小球之间的电势能也变大了。本题测评的关键在于学生能否质疑：系统动能和电势能都减小，能量不守恒了吗？激发学生进行深层思考，教师引领学有余力的学生了解自能公式 $E = \dfrac{KQ^2}{2R}$，解决质疑。

　　物理学理论体系由三个部分组成：一是反映物质运动形式基本特点和属性的物理概念，物理概念是人们对客观世界中的客观事物现象和过程的物理共性和本质特征的客观反映和主动建构的结果。二是物理现象、物理过程在一定条件下必然发生、发展和变化的规律，即物理规律，它包括物理定律、定理、原理、公式等。物理规律反映了物质运动变化的各个因素之间的本质联系，揭示了事物本质属性之间的内在联系。三是由基本概念、基本规律出发，运用逻辑的、数学的方法建立起来的理论框架和思想方法。物理概念是反映物理现象和过程的本质属性的思维形式，物理规律是物理学科知识的核心，是物理知识结构的骨架。形成物理概念是掌握规律的基础，概念不清就谈不上掌握规律。物理规律是物理过程中各物理概念之间的必然联系，在定量情况下这种联系被表述成可测量的数值约束（等式、不等式、趋近）。概念的形成和规律的建立存在不可分割的、辩证的联系。例如：惯性概念的形成和牛顿第一定律的建立、惯性质量概念的形成和牛顿第二定律的建立、能量概念的形成和能量转化及守恒定律的建立等。如果没有物理概念的形成，就不可能建立有关的物理规律；如果没有物理规律的建立，也不可能使有关的概念得到发展和完善。一般情况下，对物理过程中各物理量之间必然联系的存在性和发展趋势的揭示，就是定性的物理规律。对必然联系中各物理量的相互制约的揭示，就是定量的物理规律。概念是规律的基础，理解掌握物理规律可以使我们从运动变化中、从物理对象与物理现象的联系中去进一步理解物理概念。有些概念本身就是建立在物理规律基础上的，如用比值法定义的物理量密度"$\rho = m/V$"，就是建立在两个物理量比值为一常数的实验规律之上的。所以概念和规律的建立与学习是相辅相成、互相促进的，本章所讨论的"概念"涵盖了物理概念和物理规律。

## ■ 第一节　概念建构中科学思维能力培养

物理概念与物理规律是物理教学的基础和关键。概念和规律的建立是在一定的感性材料和物理现象基础上，通过观察、分析、抽象、概括、数学推理等一系列方法形成的。形成概念和掌握规律是发展学生思维和创新能力的重要途径。物理概念和规律的教学，不能仅告诉学生它们的内容，而是要让学生明白它们的"来龙去脉"，引导学生通过实验的现象、严密的理论推导、形象的比喻来建立概念、总结规律，从而发展学生的思维能力。

### 一、物理概念和规律建立的类型

从科学思维方式上看，物理概念规律的建立过程有四种类型：经验归纳型、理论演绎型、类比推理型、猜想假说型。经验归纳型是从大量的观察、实验得来的经验材料中总结出的物理规律，这是物理学研究最基本的工作，它体现了归纳的本质特征，即从部分到全体、从个别到一般，比如伽利略对落体运动规律的研究。理论演绎型是指从一些已知的物理规律通过理论推理而得到的规律，这是从一般到特殊的过程，演绎的过程有着必然的逻辑性，只要前提正确，演绎形式有效，结果必然正确，比如动量定理和动能定理的推导。类比推理型是根据两类对象某些相似或相同的属性，推出它们在另外的属性上也相同或相似，从而从已知规律获得对未知规律的有关信息，如规律的数学形式或探索规律的研究思路等，比如库仑定律的得出就是类比了万有引力定律。猜想假说型必须通过直觉和想象入手，再抽象出事物的本质，最后还要接受实验和事实的检验才能建立新的概念或者形成新的规律。爱因斯坦就是直觉猜想的极力推崇者，他说："通向某些物理定律并没有逻辑的道路，只有通过那种以对经验的共鸣的理解为依据的直觉才能得到。"

### （一）经验归纳式概念建构

经验归纳式概念学习是指学生在教师的引导下，结合大量观察和实验，对一类物理事物现象和过程的共同特征或者基本属性进行抽象概括，形成物理概念的一种学习过程。这一概念学习过程需要学生具备一定的归纳能力和探究能力。经验归纳式概念习得过程一般经历6个阶段，如图3-1-1所示。经验归纳式概念学习一般从感知丰富的物理情境开始，学生对物理情境中所包含的物理事物过程、现象等进行分析归纳与解释，发现这些情境中存在的共性与差异，并进行深入反复的思考与论证，提出物理概念。实际学习中经验归纳是概念学习的心理过程，并不是学生显性的生活经验，知识基础对情境的感知程度会影响学生对物理情境物理共性识别的方向和深度，进而影响学生物理概念的生成，有时学生需结合实际学习情况，返回前面相应的环节重新进行经验归纳。下面以楞次定律的教学为例进行说明。[11]

图 3 - 1 - 1

### 1. 感知情境

实验：将无磁性的小铁球从铝管中自由释放，由于落体时间很短，不易接住小球。将无磁性的小铁球换成磁性小球，再次从铝管口释放，可以观察到小球的下落变得缓慢了。再将线圈套在铝管中，用电流传感器显示出磁体进入线圈和离开线圈时的电流方向不同，电流的变化如图 3 - 1 - 2 所示。教师引导学生思考：磁铁为什么缓慢下落？感应电流的方向可能和什么因素有关？

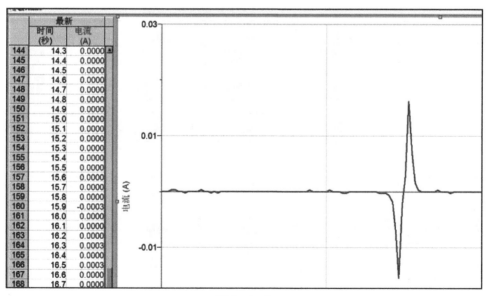

图 3 - 1 - 2

### 2. 识别特征

实验："磁铁插拔线圈"实验。将条形磁体插入和拔出线圈，观察与线圈相连的电流表的指针偏转方向，如图 3 - 1 - 3 所示，引导学生思考：感应电流的方向可能和什么因素有关？

### 3. 分析总结

分组实验探究：学生在四种情况中，分别观察电流计指针的偏转方向，并记录实验数据（感应电流方向、磁通量变化、原磁场方向和感应电流的磁场方向），如表3−1−1所示。实验中思考：感应电流的方向是由原磁通量的增多或减少直接决定吗？感应电流的方向与原磁场的方向之间有什么规律？从感应电流产生的效果上看，什么因素和原磁场及其磁通量的变化能够建立联系？感应电流产生的磁场对原磁通量的变化有什么样的作用？（阻碍原磁通量变化还是助力原磁通量变化）

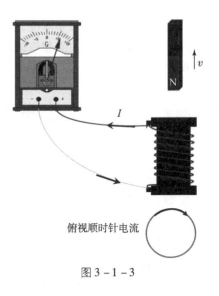

俯视顺时针电流

图 3 − 1 − 3

**表 3 − 1 − 1　实验数据处理**

| 项目 | 实验1 | 实验2 | 实验3 | 实验4 |
|---|---|---|---|---|
| 感应电流方向（俯视） | 逆 | 顺 | 顺 | 逆 |
| 磁通量变化 | 增加 | 减少 | 增加 | 减少 |
| 原磁场方向 | 向下 | 向下 | 向上 | 向上 |
| 感应电流的磁场方向 | 向上 | 向下 | 向下 | 向上 |

### 4. 补充完善

楞次定律涉及的因素多、关系复杂、规律隐蔽、抽象性和概括性很强，学生探索和理解该定律有较大的难度，特别是对"阻碍变化"的理解是认知的难点。本节课以任务驱动的方式引导学生通过小组合作经历规律建构的过程，通过猜想、设计实验方案、恰当使用证据推出物理结论，根据磁铁与线圈相对运动的四种情况，构建各个相关量关系的流程图，逐步归纳推理得出感应电流方向的规律，引出"感应电流的磁场"这个中介量，从而归纳出楞次定律的简洁表述，如图3-1-4。

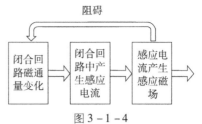

阻碍

闭合回路磁通量变化 → 闭合回路中产生感应电流 → 感应电流产生感应磁场 →

图3-1-4

5. 生成概念

教师引导学生总结楞次定律：感应电流应该具有这样的方向，感应电流所产生的磁场总是阻碍原磁场磁通量的变化。概括为"增反减同"。同时引导学生分析"阻碍"的含义，总结用楞次定律解决具体电磁感应问题的步骤。

6. 概念理解

解释课前实验，理解"阻碍"的意义，准确把握楞次定律的实质，总结利用楞次定律解决具体电磁感应问题的步骤。电磁感应是把其他形式能转化成感应电流所在回路的电能，从能量的转化与守恒定律认识楞次定律，培养学生的能量观念。

**（二）演绎推理式概念建构**

演绎推理式概念学习的过程是指学生从已有概念和规律出发，用数学推导、理论推演等方法得出概念的过程，一般经历6个阶段，如图3-1-5所示。在这一概念习得过程中，首先要结合学生已有知识寻找新旧知识之间的联系并提出问题，然后根据研究问题的需要，搜索并提取已有的知识和经验，对提出的问题进行解释和论证，进而在解决问题的过程中形成物理概念。物理概念学习中，学生习得下位概念的心理过程，一般属于演绎推理式的过程，在这一过程中学生的物理概念学习效果依赖于学生已有的清晰性、稳定性和完整性。经过演绎推理学生获得的物理概念，可能是学生原有物理概念体系中的特例，如由能的概念推出动能、势能的概念，力的概念可演绎出地球与地球附近的物体相互作用而使物体受到的力即重力的概念，也可能是学生原有认知结构中存在一定的联系，但并非包含于原有认知结构之中，例如热力学温标的引入是从对查理定律做简单的数学变化后得到的于是就建立了绝对温度的概念。下面以由牛顿第二定律推导出冲量的概念进行说明。[12]

提出问题 ➡ 建立模型 ➡ 分析推理 ➡ 形成结论 ➡ 得出概念 ➡ 理解概念

图3-1-5

**1. 提出问题**

国际航空联合会已把鸟害升级为"A"类航空灾难。一般人看来，"血肉之躯"的小小飞鸟与钢铁铸造的飞机在天空相撞犹如以卵击石，然而事实却并非如此。飞机与飞鸟空中相撞，轻者使得飞机不能正常飞行，被迫紧急降落，重则机毁人亡，酿成重大灾难。（展示飞鸟导致的空难图片和飞鸟撞高铁图片）为什么小小飞鸟会有那么大的威力？

**2. 建立模型**

人们早期研究运动都是从碰撞开始的，生活中有各种碰撞的情况，教师可以让学生观看视频：台球撞击慢放、网球拍击球慢放、篮球落地慢放。以台球撞击为例，若"等速"弹回，球的动量是否发生改变？球的动量为什么会改变？视频慢放中清楚看到弹力的情况，在碰撞接触的很短时间内，因为有力作用在物体上一段时间，从而引起了球动量的变化。

**3. 分析推理**

物体动量变化量与力之间的关系是什么呢？可以创设一个物理情境，如图 3 – 1 – 6 所示，光滑地面上有一物体在水平作用力 $F$ 的作用下，经历时间为 $t$，物体速度从 $v$ 增加到 $v'$，由牛顿第二运动定律 $F = ma$ 和运动学公式 $v' - v = at$，可以得出：$Ft = mv' - mv$。

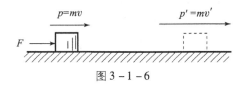

图 3 – 1 – 6

**4. 形成结论**

因为有力作用在物体上一段时间，所以物体的动量发生了改变，力与时间的乘积等于动量改变量，即 $Ft = mv' - mv$。

**5. 得出概念**

我们将力与作用时间的乘积定义为冲量。定义式为 $I = Ft$，单位为 N·s。冲量是矢量，它的方向与力的方向一致。我们将 $Ft = mv' - mv$ 称为"动量定理"，它表明力在时间上的累积效果引起了动量的改变。

**6. 理解概念**

冲量的物理意义是力对时间的累积效果。动量定理的应用范围广阔，既适用于恒力，也适用于变力；既解决直线运动，也可以解决曲线运动问题；既适用于宏观低速运动，也适用于微观高速运动。应用动量定理解题步骤如下：一是确定研究对象和物理过程，受力分析；二是选定正方向，确定合外力的冲量；三是确定初态和末态的动量；四是由动量定理列式，代入数据求解。建立了冲量的概念和动量定理之后，可以带领学生估算飞机与飞鸟撞击力的大小。需要的条件可以让学生自己查找，一架飞机的速度约为 100 m/s，一只飞鸟的质量约为 0.5 kg，长约为 20 cm（初速度可视为 0）。飞机和飞鸟相互作用时间可以认为飞机匀速通过了飞鸟身长的距离，$t = 0.2 \div 100 = 0.002$（s），由动量定理 $Ft = mv' - mv$ 可得 $F \times 0.002 = 0.5 \times 100$，则 $F = 25\ 000$ N，可见这个撞击力是巨大的。

**（三）类比推理式概念建构**

类比是由两个（或两类）对象之间的相同性或相似性，推出两者之间的另一属性也可能存在相同性或者相似性的一种逻辑思维方法。类比对象间共有的属性越多，则类比结论的可靠性越大，但类比推理只是一种或然性的推理，其结论正确与否有待实践的证明。但这是一种富有创造性的推理方法，在物理学的发展中起着积极的推动作用。类比推理既可以在对象的要素和结构之间进行类比，也可以在对象的功能之间进行类比，还可以从导致事物某种功能的条件方面进行类比。例如光量子概念的建立就是通过类比能量子，物质波概念的建立则通过类比光的波粒二象性，电压概念的建立通过类比水压。麦克斯韦电磁理论的两个基本假设也是如此，麦克斯韦认为线圈只不过用来显示电场的存在，线圈不存在时，变化的磁场同样在周围空间产生电场，也就是说这是一种普遍存在的现象，跟闭合电路是否存在无关，即变化的磁场能够在周围空间产生电场，如图 3 - 1 - 7 所示，这是由实验得出的推理。既然变化的磁场可以在周围空间产生电场，那么变化的电场能不能在周围空间产生磁场？麦克斯韦大胆地假设：变化的电场就像导线中的电流一样，会在空间产生磁场，即变化的电场产生磁场。如图 3 - 1 - 8 所示，以平行板电容器为例，平行板电容器在充、放电的过程中，板间电场发生变化，产生的磁场相当于一连接两板的板间直导线通以充、放电电流时所产生的磁场。

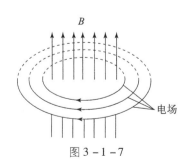

图 3 - 1 - 7

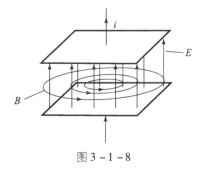

图 3 - 1 - 8

### （四）猜想假说式概念建构

物理学史表明，每一次物理学思想上的危机都孕育着物理学的一次重大突破，而每一次重大突破，都会在当代乃至下一代的哲学思想上留下不灭的印记。玻恩（Max Born）曾说："我荣获 1954 年的诺贝尔奖，与其说是因为我所发表的工作里包含了一个自然现象的发现，倒不如说是因为那里面包括一个关于自然现象的新思想方法基础的发现。"

物理学本质上是人类对整个自然界形成的可证伪的系统化认知，物理学家最终的目标是试图用少数几个基本原理解释整个自然界。科学理论发展的过程就是依据问题提出假说，再寻找实验事实或者理论推导形成证据。如果该证据可以证实假说，就可以利用该假说解释其他现象或者进行推理，逐渐形成新的理论；如果该证据不能证实假说，就要对原假说进行修改或者修正，提出新的假说。不断发展、竞争、更迭的科学假说，是科学发展的一种重要形式，如图 3 - 1 - 9 所示。

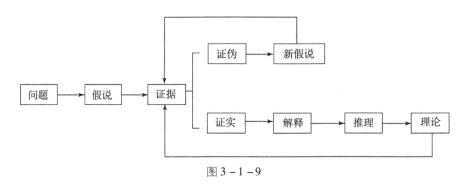

图 3 - 1 - 9

在研究"原子结构"时很多物理学家提出了假说。如图 3 - 1 - 10 所示，汤姆孙研究阴极射线时发现电子，提出了原子结构枣糕模型，但该模型不能解释 α 粒子散射实验，因为有极少数 α 粒子偏转角超过了 90°，有的甚至被"撞了回来"，偏转角几乎达到 180°，这说明在原子的中心有一个很小的核，原子的全部正电荷和几乎所有的质量都集中在原子核里，所以枣糕模型被证伪。接下来卢瑟福提出的原子核式结构模型很好地解释了 α 粒子散射实验，但是在解释氢原子光谱在可见光区域内是四条分立的谱线时又遇到了困难。玻尔在卢瑟福的原子核式结构的基础上加入了量子化观点，提出原子能级的概念，建立原子结构模型，到现代的原子结构的电子云模型。这就是人类认识世界微观图景的物理观念的进阶。

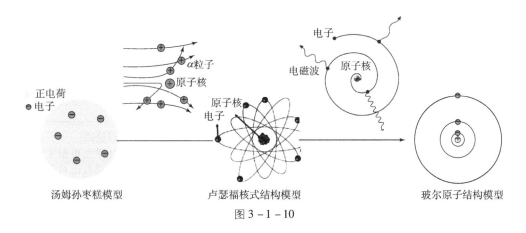

汤姆孙枣糕模型　　　　　　卢瑟福核式结构模型　　　　　　玻尔原子结构模型

图 3 - 1 - 10

　　再比如 19、20 世纪之交，人们在黑体辐射、光电效应、氢原子光谱等许多类问题中，都发现了经典物理学无法解释的现象。这些现象不是孤立的，而是在各类系统中普遍存在，且都和原子、分子等微观粒子的行为紧密相关。在这些问题中经典物理往往连实验结果的定性行为都无法解释。这就表明微观世界的物理规律和宏观世界的物理定律可能存在巨大的差别，人们需要建立描述微观世界的物理理论。围绕着普朗克常数，科学家描述微观世界物理规律提出了一系列假说，如图 3 - 1 - 11 所示。这些科学猜想和假说在客观事实的证实或者证伪过程中不断深化，越来越逼近客观真实，电磁辐射能量量子化到光子能量量子化再到电子轨道量子化、原子能量量子化的进阶，太阳系模型 - 原子核式结构的类比思想，光的粒子性到实物粒子的波动性的对称思想，电子云模型的统计思想，等等。在检验科学假说的过程中科学思想方法启迪学生的高阶思维，引导学生将较复杂的实际问题中的对象和过程转换成物理模型，在新的情境下合理使用证据，从多个视角审视检验结论，勇于质疑，解决物理问题具有一定的新颖性和创造力。

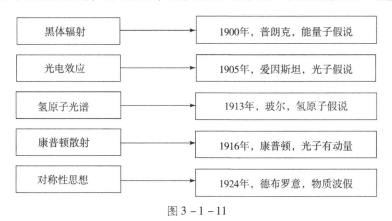

| 黑体辐射 | → | 1900年，普朗克，能量子假说 |
| 光电效应 | → | 1905年，爱因斯坦，光子假说 |
| 氢原子光谱 | → | 1913年，玻尔，氢原子假说 |
| 康普顿散射 | → | 1916年，康普顿，光子有动量 |
| 对称性思想 | → | 1924年，德布罗意，物质波假 |

图 3 - 1 - 11

当然，在某一概念和规律建构中，可以采用不同的类型。下面以伽利略对自由落体运动的研究教学为例说明，如表 3 - 1 - 2 所示。

表 3 - 1 - 2　伽利略对自由落体运动的研究教学

| 教学内容 | 结论得出的逻辑类型 | 教学方式 |
|---|---|---|
| 延续了两千年的错误认识：<br>公元前 4 世纪的古希腊哲学家亚里士多德认为：物体下落的快慢是由它们的重量决定的，物体越重，下落得越快 | 经验归纳型 | 讨论式：<br>让学生根据生活经验说自己对落体运动的认识 |
| 发现问题：<br>伽利略认为，如果亚里士多德的观点是对的，那么把重物和轻物拴在一起下落，"轻的"被"慢的"拉着，"慢的"被"快的"拖着，两物拴在一起的速度应是不快不慢。同样，按照亚里士多德的说法，两物拴在一起，应该是更重了，那它们应该下落得更快。得到的是互相矛盾的结果 | 理论演绎型 | 讲授式：<br>让学生感受思辨的力量，这也是逻辑思维的启蒙 |
| 提出假设：<br>伽利略猜想落体运动应该是一种最简单的变速运动，物体的速度应该是均匀变化的。他考虑了两种可能：一种是速度的变化对时间来说是均匀的，即 $v$ 与 $t$ 成正比；另一种是速度的变化对位移来说是均匀的，即 $v$ 与 $x$ 成正比 | 猜想假说型 | 探究式和问题解决式：<br>1. 让学生猜想落体运动应该是怎样均匀变化的；<br>2. 怎样通过实验验证；<br>3. 在伽利略时代怎样克服实验条件不足带来的困难 |
| 数学推理：<br>伽利略通过数学运算得出：如果 $v$ 与 $x$ 成正比，将会得到荒谬的结论；如果 $v$ 与 $t$ 成正比，它通过的位移 $x$ 就与 $t^2$ 成正比 | 理论演绎型 | |
| 实验验证：<br>通过上百次对不同质量的小球沿不同倾角斜面上滑的定量研究，发现小球沿光滑斜面运动时通过的位移 $x$ 确实与 $t^2$ 成正比，小球的运动是匀变速直线运动，且倾角一定时不同小球的加速度相同，倾角越大加速度越大 | 经验（实验）归纳型 | |
| 合理外推：<br>设想斜面的倾角越接近 90°，小球沿斜面滚下的运动就越接近于自由落体运动；当斜面的倾角达到 90°时，小球就做自由落体运动。从而，自由落体运动是初速度为 0 的匀加速直线运动，且所有物体自由下落时的加速度都相同 | 类比猜想型 | 讲授式：<br>让学生感受科学家对自然规律的直觉和敏感，感受逻辑思维的升华 |

伽利略已去世 300 多年，他所发现的自由落体规律在物理学知识的长河中所占比例越来越小，但他研究问题时所创造的研究自然规律的科学的思想和逻辑方法，却不断为后人所继承、发扬，创造了比自由落体规律高出千百倍的财富。物理教师在学习物理的过程中掌握了许多逻辑学知识，但常常是隐性的，如果能把"默会"尽量"明言"，把"自发"转化为"自觉"，我们就会带给学生比知识更重要的财富——科学的思想和逻辑方法。

## 二、引导学生经历概念建构或探索规律的完整过程，帮助学生发展科学思维

学生在初学阶段对于物理概念和规律的认知是比较零散和孤立的，呈现出碎片化倾向，教师要基于核心素养目标重新整合教学目标，围绕物理学科的物质观念、运动与相互作用观念和能量观念，引导学生建构知识间的内在联系，打破各概念间的孤立情况，促进学生围绕核心概念的知识整合与发展。所以教学中要重视概念和规律的建构过程，学生在"科学探究"中不断发现问题、解决问题、体会科学方法、学会交流合作。学生通过体会探究的各个环节，通过猜想、设计实验方案、恰当使用证据推出物理结论，逐步归纳推理得出规律，体会科学思维方法。

人教社教材选择性必修 1 的第一章"动量守恒定律"第一节"动量"，是将 2005 年出版的选修 3－5 第一章第一节"实验：探究碰撞中的不变量"和第二节"动量和动量定理"的动量概念部分合二为一，保留了原有教材中先通过猜想假设出碰撞前后的不变量，然后结合具体实验数据，总结确定出不变量到底是哪些等内容，让学生体验探究规律的过程。弱化了原有教材寻找不变量的三个方案设计（一是利用光电门和气垫导轨，二是利用单摆，三是利用小车和打点计时器），突出了方法研究，同时加入了动量概念和动量变化量的介绍，体现了"动量"概念从为什么引入到概念界定的完整性。教材的核心仍然是引导学生对碰撞问题进行探究，亲身体验探究自然规律的过程，感悟自然界的和谐与统一。了解科学家在追寻不变量过程中做出的努力，明确动量概念形成的历史过程，从科学史的角度认识到任何科学概念规律的建立，都不是简单拼凑得出的，都需要严格的科学论证。基于此我制定了以下教学目标：一是了解生产生活中的碰撞现象，通过实验探究寻找碰撞中不变量，亲身体验探究自然规律的过程，感悟自然界的和谐与统一；二是通过探究实验提高学生的动手操作能力、证据意识和分析数据的能力，培养学生实事求是的科学态度与合作精神；三是了解物理学中动量概念的建立过程，理解动量和动量变化的矢量性，建立运动和相互作用的物理观念。

学习的本质是经验在深度或广度上的持续变化，即个体在原有经验的基础上

通过自主建构或社会建构形成新的经验的过程。高中生已经初步具备了实验设计能力和实验操作技能，对物体碰撞这种相互作用也有生活感性认知。但是在探究过程中，学生对于不变量的猜想可能比较困难，如果没有一定的逻辑引导，提出物体的质量和速度的乘积是不变量并不容易。教师应由浅入深，设计出符合学生认知水平的逻辑台阶，让学生实验探究和总结反思互为依托，使思维螺旋式上升，从而得到正确的结论。教学过程如表 3－1－3 所示。

表 3－1－3 "动量"的教学过程

| 环节 | 教师活动 | 学生活动 | 设计理念 |
|---|---|---|---|
| 大任务：物体相互作用过程中遵循什么规律？守恒量是什么？ | 引入新课：碰球实验：网球和篮球一起下落，网球弹起很高。牛顿摆实验：多个钢球碰撞。碰撞中物体运动状态的改变遵循什么规律才会有这些奇特的现象呢？今天我们就一起来探究这个问题 | 观察实验现象，思考现象背后的原因 | 创设问题情境，趣味实验激发学生探究兴趣 |
| 子任务一：列举碰撞现象，了解碰撞现象的特点。 | 寻求碰撞中的不变量，了解物理学的碰撞概念。碰撞视频：汽车相撞、台球碰撞、天体碰撞粒子碰撞等。教师说明：碰撞是物体之间一种常见的相互作用，作用时间短，作用力大，且形式多样。我们要想了解碰撞中规律，应该从最简单的碰撞入手，碰撞前后速度在一条直线上，即一维碰撞 | 列举出生活中的碰撞实例，面对纷繁复杂的物理现象，提出我们的研究方法：由浅入深，从简到繁 | 培养学生的创新实验能力和观察能力 |
| 子任务二：猜想碰撞前后两个球的什么物理量不变 | 视频演示：牛顿摆中的两个钢球碰撞交换速度引导学生思考：碰撞前后什么物理量不变？ | 归纳猜想：碰撞前后物体速度之和可能不变；碰撞前后物体速率之和可能不变；碰撞前后物体动能之和可能不变。观察实验现象，很容易提出观点：可能是速度不变、动能不变 | 从现象到本质 |

续表

| 环节 | 教师活动 | 学生活动 | 设计理念 |
|---|---|---|---|
| 子任务二：通过实验验证猜想是否正确，提出新猜想 | 利用钢球和塑料球做碰撞实验，根据实验现象验证猜想<br>现象2否定速度之和不变<br>现象3否定动能之和不变<br>引导学生思考：速度和质量还可以有哪些组合？<br>质量与速度乘积之和可能不变<br>物体的速度与质量的比值之和可能不变 | 小组合作、分组实验：<br>利用实验仪器（轨道和小球）尝试不同形式的碰撞，观察小球速度的变化。<br>总结碰撞形式和球的速度变化情况：<br>动碰静：钢球碰钢球、钢球碰塑料球、塑料球碰钢球，以及追击碰、相向碰等形式。<br>学生总结：<br>现象1：质量相等的球碰后交换速度<br>现象2：钢球碰塑料球，均以较大速度一起向前。<br>现象3：塑料球对碰，速度都减小 | 培养学生科学的思维方式 |
| 子任务三：设计实验验证猜想需要测量什么物理量，如何测量？ | 演示实验：<br>利用计算机、导轨、光电门传感器、小车进行碰撞实验，记录数据<br> | 根据实验情景，提出猜想 | 培养学生的数据采集与分析能力 |

续表

| 环节 | 教师活动 | 学生活动 | 设计理念 |
|---|---|---|---|

<table>
<tr><td rowspan="6">子任务四：实验数据记录及分析，寻找碰撞中的不变量</td><td colspan="3">利用表格处理实验数据，学生分组研究，教师巡查，发现问题及时指导。</td></tr>
</table>

| 项目 | $m_1/$ kg | $m_2/$ kg | $v_1/$ (m/s) | $v_2/$ (m/s) | $v_1'/$ (m/s) | $v_2'/$ (m/s) |
|---|---|---|---|---|---|---|
| 动碰静 | | | | | | |
| 动碰静 | | | | | | |
| 碰后反向 | | | | | | |

归纳总结：碰撞前后物体的质量与速度乘积之和保持不变，这也使我们意识到 $mv$ 这个物理量具有特别的意义。

## 三、从概念建构中帮助学生提炼萃取经典的物理学认识方式

在物理学研究中，每个重大发现总是多种科学方法协同应用的结果，呈现出科学方法的系统性。伽利略开创了逻辑思辨、实验归纳与科学推理（含数学）相结合起来的物理学研究方法，牛顿以培根的实验归纳方法为基础，又吸收了笛卡儿的数学演绎体系，形成了实验归纳、逻辑方法和数学方法相结合的科学方法体系。仍然以追寻守恒量为例，如图 3 – 1 – 12 所示，16 世纪的欧洲经济开始复苏，人们观察周围运动着的物体，例如跳动的球、飞行的子弹、走动的时钟、运转的机器最终都会停下来。整个宇宙是不是也像一架机器那样总有一天会停下来呢？千百年来对天体运动的观测，并没有发现宇宙运动有减少的迹象。他们相信这个世界是简单的、和谐的、统一的，运动的总量是守恒的。这就需要找到一个合适的物理量来量度运动，这是科学观察。此后 17 世纪的笛卡儿学派和莱布尼茨学派展开旷日持久的争论，分别提出用 $mv$ 和 $mv^2$ 来量度运动，之后惠更斯详尽地研究了完全弹性碰撞问题，在《论物体的碰撞运动》中阐述了 5 个假设和 13 个命题，这是实验归纳和演绎推理。18 世纪由德国的达朗贝尔提出：这两种量度是等效的，$mv$ 和与运动的时间有关。$mv^2$ 和运动的距离有关，科学家从状态研究到过程研究催生动量定理和动能定理的雏形。科学促进技术的进步，技术反过来推动科学的发展，到了 19 世纪，以德国的迈尔、英国的焦耳、德国的亥姆霍兹为代表的十几位科学家分别独立地提出能量守恒规律，特别是焦耳 40 年间做了 400 余次实验，写下了《磁电的热效应和热的机械值》《论空气的膨胀产生的温度变化》《论热的机械当量》等论文，从力、热、光、电磁的互相转化的定性研究到总量守恒的定量研究。1880 年恩格斯在《运动的量度——功》中指出：

$mv$ 是用机械运动量度机械运动；$mv^2$ 是用机械运动和其他形式运动转化的能力来量度运动。逐渐形成在变化中寻找不变量（守恒量）的认识方式。在这个过程中牛顿定义了"动量"（$mv$），莱布尼茨定义了"活力"（$mv^2$），科里奥利等人定义了"做功"（$Fs$），W.汤姆孙精确定义"能量"。科学方法的系统呈现，较为完整地呈现了物理规律的发现与建立过程，不仅能够引导学生重走物理规律发现之路，更能让他们较为全面地了解科学方法的内涵、体会科学方法的功能和感受科学方法论的力量。学生在知识建构中提炼萃取经典的物理学认识方式，初步形成解决物理问题时系统化思维模式和信息处理对策。

图 3 - 1 - 12

## ■ 第二节　在概念辨析中培养科学思维能力

物理概念是物理学习的基础，是发展学生物理学科核心素养和综合关键能力的基石，对于培养物理思维至关重要。为全面清晰地理解物理概念，可从多个视角对物理概念进行分类，根据概念能否量化可以分为定性概念和定量概念。物理学中很多物理现象、过程等属性或特征能够定性地表示出来，这种概念称为定性概念，如机械运动、干涉、偏振、电场等。物理学中有时需要用定量的方式表示物理现象、过程等的内涵和特征，这些用定量方式表示的物理概念称为定量概念，也称为物理量，如速度、加速度、电场强度、电势等。物理量可以分为以下几种类型：一是状态量和过程量。状态量是描述研究对象在某一时刻或某一状态所具有的性质或特征的物理量，如瞬时速度是描述物体某一时刻运动状态的物理量，动能、动量也都是状态量。过程量都与一定的物理过程相对应，研究对象从一个状态变化为另一个状态的属性和特点，平均速度、功、热量都是过程量。二是标量和矢量。有些物理量只有大小，没有方向，其运算遵循代数运算法则，这类物理量就是标量，如时间、质量、功、能、电势、电流强度等，还有一些物理量既有大小又有方向，其运算遵循平行四边形定则，这类物理量是矢量，如力、速度、加速度、动量、电场强度等。三是相对量和绝对量。与选择的参照系有关的物理量称为相对量，如一个物体所具有的重力势能与所选择的参考面位置有关，所以重力势能是相对量，速度和动能也是相对量。凡是与参照系无关的物理量称为绝对量，如力、电量、光速等。

在物理概念的学习中，学生对一些意义相近或名称相似的物理概念容易混淆造成学习困难，对于这些易混淆的物理概念，教师要深入剖析混淆概念的原因，选择合理的方法，帮助学生厘清概念的区别和联系，通过概念辨析培养学生的科学思维能力。

### 一、在概念建立的过程中进行比较辨析，有助于培养学生的科学方法提炼能力

物理概念是观察、实验与科学思维相结合的产物，一个概念的建立常常需要在观察和分析一系列事实或实验的基础上，抽象概括一系列具体现象的共同特征，进而判断哪些因素是相关因素，从而抓住共同的本质特征。对于所做出的判断是否正确还需要通过实验来检验。在复杂概念的形成过程中往往还需要有一定的科学思想方法。速度和加速度概念的建立用到了"比值定义法"，渗透了变化率的大概念（如图 3 - 2 - 1 所示）。任何事物的变化，包括物体位置的变化，总是伴随着一个过程。在这一过程中，人们关心的一个是变化的多少，另一个是变化的快慢，而后者就是变化率。

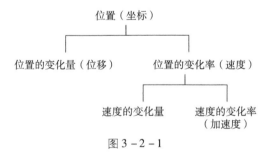

图 3 - 2 - 1

以物体的直线运动为例，位移 $\Delta x$ 是变化的多少，速度 $v = \Delta x/\Delta t$ 就是变化率。教材中利用比值定义法对速度的概念进行定义，加速度是速度的变化量与发生这一变化所用时间的比值，即 $a = \Delta v/\Delta t$。由于加速度是建立在抽象概念——速度之上的抽象概念，在日常生活中没有对应物，所以很难建立表象。对于加速度概念的建立对于学生来说更加困难，因为它要将前面的每个环节联系起来，不仅要考虑速度变化的大小，还要考虑速度变化的方向，并且要考虑对应的变化时间。

物理学很多概念的建立，比如密度、劲度系数、电容的定义等都用到了比值

定义法，但是速度、加速度与密度、劲度系数、电容的不同之处在于它描写的不是物体自身的固有性质，而是外在的状态。比如速度的定义式中，位移与时间就不一定具有确定的比例关系，反映在函数图像上，物体的 $x-t$ 图像可以是斜率不同的直线、曲线、折线等。在加速度的定义式中，速度变化量与时间也不一定具有确定的比例关系。而且在比值量的定义式中，相比的两个物理量之间不具有一定的因果关系，比如对于加速度来说，时间的改变并不一定导致速度的改变。这一类比值量应以培养学生利用比值比较不同事物的能力为重要任务。

对于速度和加速度两个概念，也可以从图像中的变化率来理解。根据比值定义法对速度和加速度的定义可知，对于位移 – 时间图像，其变化率代表速度，割线与切线的斜率分别代表某段时间的平均速度和某一时刻的瞬时速度（如图 3 – 2 – 2 甲所示）；而对于速度 – 时间图像，其变化率代表加速度，割线与切线的斜率分别代表某段时间的平均加速度和某个时刻的瞬时加速度（如图 3 – 2 – 2 乙所示）。教师可以引导学生加强定义与图像的结合去理解抽象的概念。

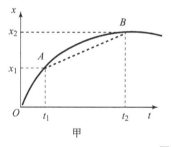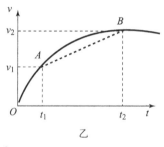

图 3 – 2 – 2

再比如，电场强度和磁感应强度的建立也用到比值定义法。磁感应强度概念的建立还可以类比电场的建立思路。电场的基本性质是对放入电场的电荷具有力的作用，磁场的基本性质是对放入磁场的磁体和电流具有力的作用。电场强度的大小为试探电荷在该点所受电场力 $F$ 的大小与试探电荷的电荷量 $q$ 的比值，即 $E=F/q$；电场强度的方向为正点电荷在该点所受电场力的方向。磁感应强度的大小的定义选取"小磁针"还是"小导线"作为研究对象呢？选取小磁针无法定量计算，所以选取小导线，我们称之为"电流元"。电流元用 $IL$ 表示，当电流方向与磁场方向垂直时，电流元所受磁场力（安培力） $F$ 与 $IL$ 的比值定义为电流元所在位置处的磁感应强度大小，即 $B=F/IL$。磁感应强度的方向为小磁针在该点 N 极所指的方向。$E$ 与 $F$、$q$ 无关，只与电场本身的性质有关；$B$ 与 $IL$、$F$ 无关，只与磁场本身性质有关。电场强度和磁感应强度都遵循矢量合成的平行四边形定则。

## 二、辨析物理概念的内涵，有助于培养学生的抽象概括思维能力

物理概念的内涵即物理概念所反映的物理现象和物理过程的基本属性，是该事物区别于其他事物的本质特征。辨析物理概念的内涵要求学生能从事实经验中提取事物或过程的共同本质特征，形成物理概念、模型和规律，能在已有知识基础上通过逻辑推理，提取物理本质。高一刚开始学习相互作用时，很多学生容易把重力当成压力。重力与压力的区别在于产生的原因不同，压力是由于相互接触的物体相互挤压发生了弹性形变而产生的力，其性质属于弹力，重力是地球表面的物体受到地球的吸引产生的力，其性质属于引力。在学习了牛顿第三运动定律后，一对相互作用力大小相等、方向相反、作用在一条直线上，这个特点很容易和一对平衡力混淆。例如，有的同学认为放在水平桌面上的物体所受重力与其对桌面的压力大小相等，误认为是一对平衡力，这就需要通过实例把一对相互作用力和一对平衡力按照表3-2-1进行辨析。让学生分析水平桌面上的物体所受重力的反作用力是什么，支持力的反作用力是什么，重力的平衡力是什么。还可以再进一步分析人从地面上跳起，地面对人的支持力和人对地面压力是否相等，支持力和人所受的重力是否相等。

表3-2-1　一对相互作用力和一对平衡力的比较

| 项目 | 一对相互作用力 | 一对平衡力 |
|---|---|---|
| 不同点 | 作用在两个物体上 | 作用在一个物体上 |
| | 性质相同 | 性质不一定相同 |
| | 具有同时性 | 不一定具有同时性 |
| | 不能求合力 | 合力为零 |
| 相同点 | 等大、反向、共线 | |

再比如，电场是一种特殊物质，具有力的特性和能的特性，电场力的特性用电场强度表示，电场能的特性用电势表示。电场强度的定义式是 $E = \dfrac{F}{q}$，电场强度是矢量，规定正电荷在电场中某点所受静电力的方向为该点的电场强度方向。点电荷的电场强度为 $E = k\dfrac{q}{r^2}$。电势的定义式为 $\varphi = \dfrac{E_p}{q}$，电势是标量，但有正负之分，其正（负）值表示该点电势比零电势高（低）。沿电场线方向电势降低。在电磁学中，电场强度和电势这两个概念非常重要，可以用图3-2-3所示四种电场中 $a$、$b$ 两点的电场强度和电势的比较进行辨析。甲图中与正点电荷等距离

的 $a$、$b$ 两点场强大小相等，但方向不同，则 $a$、$b$ 两点电场强度不相同，$a$、$b$ 两点处于同一等势面上，所以电势相同；乙图中由对称性可知 $a$、$b$ 两点的场强大小和方向均相同，因 $a$、$b$ 所在的直线是等势面，则电荷在这两点的电势相同；丙图中，$a$、$b$ 两点的场强大小相同，但是方向相反，所以电场强度不相同，$a$、$b$ 两点处于同一等势面上，所以电势相同；丁图中，$a$、$b$ 两点的场强和电势均不同。

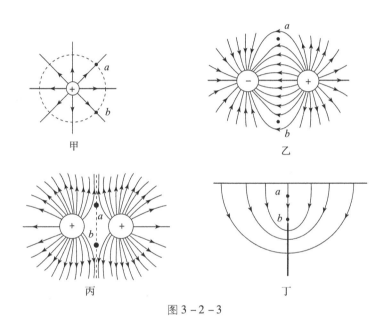

图 3 - 2 - 3

### 三、辨析物理概念的外延，有助于培养学生的发散思维

物理概念的外延是指物理概念的涵盖范围和适用范围，如机械运动的外延包括匀变速直线运动、抛体运动、圆周运动、机械振动运动等。可以从不同的角度对概念的外延进行分类，比如从力的性质上其外延沿包括重力、弹力、摩擦力，从力的作用效果上看，包括压力、支持力、向心力、回复力、汽车的牵引力、飞机的升力、动力、阻力等。相比而言，一个物理概念的层次越高，这个物理概念的内涵就越抽象，其涵盖范围就越广，涵盖的对象也就越多。发散思维是依据研究对象所提供的各种信息，使思维打破常规，寻求变异，广开思路，充分想象，探索多种解决方案或新途径的思维形式，它的主要特征是求异性和多样性，包括横向思维、逆向思维和多向思维。辨析物理概念的外延，有助于培养学生的发散思维。

例如，法拉第电磁感应定律：闭合电路中感应电动势的大小，跟穿过这一电路的磁通量的变化率成正比。用公式表示为 $E = n\dfrac{\Delta\Phi}{\Delta t}$，其中 $n$ 为线圈匝数，相当于每一匝线圈都是一个电源，这些电源以串联的方式连接。如果将一根绝缘硬质细导线顺次绕成图 3 - 2 - 4 所示的线圈，其中大圆面积为 $S_1$，小圆面积均为 $S_2$，垂直线圈平面方向有一随时间 $t$ 变化的磁场，磁感应强度大小 $B =$

图 3 - 2 - 4

$B_0 + kt$，$B_0$ 和 $k$ 均为常量，则线圈中总的感应电动势大小如何求出？该问题借助于熟悉的"磁生电"物理情境对法拉第电磁感应定律进行考查，法拉第电磁感应定律本身属于识记性层次，但是 5 个圆环产生的电动势串联接入和大圆环包络面产生的感生电动势是什么关系？这是解决问题的难点，是对物理概念和规律的条件和外延的考查，回归基础又高于基础，需要学生理解有效包络面积和电源的串联关系。由法拉第电磁感应定律可得大圆线圈产生的感应电动势为 $E_1 = \dfrac{\Delta\Phi_1}{\Delta t} = \dfrac{\Delta B \cdot S_1}{\Delta t} = kS_1$，每个小圆线圈产生的感应电动势 $E_2 = \dfrac{\Delta\Phi_2}{\Delta t} = \dfrac{\Delta B \cdot S_2}{\Delta t} = kS_2$，由线圈的绕线方式可得大、小圆线圈产生的感应电动势方向相同，故线圈中总的感应电动势大小为 $E = E_1 + 5E_2 = k(S_1 + 5S_2)$。

再举一例：一种利用放射性元素 β 衰变的电池，采用金属空心球壳结构，球内是真空，如图 3 - 2 - 5 所示，球心位置放有一小块放射性物质。球心处的放射性物质的原子核发生 β 衰变发射出电子，已知单位时间内从放射性物质射出的电子数为 $N$，射出电子的最小动能为 $E_1$，最大动能为 $E_2$。为了研究方便，假设所有射出的电子都是沿着球形结构径向运动，忽略电子的重力及在球壳间

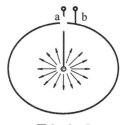

图 3 - 2 - 5

电子之间的相互作用。元电荷为 $e$，a 和 b 为接线柱。该电源的电动势和等效内阻分别是多少呢？这就要求学生理解电源是一种把其他形式能转化成电能的工具，它通过非静电力把正电荷（负电荷）从正极（负极）搬运到负极（正极），使电荷的电势能增加。不同的电源，非静电力做功的本领不同，因而电源的电动势不同，干电池电动势为 1.5 V，铅蓄电池电动势为 2 V，电动势的定义式为 $E = \dfrac{W_非}{q}$，同时电源断路时两极的电压等于电势差。这种放射性元素 β 衰变的电池 a、b 之间的最大电势差为 $U_m$，根据动能定理有 $-eU_m = 0 - E_2$，解得 a、b 之

间的最大电势差 $U_{\mathrm{m}} = \dfrac{E_2}{e}$，这也就是该电源的电动势。将 a、b 短接时所有逸出电子都能由球心处的放射源到达球壳，故短路电流 $I_{短} = Ne$，则可以求得电源的内阻为 $U_{\mathrm{m}}/I_{短}$。

### 四、在实际应用中进行概念辨析，有助于培养学生的逻辑推理能力

推理是由一个判断或多个判断推演出另一个新判断的思维过程。逻辑推理是按照逻辑规则进行的推理，是思维的高级形式之一。它是由已知通向未知的阶梯，是解决问题的重要心理过程，是在把握了事物与事物之间的必然联系的基础上展开的。在实际应用中进行概念辨析，养成"同中求异"和"异中求同"的思考习惯，将相同的事物进行比较，找出其中在某个方面的不同之处，将相同的事物区别开来，对不同的事物进行比较，找出其中在某个方面的相同之处，将不同事物归纳起来，在学习活动中就能从不同方面归纳概括出事物中的相同点，使自己的归纳能力不断提高，将已有的知识与技能应用到新的领域中去，解决问题，提高自己的逻辑推理能力。

交流电的有效值和平均值是学生容易混淆的概念，与电流的热效应有关的量如电功率和电热、电气设备铭牌上的标值、保险丝的熔断电流、电表的读数均为有效值，在计算通过电路截面的电荷量时用到电流的平均值，学生遇到实际问题因不理解而死记硬背甚至会乱套公式。

根据电流的定义 $\bar{I} = \dfrac{q}{t}$，电流的平均值是通过的电荷量与这段时间的比值。如图 3 - 2 - 6 所示，$I - t$ 图像中图线与时间轴所围成的面积就是电流随时间累积的电荷量。由于 $0 \sim \dfrac{T}{2}$ 与 $\dfrac{T}{2} \sim T$ 时间内 $t$ 轴与 $I$ 轴围成的阴影面积相等，但是电荷的正负相反，所以电流在一个周期内累积的电荷总量为 0，因而一个周期内电流的平均值为零。

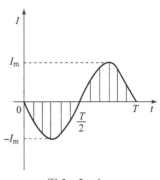

图 3 - 2 - 6

交流电流的有效值采用了"等效"定义方法：当交流电通过某电阻时在时间 $t$ 内产生的热量与另一直流电通过同一电阻在相同时间 $t$ 内产生的热量相等，则直流电的值即为交流电的有效值，这是根据电流的热效应来定义的。求一个周期内交流电的有效值的过程，实际上是寻找一个周期内产生的热量与交流电积累产生的热量相等的直流电。正弦交流电通过电阻 $R$ 的

瞬时功率表达式为 $P = i^2 R = I_m^2 \sin^2 \omega t \cdot R = I_m^2 R$ $\dfrac{1 - \cos 2\omega t}{2}$，如图 $3-2-7$ 所示，由余弦函数的对称性可知，一个周期内阴影部分的面积与功率恒为 $\dfrac{I_m^2 R}{2}$ 的直流电与时间 $t$ 轴围成的面积相等。从焦耳能量的角度来讲，电流有效值为 $I$ 的直流电在一个周期内产生的热量与交变电流产生的热量等效，即 $I^2 RT = \dfrac{I_m^2}{2} RT$，得到交流电

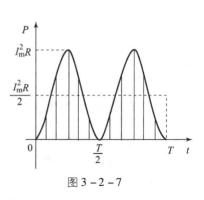

图 $3-2-7$

的有效值为 $I = \dfrac{I_m}{\sqrt{2}}$。上述分析可知，平均电流是从电量的角度，等效分析流经导体的"电流"关于时间的平均值，可正可负，也可为零。而电流的有效值是从焦耳热的角度，等效分析"电流的平方"关于时间平均值的平方根，一定为正，且与电流方向无关。

另外，还可以根据图 $3-2-8$ 中的电流随时间的变化图像，说一说"电流对时间的平均值的平方"和"电流的平方对时间的平均值"一样吗？电流对时间的平均值的平方为 $\bar{I}^2 = \left(\dfrac{1 \times 1 + 2 \times 1}{2}\right)^2 = \dfrac{9}{4}$；电流的平方对时间的平均值 $\overline{I^2} = \dfrac{1 \times 1 + 4 \times 1}{2} = \dfrac{5}{2}$，可见二者是不同的。学生对这两个概念深入理解之后，求一段时间内通过电阻的电荷量 $q = \bar{I} t$ 时，要用到电流的平均值 $\bar{I}$；求一段时间内电阻产生的焦耳热 $Q = I^2 Rt$ 时，用到电流的有效值 $I$。

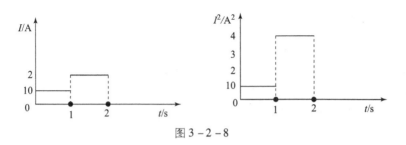

图 $3-2-8$

## 五、在知识体系中进行概念辨析，有助于培养学生的关联与整合能力

认知科学家基于实证的科学研究表明，创新能力高的个体具有的知识是有组织的，也就是说有清晰的概念和表达概念之间联系的认知模型，因此通过关联整

合形成知识的结构化，在教学中要以大概念设计教学，通过对概念规律的深层理解促进学生的反思，以物理学认识方式为线索，整合不同主题的知识，促进学生知识结构和认识方式的优化。

把容易混淆的概念放在知识网络中比较不同概念的层次、功能及其与其他概念的联系，引导学生画出概念图或者思维导图。作为一种可视化的思维工具与形象，组织化的图形图示展示事物之间的内在联系，使人的思维不再局限于文字中，逻辑清晰的知识结构、丰富的表现形式，可以呈现不同概念之间的内在联系，有助于完善学生的认知结构，帮助学生建立系统全面、层次清晰的概念。单元复习和专题复习时均可以采用思维导图。如关于运动专题概念体系，可以选择直线运动、曲线运动等不同形式的运动为二级主题，绘制思维导图，也可以选择时间和时刻、位移和路程、速度和速率等描述物体运动状态的物理概念为二级标题。

在动量与能量专题复习中，可以画出图3-2-9所示的知识结构图，引导学生在解决问题时可以分析物体的状态，也可以分析其从一个状态到另一个状态的变化过程。用速度、动量、动能等物理量来描述运动状态，当物体由一个状态变到另一个状态的过程中，这些物理量就会变化，为什么会发生变化呢？原因是物体所受到的合外力产生了瞬时或者累积的效应。如图3-2-9所示，力作用在物体上的瞬时效应是产生加速度，加速度使物体的速度发生变化，在时间上的累积效应是冲量，使动量发生变化。力在空间上的累积效应是做功，合力做的功使物

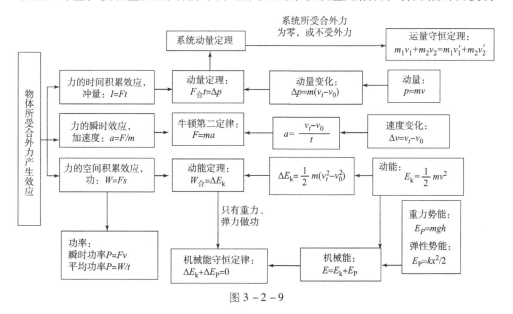

图3-2-9

体的动能发生变化。当研究对象从一个质点到系统时，假设满足一定的条件就会得到动量守恒和机械能守恒。这种方式更清晰地揭示不同概念之间的联系，有助于学生理解知识间的内在联系，从而加深概念的关联与整合，也有助于学生逐步掌握学科的基本结构。

## 六、辨析概念教学案例

### （一）问题描述

试题呈现：如图 3 - 2 - 10 所示，把一个质量为 $m$、有小孔的小球连接在劲度系数为 $k$ 的轻质弹簧的一端，弹簧的另一端固定，小球套在光滑杆上，小球和弹簧组成的系统称为弹簧振子。开始时弹簧处于原长，在小球运动过程中弹簧形变始终在弹性限度内，忽略空气阻力。让静止在平衡位置的小球突然获得向左的初速度，开始在平衡位置附近振动。已知振动过程中的振幅为 $A$，弹簧振子的振动周期为 $T$。

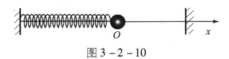

图 3 - 2 - 10

为了求得小球获得的初速度大小 $v_1$，某同学的解法如下：

设向左压缩弹簧过程中弹簧的平均作用力大小为 $F$，由动能定理可知：

$$-F \cdot A = 0 - \frac{1}{2}mv_1^2 \qquad ①$$

由动量定理可知：

$$-F \cdot t = 0 - mv_1 \qquad ②$$

小球由平衡位置向左运动压缩弹簧至最短的过程所用时间：

$$t = \frac{T}{4} = \frac{\pi}{2}\sqrt{\frac{m}{k}} \qquad ③$$

联立式①~式③，可得：

$$v_1 = \frac{2A}{t} = \frac{4A}{\pi}\sqrt{\frac{k}{m}}$$

（1）请指出这位同学在求解过程中的错误；

（2）借助 $F - x$ 图像可以确定弹力做功的规律，在此基础上请正确求解小球初速度大小 $v_1$；

（3）弹簧振子在运动过程中，求弹簧弹力对小球做正功时，其瞬时功率 $P$ 的最大值。

对本校高三年级 415 名同学在这三个问题的得分情况进行统计,结果如表 3-2-2 所示。对比三个问题的得分率,第一问中得 0 分的同学最多,竟占考试总人数的 76.87%。相比之下,需要公式计算、解题步骤更复杂的第二问和第三问的得分率反而更高,如图 3-2-11 所示。我们又以班级为单位,对 13 个教学班级得分率进行统计,并按照第一问得分率从高到低进行排序,统计结果显示,第一问中各班级的得分率跨度很大,10 班的同学在这一问题上全军覆没。对比两个班级平均分接近的同层次班级 5 班和 2 班,2 班第一问得分率为 20.51%,远高于得分率为 6.41% 的 5 班,但 5 班第二问和第三问的得分率均高于 2 班。由此看出,在关于"平均力"的教学中出现短板,特别是 5、9、10、12 这四个班尤为明显。

表 3-2-2 全体学生每一问的具体得分情况统计

| 分数 | 第一问/人数 | 第一问得分率/% | 第二问/人数 | 第二问得分率/% | 第三问/人数 | 第三问得分率/% |
|---|---|---|---|---|---|---|
| 0 分 | 319 | 76.87 | 136 | 32.77 | 285 | 68.67 |
| 1 分 | 76 | 4.82 | 40 | 9.46 | 72 | 17.35 |
| 2 分 | 20 | 18.31 | 239 | 57.59 | 58 | 13.98 |

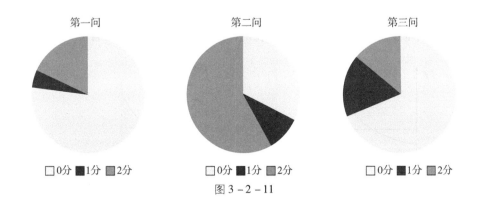

图 3-2-11

**(二) 因果解释**

第一问学生得分率低的原因在于没有真正理解变力平均值的物理意义,式① 动能定理中的平均力 $F$ 是合力对位移的平均值,式② 动量定理中的平均力 $F$ 是合力对时间的平均值,两者不可混为一谈。相当一部分学生对物理量平均值含义的理解停留在平均速度、平均加速度、平均功率这些概念,他们都是对时间求平均,而对位移求平均值接触得较少。有些学生学习物理只记忆概念和规律的公式，在解决实际问题时习惯套用公式，不重视物理概念规律建构过程，对物理概念的内涵思考不深入。这个统计结果令教师感触颇深，暴露出在变力的平均值的教学上存在明显不足。

**（三）教学改进**

在概念教学中，教师要使学生理解概念的建构过程，引导学生理解物理量的内涵和外延，通过比较了解概念之间的区别，分清不同概念所反映的不同本质属性，通过搭好四个台阶改进这部分教学。

1. 运用"等效"思想定义"平均力"的概念

理解物理概念的内涵要由定性分析进入定量分析，给出它的定义式，用数学公式定义物理量是最严密和最概括的。如图 3 – 2 – 12 所示，如果一个变力在一段时间内的冲量与某恒力 $F$ 在相等的时间内的冲量相等，即直线和曲线分别与横轴所围面积相等：$I_{变力} = I_{恒力}$，则此恒力就叫作变力在时间上的平均力 $\bar{F}_t = \dfrac{I}{t}$。

如果这个变力在一段位移 $s$ 内做的功与某恒力 $F$ 在相等的位移内做的功相等，即直线和曲线分别与横轴所围面积相等：$W_{变力} = W_{恒力}$，则该恒力就叫作该变力在位移上的平均力 $\bar{F}_s = \dfrac{W}{s}$。由此可见，力对时间和位移的平均值是不同的两个物理概念，当物体所受力为恒力时，两者才是相等的。如果对于某个没有发生位移的过程，即力没有对物体做功，那么此时引入变力对位移的平均是没有意义的，但是力在时间维度上的累积效果总是存在的，因此对时间的平均是有意义的。

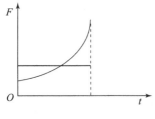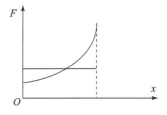

图 3 – 2 – 12

2. 丰富"平均力"概念的外延

了解物理概念的外延是概念教学的必要内容，物理概念只有与丰富的物理实例与情境相结合，在具体的问题情境下才容易被提取和活化。

由动量定理可知 $\bar{F}_t = \dfrac{I}{t} = \dfrac{\Delta p}{t}$，合力在时间上的平均力也可以称为"动量对时间的平均变化率"，如图 3 – 2 – 13 所示，在 $p – t$ 图像中平均力就是这段时间内图像割线的斜率，当时间无限趋近于 0 时平均力就是该点切线的斜率，即为该点的瞬时作用力。由动能定理可知 $\bar{F}_s = \dfrac{W}{s} = \dfrac{\Delta E_k}{s}$，合力在位移上的平均力也可以称为"动能对位移的平均变化率"，在 $E_k - x$ 图像中平均力就是这段时间内图像割线的斜率，当位移无限趋近于 0 时平均力就是该点切线的斜率，即为该点的瞬时作用力。

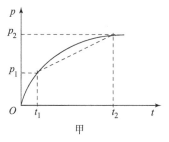 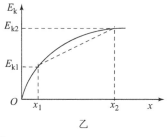

图 3 - 2 - 13

这个思想可以推广到其他性质的力。比如在某电场中建立 $x$ 坐标轴，电子仅在电场力作用下沿 $x$ 轴正方向运动，电子的电势能 $E_p$ 随坐标 $x$ 变化的关系如图 3 - 2 - 14 所示。则根据电场力做功和电势能变化的关系 $W = F_电 x = -\Delta E_p$，可知图线某点切线斜率 $k$ 代表电场力的大小，则知电子运动过程中电场力逐渐减小，所在位置的场强逐渐减小。电场强度还可以表示沿着电场强度方向的电势梯度，非匀强电场某两点的平均场强的大小就是 $U - x$ 图像的割线斜率，某点场强的大小就是 $U - x$ 图像的切线斜率，电场强度概念的内涵得到丰富和发展。

再如 a、b 两个分子，以 a 为原点，沿两分子连线建立 $x$ 轴。两个分子之间的势能 $E_p - x$ 关系图线如图 3 - 2 - 15 所示。可知图线某点切线斜率 $k$ 代表分子力的大小，则可知 b 分子从无穷远靠近 a 分子的过程中分子力先增大，到达 $r_1$ 处为最大值；从 $r_1$ 到 $r_0$ 分子力减小，到达 $r_0$ 处减为 0；从 $r_0$ 处继续靠近，分子力增大。

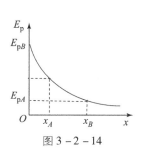

图 3 - 2 - 14

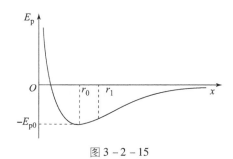

图 3 - 2 - 15

### 3. 问题解决

上述试题中弹力 $F$ 随弹簧形变量 $x$ 和时间 $t$ 的关系图像分别如图 3-2-16 所示（规定向右为正方向）。在弹簧振子从平衡位置向右运动至位移最大处的过程中，由动能定理 $-\bar{F}_x \cdot A = 0 - \frac{1}{2}mv_m^2$ 和机械能守恒定律 $\frac{1}{2}kA^2 = \frac{1}{2}mv_m^2$，可得 $\bar{F}_x = \frac{1}{2}kA$；由动量定理 $-\bar{F}_t \cdot \left(\frac{1}{4}T\right) = 0 - mv_m$，其中 $T = 2\pi\sqrt{\frac{m}{k}}$，可得 $\bar{F}_t = \frac{2}{\pi}kA > \bar{F}_x$，从面积中也可直观看出 $\bar{F}_x = \frac{1}{2}kA$ 和 $\bar{F}_t > \frac{1}{2}kA$，显然 $\bar{F}_t \neq \bar{F}_x$。

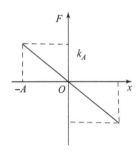

图 3-2-16

### （四）拓展整合

拓展是寻找相似问题的发散过程，而整合是方法概括归类的聚合过程，这是基于学习诊断结果的物理概念教学改进的关键一步。根据上述力学问题产生的原因，拓展到学生在电磁学的学习中还可能存在的概念混淆，并按照一定的逻辑线索在教学中进行梳理和整合。

### 【案例】电磁现象中的"平均力"的概念辨析

如图 3-2-17 所示，平行长直金属导轨水平放置，导轨间距为 $l$，一端接有电阻 $R$，导轨处于垂直纸面向里的匀强磁场中，磁感应强度的大小为 $B$。质量为 $m$ 的金属杆与导轨垂直并接触良好。金属杆开始运动的初速度为 $v_0$，方向平行于导轨，金属杆在磁场中向右移动的最大距离为 $s$。忽略金属

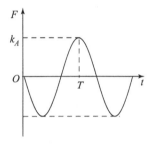

图 3-2-17

杆与导轨的电阻，不计摩擦，分析安培力在时间上的平均值和在位移上的平均值是否相同。

设 $t$ 时刻金属杆运动中感应电动势为 $E = Blv_t$；感应电流为 $I = \dfrac{Blv_t}{R}$；安培力为 $F_{安} = IBl = -\dfrac{B^2l^2v_t}{R}$，随着速度减小，安培力减小，加速度减小，可知金属棒做加速度减小的减速运动。在极短时间内由动量定理可知 $-\dfrac{B^2l^2v_t}{R}t = mv_1 - mv_0$，对全过程累计求和 $-\dfrac{B^2l^2}{R}x = mv - mv_0$，则速度随位移的变化关系为 $v = v_0 - \dfrac{B^2l^2}{Rm}x$。又因安培力与速度是正比关系，安培力随时间变化和随位移变化图像如图 3 - 2 - 18，由图像可知安培力对位移的平均值和对时间的平均值的关系为 $\bar{F}_{安x} = \dfrac{B^2l^2v_0}{2R} > \bar{F}_{安t}$。

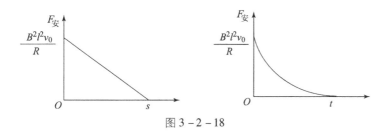

图 3 - 2 - 18

**【案例点评】**

通过对高三物理期中测试的学习诊断报告分析，发现学生对物理概念理解得不透彻，这有碍于学生核心素养的形成和物理思维的发展。基于等效思想建立的平均力问题在教材中没有明确的说明，这就要求教师在教学中加以补充说明。虽然变力问题主要出现在高三学习中，但教师不应该局限于这一个概念的辨析，应该在教学过程中对每个物理概念从由来、物理意义、适用范围等多个认知角度讲解，提高学生对物理概念的敏感度，发展物理思维。

## ■ 第三节　概念应用课中科学思维能力培养

物理概念是构成物理大厦的基石，物理概念学习也是学生形成物理观念、提升科学思维的最重要载体。物理概念的建构、辨析和应用是物理概念教学最重要的三个过程，概念的建构、辨析过程往往对应学生学习的"输入"过程，而概念的应用过程对应学生学习的"输出"过程。基于学习科学理念，学生的"输出"过程较"输入"过程更有助于学生深度参与,提升科学思维能力。中学生应用物理概念解决课堂学习中的问题,不仅仅是为了解决物理问题,而是为了在更深入理解概念的内涵和外延基础上,提升学生的科学思维能力;以概念的应用为载体强化程序性知识的学习,以应用概念解决问题的过程为载体,有意识创设学生的科学思维能力培养路径。

## 一、基于理解概念的内涵和外延,提升学生的科学思维能力

物理概念的内涵就是指概念所反映的物理现象、物理过程所特有的本质属性。物理概念的本质属性包括:物理概念反映的是什么?物理概念是否可以量化?如果可以量化,那么对应的物理量是标量还是矢量,是状态量还是过程量?例如,加速度概念的内涵包括:加速度大小是在一段时间内速度的变化量与这段时间的比值;加速度是矢量,方向就是这段时间内速度变化量的方向;加速度是状态量。

物理概念的外延是指具有概念所反映的本质属性的对象。通常说的概念的适用范围就是指概念的外延,它说明概念反映的是哪些对象。比如,自由落体加速度、圆周运动当中的切向速度和法向加速度等。再比如正、负点电荷的电场,等量异种或者同种点电荷的电场,平行金属板之间的匀强电场等属于电场强度概念的外延。

物理概念内涵是进行判断和推理的基础,物理概念的外延,又可以逐步深化和扩展对概念内涵的理解。以丰富和发展物理概念的内涵和外延为目标,应用概念解决具体问题,会涉及分析推理、质疑论证等过程。教师在教学过程中,除了把重心放在概念的内涵和外延理解上,还可以并行把重心放在科学思维能力培养上。显性目标是概念内涵和外延的丰富,隐性目标是科学思维能力提升。

### 【案例1】基于"等效电源"理解提升学生的分析推理能力

1. 等效电源概念理解

如图 3 – 3 – 1 甲所示,电动势为 $E$、内阻为 $r$ 的电源与电阻 $R$ 串联在一起形成部分电路;现有另一个电动势为 $E'$、内阻为 $r'$ 的电源,如图 3 – 3 – 1 乙所示,它对外界其他部分电路的作用与图 3 – 3 – 1 甲相同,从结构等效的角度,图 3 – 3 – 1 乙

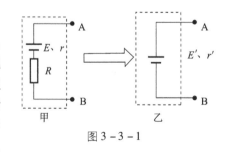

图 3 – 3 – 1

虚线框内的电源称为图 3 – 3 – 1 甲虚线框内的等效电源。

依据戴维南定理，"一段含源电路等效为新电源后，其新电动势等于新电源两端开路时两极间的电压，新内阻等于从两端看除源电路（电源仅看作电阻）的等效电阻。"因为等效电源的电动势等于开路时电源两极间电压，从图3－3－1甲来看，$E' = U_{开} = E$；在图3－3－1甲中把电源仅看作电阻后，从图3－3－1甲两端看到的等效电阻 $r' = r + R$。

如图3－3－2甲所示，电动势为 $E$、内阻为 $r$ 的电源与电阻 $R$ 并联在一起形成部分电路；现有另一个电动势为 $E'$、内阻为 $r'$ 的电源，如图3－3－2乙所示，它对外界其他部分电路的作用与图3－3－2甲相同，从结构等效的角度，图3－3－2乙虚线框内的电源称为图3－3－2甲虚线框内的等效电源。

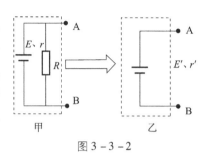

图3－3－2

因为等效电源的电动势等于开路电压，

所以 $E' = U_{开} = \dfrac{R_V}{r + R_V}E$；把图3－3－2甲中电源仅当成阻值为 $r$ 的电阻，图3－3－2乙中从两端向内看，则等效电源的内阻为 $r' = \dfrac{rR_V}{r + R_V}$。

2. 应用"等效电源"概念解决问题

问题：请依据"等效电源"概念，分析"测电源电动势和内阻实验"的实验系统误差。

分析推理："测电源电动势和内阻实验"原理是闭合电路的欧姆定律，表达式为 $E = U + Ir$，$U$ 为路端电压，$I$ 为干路电流，该实验采用电流表外接法，电路如图3－3－3所示。电压表的作用是测量路端电压，电流表的作用是测量干路电流。考虑电表内阻影响，由于电压表的分流作用，电流表测量值要小于干路电流。

从等效电源角度来分析电动势和内阻的测量误差，可以把图3－3－3中电压表和电源等效为一个新电源，如图3－3－4虚线框内所示，则电流表测量值就是新电源电路对应的干路电流，电压表测量值是新电源电路的路端电压，对于新电

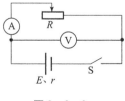

图3－3－3

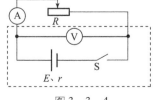

图3－3－4

源电路，电表内阻引起的系统误差就没有了。设等效电源的电动势和内阻分别为 $E'$、$r'$，不考虑其他系统和偶然误差影响，则 $E_测 = E'$，$r_测 = r'$。因为图 3 - 3 - 3 和图 3 - 3 - 4 中电流表和电压表的测量值是相同的，所以两图中 $E_测$ 与 $r_测$ 是相同的，只要找到 $E'$ 与 $E$，以及 $r'$ 与 $r$ 的关系，则可以推出 $E_测$ 与 $E$，以及 $r_测$ 与 $r$ 的关系。

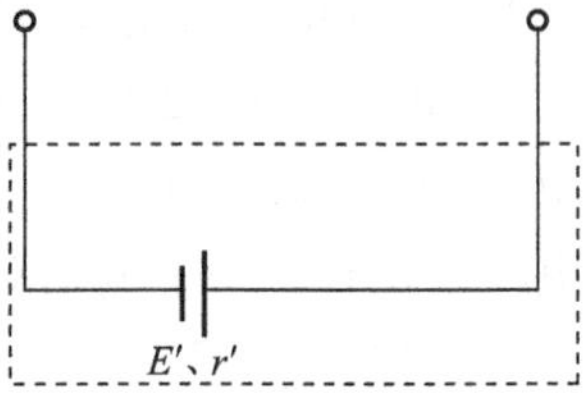

　　设电压表内阻为 $R_V$，等效电源如图 3 - 3 - 5 所示，则由此不难得出图 3 - 3 - 3 中系统电动势和内阻的测量结果为 $E_测 = \dfrac{R_V}{r + R_V}E$，$r_测 = \dfrac{rR_V}{r + R_V}$。即该实验中电动势的测量值小于真实值，电源内阻的测量值也

图 3 - 3 - 5

小于真实值。基于 $E_测$ 和 $r_测$，短路电流的测量值 $I_{短测} = \dfrac{E_测}{r_测} = \dfrac{\dfrac{R_V}{r + R_V}E}{\dfrac{rR_V}{r + R_V}E} = \dfrac{E}{r}$，可见

短路电流测量值没有系统误差。

**【案例点评】**

　　"等效电源"概念在大学物理中会见到，并不是高中物理学习必须掌握的概念，学习基础好的学生可以在教师指导下理解这个物理概念，并基于对这个概念内涵的理解分析推理等效电源类问题。"测电源电动势和内电阻"实验中，由于电压表和电流表内阻的影响，导致实验测量出的电动势和内电阻结果存在系统误差。这个系统误差的定性分析对学生来说有一定的困难，有的教师在这里的处理是让学生记住电流表在支路（如图 3 - 3 - 3 所示）情况电动势和内阻的测量值都偏小，有的教师是利用实验数据图像对比分析有和没有系统误差的 $U - I$ 图，从而得到结果。机械记忆无助于学生科学思维能力培养，利用 $U - I$ 图像分析系统误差，学生较难对照理论数据图像画出实验数据图像。利用"等效电源"概念辅助理解系统误差的应用练习，基于公式推导得出误差结果，一方面有助于学生深入理解"等效电源"的内涵；另一方面，有了"等效电源"概念作为基础，有助于学生进行相关的分析推理，从而提升分析推理能力。

**【案例二】基于"平均值"概念理解提升学生的推理论证能力**

　　1."平均力"概念理解

　　将物体运动过程划分为无数多小段，近似认为每一段时间内物体受恒力作用，则有：

$$\vec{F}_1 \Delta t = m\vec{v}_1 - m\vec{v}_0$$
$$\vec{F}_2 \Delta t = m\vec{v}_2 - m\vec{v}_1$$
$$\cdots$$
$$\vec{F}_n \Delta t = m\vec{v} - m\vec{v}_{n-1}$$

将上述各式相加有：

$$\vec{F}_1 \Delta t + \vec{F}_2 \Delta t + \cdots + \vec{F}_n \Delta t = m\vec{v} - m\vec{v}_0$$
$$(\vec{F}_1 + \vec{F}_2 + \cdots + \vec{F}_n) \Delta t = m\vec{v} - m\vec{v}_0 \qquad \textcircled{4}$$

在实际物理情境中，常遇到变力作用的情况，比如用铁锤钉钉子，球拍击打乒乓球，蹦极绳子拉住高速下落的人等，钉子、乒乓球、人所受的作用力都不是恒力，但物体所受变力近似在一条直线上，当恒力在一条直线上时，式④可以等效变成：

$$n\,\vec{\bar{F}} \Delta t = m\vec{v} - m\vec{v}_0$$
$$\vec{\bar{F}} t_{总} = m\vec{v} - m\vec{v}_0$$

可见，变力的作用效果可以等效为某一个恒力的作用，该恒力就叫变力的平均值，即平均力。图3-3-6是变力与平均力的 $F-t$ 图像，其图线与横轴所围的面积即为冲量的大小，当两图线面积相等时，即变力与平均力在 $t_0$ 时间内对物体动量改变等效。利用这种等效可以快速理解变力平均大小。

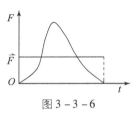

图3-3-6

在生活中，经常提到缓冲现象，比如：跳远运动员跳在沙坑里；篮球运动员接迎面飞来的篮球，手接触到球后，两臂随球后移至胸前把球接住；轮船的码头上装有橡皮轮胎，轮船正准备停靠码头的过程；搬运玻璃等易碎物品时，箱子里放些碎纸、刨花、泡沫塑料等。这些都可以借助变力平均值的冲量等于物体动量变化量理解。

用现在的科学术语说，"力"既可以通过动量来表示：$F = \dfrac{\Delta p}{\Delta t}$

又可以通过动能来表示：$F = \dfrac{\Delta E_k}{\Delta x}$

动量决定了物体在力 $F$ 的阻碍下能够运动多长时间，动能则决定了物体在力 $F$ 的阻碍下能够运动多长距离。也就是说，动量定理反映了力对时间的累积效应，动能定理反映了力对空间的累积效应。

人教版教材中明确提出力的时间累积效果是改变物体动量的原因，而力的空间累积效果是改变物体动能的原因。依据等效性，变力对时间平均值可以替代变力的冲量来描述对物体动量改变效果，同理，变力对空间平均值也可以替代变力的功来描述对物体动能的改变情况。

2. 运用"平均力"概念解决问题

问题：一辆汽车从静止以恒定功率 $P$ 开始启动，受到的阻力恒为 $f$，经过时间 $t$，达到最大速度，求这段时间汽车前进的位移 $s$。

解：设牵引力的平均值为 $\overline{F}$

根据动量定理：$\overline{F}t - ft = mv_{\mathrm{m}}$

根据动能定理：$\overline{F}s - fs = \dfrac{m}{2}v_{\mathrm{m}}^2 - 0$，其中 $v_{\mathrm{m}} = \dfrac{P}{f}$

得到 $s = \dfrac{v_{\mathrm{m}}}{2}t = \dfrac{P}{2f}t$。

上述问题求解过程哪里存在错误，请写出你的观点以及正确解答过程。

分析推理：动量定理和动能定理中力的平均值不是同一个，前者为力在时间上的平均值，后者为力在位移上的平均值，二者大小不同。

正确推理过程应为：牵引力做功为 $Pt$

根据动能定理：$Pt - fs = \dfrac{m}{2}v_{\mathrm{m}}^2 - 0$

解得 $s = \dfrac{Pt}{f} - \dfrac{mP^2}{2f^3}$。

【案例点评】

通过问题不难看出，力对时间的平均值和力对空间的平均值是不同的，在物体做匀变速运动情况下，即合外力恒定情况下二者相等，其他情况下二者是不等的。这道题目既是一道需要学生求解的题目，同时也是教师可以用来引导学生深入理解"平均力"外延的题目。学生深入理解了"平均力"外延，也就具备了遇到新问题的分析推理基础。

## 二、以概念应用为载体强化程序性知识

加拿大当代著名的心理学家安德森（J. R. Anderson）根据反映活动形式的不同，主张将知识划分为陈述性知识和程序性知识。陈述性知识也叫描述性知识，是个体能用语言直接进行陈述的知识，用来解答事物"是什么""怎么样"的问题，物理概念属于陈述性知识，如机械运动、电场强度；程序性知识则具有实际的操作性，用来解答"如何做""按照怎样的步骤做"的问题。在运用物理概念解决问题过程中，关于应用概念解决问题的方法或者步骤属于程序性知识。掌握程序性知识的程序、步骤是掌握程序性知识的关键，"思维"是程序性知识的灵

魂，掌握了程序性知识也就等同于提升了思维能力。为此，教师可以引导学生基于概念或者规律应用，按照一定的方法或者步骤解决问题，从而辅助学生提升科学思维能力。

高中物理与概念应用相关的程序性知识很多，比如应用牛顿第二定律解决问题步骤："确定研究对象；做受力分析并画出示意图；确定研究对象的运动情况并画出运动过程图；分析已知条件求解加速度；以加速度为桥梁，由运动学公式和牛顿第二定律列方程求解。"这一程序性知识适用于解决所有的动力学问题，比如圆周运动动力学问题、电磁场中动力学问题等。

**【案例3】力学中应用"牛顿第二定律"解决问题的程序性知识**

（1）如图 3 - 3 - 7 所示，运动员把冰壶沿水平冰面投出，让冰壶在冰面上滑行，在不与其他冰壶碰撞的情况下，最终停在远处的某个位置。按比赛规则，冰壶投出后，可以用毛刷在其滑行前方来回摩擦冰面，减小冰壶与冰面间的动摩擦因数以调节冰壶的运动。将冰壶的运动简化为直线运动且不考虑冰壶的转动。已知未摩擦冰面时，冰壶与冰面间的动摩擦因数为 0.02。重力加速度 $g$ 取 $10 \ \mathrm{m/s^2}$。运动员以 $3.6 \ \mathrm{m/s}$ 的水平速度将冰壶投出，求未摩擦冰面的情况下冰壶在冰面上滑行的最大距离 $s$。

分析推理：冰壶受力如图 3 - 3 - 8 所示。

图 3 - 3 - 7

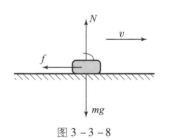

图 3 - 3 - 8

根据牛顿第二定律有：$-\mu mg = ma$

根据运动学公式有：$0 - v^2 = 2as$

联立解得 $s = 32.4 \ \mathrm{m}$。

（2）如图 3 - 3 - 9 所示，用一根长为 $l = 1 \ \mathrm{m}$ 的细线，一端系一质量为 $m = 1 \ \mathrm{kg}$ 的小球（可视为质点），另一端固定在一光滑锥体顶端，锥面与竖直方向的夹角 $\theta = 37°$，当小球在水平面内绕锥体的轴做匀速圆周运动的角速度为 $\omega$ 时，细

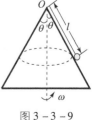

图 3 - 3 - 9

线对小球的拉力为 $F_T$。若要小球离开锥面，则小球的角速度 $\omega$ 至少为多大？（$g$ 取 $10\ m/s^2$，结果可用根式表示）

**分析推理：**若小球刚好离开锥面，此时小球只受到重力和细线拉力，受力示意如图 $3-3-10$ 所示。小球在水平面内做匀速圆周运动，由牛顿第二定律得：$mg\tan\theta = m\omega^2 l\sin\theta$

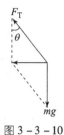

解得：$\omega^2 = \dfrac{g}{l\cos\theta}$，$\omega = \sqrt{\dfrac{g}{l\cos\theta}} = \dfrac{5}{2}\sqrt{2}\ rad/s$。

**【案例点评】**

图 $3-3-10$

经典力学中的问题，尤其是瞬时状态分析问题，大多需要用到动力学方程。如何根据动力学方程求解，类似上面的例题（1）和（2），对物体进行受力分析，在惯性参考系中，受力分析过程画出的每一个力都有施力物体。再对物体进行运动学状态分析，找到和加速度相关的运动学方程。再以加速度为桥梁，列出牛顿第二定律，进而可以求解问题。

**【案例 4】电学中应用"牛顿第二定律"解决问题的程序性知识**

如图 $3-3-11$ 所示，在水平方向的匀强电场中，一个质量为 $m$、带电荷量为 $+q$ 的小球，拴在一根长为 $L$ 的轻绳一端，在水平绝缘光滑桌面上绕 $O$ 点做圆周运动，小球运动到 $B$ 点时的速度方向恰与电场方向垂直，小球运动到与 $B$ 点在同一直径上的 $A$ 点时，球与绳间刚好没有拉力作用，则下列说法中不正确的是（    ）。

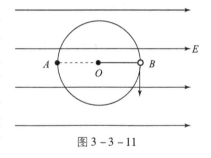

图 $3-3-11$

A. 小球在 $B$ 点时的速度 $v_B = \sqrt{\dfrac{4qEL}{m}}$

B. 小球在 $B$ 点时的速度 $v_B = \sqrt{\dfrac{5qEL}{m}}$

C. 小球在 $B$ 点时绳上的拉力大小为 $6qE$

D. 小球所受向心力的最大值是最小值的 5 倍

**分析推理：**小球运动到 $A$ 点时球与绳间刚好没有拉力作用，说明电场力提供了向心力，则 $qE = m\dfrac{v^2}{L}$，解得 $v = \sqrt{\dfrac{qEL}{m}}$。从 $B$ 到 $A$ 的过程中电场力做负功，由动能定理得 $-2qEL = \dfrac{1}{2}mv^2 - \dfrac{1}{2}mv_B^2$，解得 $v_B = \sqrt{\dfrac{5qEL}{m}}$，故 A 错误，B 正确。

小球在 $B$ 点时绳上的拉力与电场力的合力提供向心力，得 $F - qE = m\dfrac{v_B^2}{L}$，则

$F = m\dfrac{v_B^2}{L} + qE = 6qE$，故 C 正确。

小球所受向心力的最大值为 $F - qE = 5qE$，而最小值是 $qE$，故 D 正确。

【案例点评】

利用牛顿第二定律解决动力学问题，在直线、圆周、电磁等部分都会涉及，例如上面的问题，解决问题的步骤都是类似的，加速度是桥梁，力是原因，运动状态变化是结果。根据牛顿第二定律列出方程，即可求解。本案例中 $A$ 点速度求解属于已知力求运动量，$B$ 点拉力属于根据运动情况求解力。在应用牛顿第二定律解决问题过程中，随着新知识的学习，逐步引导学生认识并应用程序性知识求解问题，一方面有利于学生知识的结构化，形成物理观念；另一方面有利于学生在解决类似动力学问题上的分析推理能力提升。

### 三、在概念应用过程中创设科学思维培养路径

物理学认识路径是从物理学视角对现象情境中所反映的客观事物的本质属性、内在规律及相互关系的认识过程中使用的系统化思维模式。物理学认识路径包括问题表征、认识对象、认识角度、认识方式四个要素。这四个要素相互联系、相互作用，在认识客观世界过程中共同发挥着思路引领作用，如图 3 - 3 - 12 所示。物理学科应用概念解决问题的过程有独特的分析和解决问题的角度、思路与方法。以问题表征和认识方式为例，应用概念解决问题过程可以有意识创设科学思维培养路径。

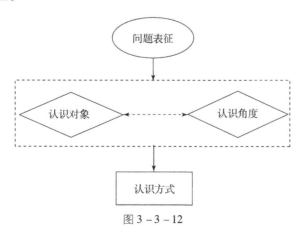

图 3 - 3 - 12

### 【案例5】 在概念应用过程中培养问题表征转换

所谓问题表征，即对通过观察、阅读、操作等途径获取的信息，利用语言文字、数学关系式、图像、图形等工具进行记载、理解和表达的方式。生活中遇到困难需要解决，需要厘清困难是什么；科学家认识自然界，需要弄清楚待研究的问题；中学生解决物理问题，首先需要找出待解决问题的条件。学生把要解决的具体情境的问题和条件用物理学的语言表达出来的过程，就是中学物理中的"问题表征"。

问题在头脑中的呈现就是表征，问题表征是问题解决的重要环节。认知心理学研究指出，问题解决的难度虽然受多种因素的影响，但最主要的客观因素是问题的关系复杂性。反映在学生身上，关系复杂性就表现为表征复杂性。中学生物理问题解决的系统化思维能力的提升，与能否熟练掌握物理问题表征有密切的关系。

中学物理问题表征的工具主要包括语言文字表征、图形表征、图表表征、图像表征、数学关系式表征等。语言文字表征是在建模基础上给出问题和条件，图形表征对问题和条件的描述较文字描述更加直观，二者在描述问题和条件上都属于基础工具，往往也是正确进行其他表征的前提。图表表征中表格数据一般来自测量，是利用几组数据描述物理量变化的表征方式。图像表征是"图形"或者"表格"中反映出的物理量间关系的定量化展示，可以更直观地展示各个物理量间的关系与变化趋势。物理图像是物理量间数学关系式的形象展示，数学关系式是物理图像变化趋势的数学解释。

同一物理情境，建模后的物理问题可以用不同的表征工具进行表征。根据问题的特点，恰当采用表征工具组合或者转换，有助于快速厘清问题条件，例如下列物理问题。

（1）若图3－3－13中金属板P和Q间只存在电场，P、Q两板间电压$U$随时间$t$的变化关系如图3－3－14所示，单位时间内从小孔$S_1$进入的电子个数为$N$。电子打在荧光屏上形成一条亮线。忽略电场变化产生的磁场，可以认为每个电子在板P和Q间运动过程中，两板间的电压恒定。试分析在一个周期（即$2t_0$时间）内单位长度亮线上的电子个数是否相同。

转换表征分析：这个问题已经是建模后的文字表征，且有图形和图像辅助理解待求物理问题。学生的难点在于不知道什么样的结果能论证出"一个周期内单位长度亮线上的电子个数是否相同"，也就是还没有完全理解题目中的待求问题。针对这个难点，可以尝试用转换表征的方式，把待求问题由文字陈述转换为函数关系式表征，也就是分析需要找到怎样的函数关系式。很显然，需要求出电子打到荧光屏上位置距中心$O$的距离$y$随时间$t$变化的关系，如果二者呈线性关系，那么答案就是"相同"。

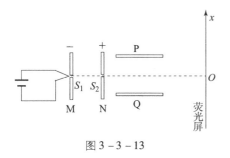

图 3 - 3 - 13

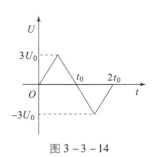

图 3 - 3 - 14

（2）为了测定某平行于纸面的匀强电场的场强，某同学进行了如下操作：取电场内某一位置为坐标原点 $O$ 建立 $x$ 轴，选取 $x$ 轴上到 $O$ 点距离为 $r$ 的 $P$ 点，以 $O$ 为圆心、$r$ 为半径作圆，如图 3 - 3 - 15 甲所示。从 $P$ 点起沿圆周逆时针测量圆上各点的电势 $\varphi$ 和转过的角度 $\theta$，可以用此数据绘制 $\varphi - \theta$ 图。当半径 $r$ 分别取 $r_0$、$2r_0$、$3r_0$ 时，分别绘制出图 3 - 3 - 15 乙中所示的三条曲线。三条曲线均在 $\theta = \theta_0$ 时达到最大值，最大值分别为 $4\varphi_0$、$3\varphi_0$、$2\varphi_0$。下列说法正确的是（　　）。

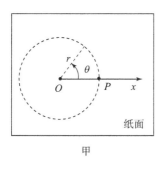

甲

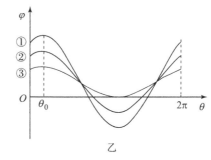

乙

图 3 - 3 - 15

A. 曲线①对应的 $r$ 取值为 $r_0$

B. 电场方向沿 $x$ 轴正方向

C. 坐标原点 $O$ 的电势为 $\varphi_0$

D. 电场强度的大小为 $\dfrac{4\varphi_0}{r_0}$

转换表征分析：学生在解答此题时，困难在于没有读懂图 3 - 3 - 15 乙 $\theta_0$ 处极大值与图 3 - 3 - 15 甲中圆周上不同点的对应关系。教师应引导学生在遇到此类问题时，质疑原来的表征方式，尝试把抽象的图像转换为形象的图形来辅助理解题目给定条件。

在图 3 - 3 - 15 甲中，首先描画三个圆，如图 3 - 3 - 16 所示。然后把图 3 - 3 - 15 乙中的一条图线在图 3 - 3 - 16 中的某一圆上进行对应。由此图可以很容易地得出，随着角度的变化，电势也在变化，这是由于匀强电场中位置在变化。根据图 3 - 3 - 15 乙，可知三种半径情况下均为 $\theta_0$ 时电势最高。根据匀强场中电势变化的特点可知，该 $\theta_0$ 所在半径与电场线重合，从而厘清了该题目陈述的难点条件。

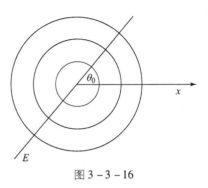

图 3 - 3 - 16

## 【案例点评】

中学生在解决物理问题的过程中，常会遇到"没有思路"的问题。从问题表征角度分析，学生可能是没有利用恰当的表征方式建构问题条件。教师在教学过程中，可以引导学生质疑原有的问题表征，转换问题表征方式重新厘清问题条件，再进行分析推理进而解决问题。把学生解决问题的过程，有意识地引导成学生推理论证、质疑创新能力提升的过程。"问题表征"本质上是运用恰当的表征方式描述待解决问题的条件。对于中学生来说，新情境问题、多对象问题、多过程问题、新概念问题等，都是所谓的难题。教师可以引导学生建立灵活组合、转换问题表征方式的意识，构建出清晰的问题条件，为分析推理做好铺垫。

## 【案例 6】 在概念应用过程中培养认识角度

物理学科有其独特的认识角度，可以从物质、运动与相互作用、能量三个角度对客观世界进行认识和研究，通过这三种认识角度的分析和认识，逐渐形成物质观念、运动与相互作用观念、能量观念等学科核心素养中的物理观念。在应用概念解决物理问题过程中，可以有意识培养学生关注认识角度及其转换，通过转换认识角度促进认识方式的多样化，对同一问题或对象从不同的角度加以观察和思考，从而提高学生运用概念、规律解决物理问题的分析推理能力。例如，试论述从物质、运动与相互作用、能量角度认识"电阻"。

物质角度：经典理论电阻的微观模型，电荷定向移动过程中与粒子（原子实）的碰撞。

运动与相互作用角度：电子匀速直线运动推导电阻的微观表达式。

能量角度：从宏观焦耳热与微观碰撞阻力生热的角度推导电阻率。

导体中的自由电子在电势差的驱动下，形成稳定的定向移动，如图 3 - 3 - 17

所示。单位时间通过导体某一横截面积的电荷量，也就是电流的微观表达式 $I = neSu$，其中 $e$ 为电子电荷量的大小，$n$ 为单位体积内的电子个数，$u$ 为电子定向移动的平均速度。电子的平均速度 $u$ 保持不变，说明电子除了受电场力的驱动，还受一个阻碍作用，我们可以将其理解为电阻的作用，即电荷定向移动过程中与粒子（原子实）的碰撞。

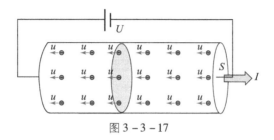

图 3 - 3 - 17

我们可以从运动和相互作用的认识角度进一步研究，假设电子在外电场的作用下做匀速运动，其受到的合外力必然平衡，如图 3 - 3 - 18 所示。外电场会给电子一个大小为 $eE$ 的动力，需要一个等大反向的力与之相抵消，这个阻力的大小 $f = e\dfrac{U}{L} = e\dfrac{IR}{L}$，代入电流 $I = neSu$，又因为电阻 $R = \rho\dfrac{L}{S}$，最终化简可得到 $f = ne^2\rho u$。

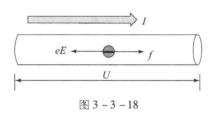

图 3 - 3 - 18

如果从能量守恒的角度看，总长度为 $L$ 的导体中所有电子所受阻力的功率应该等于热功率 $Nf \cdot u$（其中 $N$ 为导体中所有电子个数），与焦耳定律求得电阻发热功率 $P = I^2R$ 应相等，整理之后可以得到 $f = \dfrac{n^2 e^2 S^2 u^2}{nSLu} \cdot \rho\dfrac{L}{S} = ne^2\rho u$。这与从运动和相互作用的认识角度推导出的结果相同。当然，我们还可以根据经典电子气模型，从宏观焦耳热与微观碰撞阻力生热的角度进一步推导电阻率。

【案例点评】

物理学科的思维是有规律的，教师在深入研究物理概念和方法的基础上，要从学生的认识方式来研究物理教学逻辑，从不同认识角度来教会学生认识客观世界的方法，不是简单地归类"一题一法"来认识教学逻辑。要能够提炼出理解物理问题的认识路径，应用不同认识角度加深对客观世界的认识，并运用认识路径指导课堂教学，让学生的思维活动具有逻辑性，最终指向的是理解物理问题本质的科学思维提升。

### 【案例7】在概念应用过程中培养认识方式

物理学家在探索自然界的过程中积累了丰富的认识方式。认知心理学家西蒙把认识方式分为两类：一类是归纳，由数据驱动，也就是先收集大量数据，然后进行分类，归纳客观事物遵从的规律并进一步作出解释；另一类是演绎，也就是先根据已有原理、理论等提出假设，然后设计实验获取数据，检验或者修正假设。归纳推理是从个别到一般，是从一类事物的部分对象具有某种属性出发推理出这类事物所有对象具有共同属性的思维方式，如中学物理学习中楞次定律、万有引力定律的得出。演绎推理是从一般到个别，从已知的某些原理定理规律出发推出新结论的思维方式，如中学物理学习中动能定理、机械能守恒定律的得出。

以物理学家认识客观世界的方式为依据，结合中学物理的内容特点和中学生认识发展实际状况，可把中学物理范围内的认识方式概括为理论分析和实验探究。理论分析包括归纳、演绎、类比、科学假说等，具体的认识方式有定性与定量、状态与过程、唯像与机理、瞬时与积累、宏观与微观、变与不变等。实验探究主要包括问题、证据、解释、交流等要素，是基于观察和实验提出物理问题、形成猜想和假设、设计实验与制定方案、获取和处理信息、基于证据得出结论并作出解释，以及对科学探究过程和结果进行交流、评估、反思。物理学认识方式的实质是科学思维的外显化手段。

例如，在试举例分析"变化量"与"变化率"关系的案例中，分析推理：任何事物从一个状态到另一个状态的变化总是经历着一段过程。这一过程中人们关心的一个是事物（物理量）变化的多少，称为变化量；另一个是变化的快慢，即变化量与时间的比值，称为变化率。物理学很多概念的建立都是依据变化量与时间的比值定义的，称为比值定义法，比如速度和加速度的概念。如图 3 - 3 - 19 中所示，在位移 - 时间图像中从 $A$ 至 $B$ 物体位移的变化率是这个过程的平均速度，用 $AB$ 割线的斜率表示。当这段时间选取无限接近于 0 时，其变化率就是 $A$ 状态的瞬时速度，用切线的斜率表示。"状态与过程"的认识方式在概念建构中可以通过数形

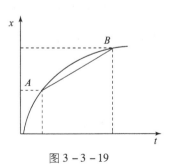

图 3 - 3 - 19

结合引导学生理解抽象的概念。

再比如力有对应于"状态"的瞬时作用效果，也有对应于"过程"的累积作用效果。力在物体上的瞬时效应产生加速度，加速度使物体的速度发生变化；力在时间上的累积效应是冲量，合力冲量使动量发生变化；力在空间上的累积效应是功，合力的功使得物体的动能发生变化。如图 3 - 3 - 20 中所示，在某物体动能 - 时间图像中从 $A$ 至 $B$ 物体动能对位移的变化率是这个过程的合力平均值，用 $AB$ 割线的斜率表示。当这段位无限接近于 0 时，其变化率就是 $A$ 状态合力的瞬时值，用 $A$ 点切线的斜率表示。"状态与过程"的认识方式揭示了状态量和过程量的联系。

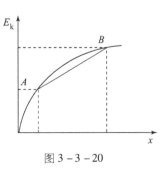

图 3 - 3 - 20

【案例点评】

上面案例中，陈述"变化量"和"变化率"概念的同时，还通过举例说明"量"与"率"的差别。认知科学家基于实证的科学研究表明，创新能力高的个体具有的知识是有组织的，也就是说有清晰的概念和表达概念之间联系的认知模型。因此通过关联整合形成知识的结构化，不仅是知识学习的需要，也是影响个体创新能力发展的重要因素。"变化量"往往是状态量在一段过程末态与初态的差值，变化率是这一差值与时间或者空间的比值。基于此，学生在比较其他变化量与变化率时，可以类比迁移解决问题。比如类比加速度定义角加速度，角加速度应该为角动量对时间的变化率。

物理教育的终极目标是让学生具备解决未知问题的能力，而这个能力的核心就是物理学的思维方式和研究方法。可以说，基于科学思维提升、物理思想方法理解的物理概念教学，才是学习物理概念的价值，没有思想方法做理解问题的统领、没有科学思维做解决问题的归宿，不遵循认识方式的规律去学习概念，学生所学到的知识就是记忆的、孤立的、离散的，这样的物理学习完全背离了学习物理知识的价值与意义。学生物理学科水平高的标志在于其能以物理观念为基础，用科学视角观察世界，用科学思维认识世界，用科学态度融入世界。作为物理教师，我们努力的方向应该是教"科学思维"，提升核心素养！

　　物理学是一门以实验为基础的学科，物理概念的建立、物理规律的发现都建立在物理实验基础之上。物理教学以观察和实验为基础，以物理概念和知识结构为核心，引领着人类对自然奥秘进行探索。物理教育家、苏州大学朱正元教授说："千言万语说不清，一看实验就分明。"中学物理实验教学是教师根据教学内容有选择地将探索物理现象的事实和实验在课堂集中呈现给学生，物理实验教学可以将抽象的物理知识具体化，根据课堂教学功能可以分为演示实验、验证性实验、探究性实验等。实验教学在物理教学中占有极其重要的地位，是培养学生物理观念、科学思维能力、实验探究、科学态度责任等的重要途径。

　　物理实验教学质量的高低是影响中学物理教学效果和质量的重要因素。新课程中的课程目标中提出了对物理实验能力的要求，学生应"具有科学探究意识，能在观察和实验中发现问题、提出合理猜想与假设；具有设计探究方案和获取证据的能力，能正确实施探究方案，使用不同方法和手段分析、处理信息，描述并解释探究结果和变化趋势；具有交流的意愿与能力，能准确表述、评估和反思探究过程与结果。"新课标中还规定了必修及选择性必修课程中学生必做的 21 个实验，明确指出学校应充分利用已有的实验器材，尽可能让学生自己动手多做实验，提升学生的物理核心素养。新课标中提到的对物理实验能力和科学探究的研究，都说明实验课在物理教学中的重要地位，侧面也对教师在物理实验教学上的能力提出了更高的要求。通过物理实验教学可以培养学生自行设计实验方案、主动探索实验结果、发现新问题的能力，从而提高物理科学思维能力，同时也可以培养学生实事求是的生活作风。

## ■ 第一节 "演示实验"中的科学思维能力培养

### 一、演示实验的特点与设计要求

#### （一）演示实验的特点

演示实验主要是通过创设情境把研究的物理现象集中展现在学生面前，引导学生观察思考，使学生认识物理概念和规律，并为独立完成实验创造条件的示范实验。教学实践证明，演示实验教学是一种深受学生喜爱的课堂教学方式，物理演示实验能够化枯燥为生动，化抽象为具体，帮助学生在物理现象中学习物理知识，建立物理概念之间的关联，培养物理实验技能，提高科学思维能力。作为概念与规律教学的载体，演示实验经常被用来引入课题，有趣的演示实验往往会打破学生的固有认知，引起学生学习的热情，引起对本节课的浓厚兴趣，让学生可以在物理情境中发现问题、提出问题、进行合理的假设和推理。通过观察和实验，学生可以体会物理学家探索发现物理规律的过程，根据实验结果像物理学家一样去观察、分析、思考、总结，培养学生的实验动手能力和创造能力，培养思维能力，提升物理科学思维。

传统的物理演示实验一般指在物理课堂教学中，教师为配合教学内容而为学生提供的展示性、示范性实验。随着科技的进步和新媒体领域的发展，演示实验的形态也变得丰富多彩，例如影像、声音、仿真、传感器等现代教育技术。演示实验具体包括教师在教学过程中展示的实验仪器和教具、模拟教具、视频录制的实验过程、相关的影片、仿真模拟物理实验等。新课改下倡导将科学探究注入演示实验教学中，学生通过对演示实验的观察产生感性的认识，引导学生观察物理现象、掌握物理概念、思考物理量之间的关联、探索其中的物理规律，并进一步培养其探索能力和实验创新能力，最终实现科学思维能力的提升。

#### （二）演示实验的设计要求

为充分发挥演示实验的作用以达到学习目标，教师对于演示实验的选取应有甄别能力，必须遵循以下设计要求：

（1）目的性。演示实验的选取和设计应符合本课时教学目标，对于不同的教学环节、不同的教学目的可以选择探索性演示实验、验证性演示实验和应用性演示实验。演示还要从学情角度来设计实验，以方便学生感知和观察。

（2）直观性。实验器材的结构和实验原理应力求简单，实验过程要一目了然。演示实验的现象应清晰易见，可见度大，适当借助机械放大、光放大与电放大等方法增强实验现象便于学生观察。

（3）稳定性。演示实验的现象要稳定可重复，并且成功率高。实验器材应稳靠牢固易于课堂展示，不能有危险和仪器设备损毁隐患，确保成功和安全。

（4）科学性。演示实验以教师为主要操作者表演示范，学生群体进行观察。在演示实验的过程中，实验设计、操作过程、数据采集与处理、误差分析等应科学规范。

（5）指导性。一是借助演示实验向学生展示实验器材的规范使用、实验方案的设计、实验具体操作规范、实验数据的处理等；二是在教师展示演示实验的过程中，让学生体会物理实验中的实事求是、一丝不苟，在这些实验中潜移默化地培养学生的良好习惯，提升物理科学思维能力。借助演示实验，指导学生观察思考，规范对实验现象的准确描述，培养其科学思维能力。

## 二、演示实验创设情境教学

### 【案例1】"超重和失重"教学中的演示实验

"超重和失重"是人教版必修一第四章最后一节，注重学生在学习超重和失重过程中的体验和发现过程，强化应用牛顿运动定律分析超重和失重过程的方法。

通过前面的学习，学生已经掌握了牛顿运动定律，并能用其解决一些实际问题。很多学生对于"超重"和"失重"这两个名词有了一定的了解，在课前调查时发现部分学生认为"产生超失重现象时，物体的重力真的改变了"，也有学生存在"在上升（下降）过程中只有超重（失重）现象"等错误认识。为了克服这一固有思维，培养学生联系物理知识、解决生活实际问题的能力，在本节课的教学设计中，教师可以通过多个演示实验，创设多个称重情境，让学生通过多种方式感受生活中的超重和失重现象，强化牛顿运动定律的应用。

1. 演示实验：电梯称重

在让学生思考生活中的超重失重现象时，很多学生都会想到乘坐电梯的过程，但是对于电梯过程中具体的超重和失重现象却说不清楚。教师从学生熟悉的乘坐升降电梯的情境入手，引出如何测量物体的重力，利用所学知识分析测量原理，理解"视重"含义，培养学生分析解决问题的能力，为学生理解超重和失重现象做铺垫。

通过电梯称重的视频，学生一起观察电梯上行和下行过程中视重与重力的大小关系，从而认识超重和失重现象。在观看视频的时候，教师可以通过提问强调电梯静止时体重秤的示数，方便同学们比较后续体重秤的示数变化（如图4-1-1所示）。学生通过视频观察，不可辩驳的实验事实给学生留下深刻的印象，使教学达到事半功倍的效果。

电梯静止　　　　　加速上升　　　　　匀速上升　　　　　减速上升

图 4 - 1 - 1

演示实验的目的不光是要学生看到实验现象，还要重视学生知识形成的过程，通过探究电梯称重实验、运用牛顿运动定律理论推导，学生可以获得产生超重和失重现象的条件和动力学原因。为此，教师可以设计表 4 - 1 - 1 所示的表格，辅助学生分析实验现象，在完善表格的同时从中体验知识的形成和获取过程，完成对知识的建构，理论联系实际，充分体现了学生学习的主体性和参与性。

表 4 - 1 - 1　电梯称重实验

| 项目 | 上行过程 | | | 下行过程 | | |
|---|---|---|---|---|---|---|
| | 加速上行 | 匀速上行 | 减速上行 | 加速下行 | 匀速下行 | 减速下行 |
| 读数（$F$）变化 | 变大 | 不变 | 变小 | 变小 | 不变 | 变大 |
| 速度方向 | 向上 | 向上 | 向上 | 向下 | 向下 | 向下 |
| 加速度方向 | 向上 | | 向下 | 向下 | | 向上 |
| 人处于超重/失重/平衡状态 | 超重 | 平衡 | 失重 | 失重 | 平衡 | 超重 |

2. 演示实验：力学传感器演示下蹲和站起过程

在新的人教版物理课本中，本节课的开始就给学生创设了一个生活情境问题："站在体重计上向下蹲，你会发现，在下蹲的过程中，体重计的示数先变小，后变大，再变小。当人静止后，保持某一数值不变。这是为什么呢？"同学们都在体重计上称过体重，但是有没有仔细观察过下蹲和站起过程，示数发生变化呢？

相比电梯称重实验，力学传感器演示下蹲和站起过程在课堂的可操作性更强，并且可以分析图像，深化对超重和失重现象的理解。实验器材主要由力板（Force Plate）、数据传输器和数据显示器组成，数据传输器将力板采集到的力的大小传输到电脑中的 Logger Pro 软件中显示出来。

　　请同学站在力学传感器（如图 4-1-2 所示）上，并演示下蹲和站起过程（如图 4-1-3 所示），请学生分析 $F-t$ 图像蕴含的物理信息（如图 4-1-4 所示）。学生参与下蹲和站起过程中的超重和失重现象，激发学生学习的主动性，培养学生应用物理知识解决生活现象的意识。屏幕上的图线直观地描绘了同学下蹲过程中：先加速下降，视重小于重力，产生失重现象；再减速下降，视重大于重力，产生超重现象。在站起的过程中：先加速上升，视重大于重力，产生超重现象；再减速上升，视重小于重力，产生失重现象。

图 4-1-2

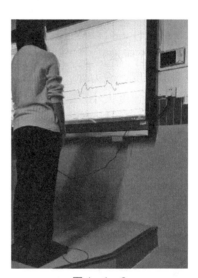

图 4-1-3

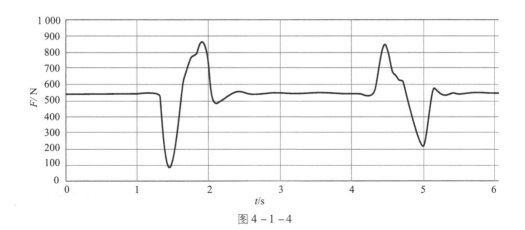

图 4-1-4

　　分析完上述 $F-t$ 图像后，还可以请同学站在力传感器上完成先站起再下蹲的过程，观察并分析传感器采集的图线。实际上，通过 $F-t$ 图像学生还可以获得很多信息，比如这位同学的质量是多少，整个运动过程中最大的加速度是多少？通过分析图像信息，进一步培养学生利用物理图像分析解决实际问题的能力，再次改变学生可能存在的认为"向上（向下）运动只有超重（失重）现象"的错误认识。

3. 演示实验："手机物理工坊"软件创设情境

实验室中的传感器在日常生活中还是有局限性，教师还可以发掘一些手机传感器软件方便学生创设情境，学以致用。"手机物理工坊"是一款非常有趣的物理实验模拟软件，可以通过其真实模拟多种物理实验，直接获取相应的实验数据（如图 4-1-5 所示）。"手机物理工坊"软件（phyphox）还带有很多传感器功能，包括加速度、磁力计、光学、定位和陀螺仪传感器，可以在日常生活中实时测量环境的加速度大小。

通过测量电梯从九层下行到一层的过程中加速度的变化，可以直观地看到软件采集的加速度（$a$）-时间（$t$）图像（如图 4-1-6 所示）。请同学分析 $a-t$ 图像中，各阶段加速度的变化，尝试说明各阶段电梯的运行状态。图像显示加速度的方向先向下，出现失重现象；电梯平稳下降时加速度为 0；减速下降时加速度方向向上，出现超重现象。

图 4-1-5

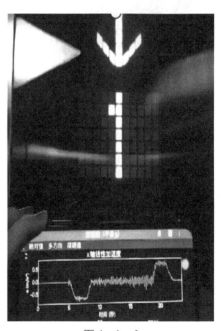

图 4-1-6

通过"手机物理工坊"软件呈现电梯运行过程的 $a-t$ 图像，进一步认识电梯中的超重和失重现象。通过创设的问题情境，可以培养学生从图像中获取知识、建构模型，提升科学思维能力，并利用牛顿运动定律解决实际问题的能力。针对"手机物理工坊"软件可以创建一些生活情境，培养学生科学思维能力，引导学生应用物理知识解决实际问题。

活学活用：

（1）有一个质量为 50 kg 的人乘坐电梯时，利用"手机物理工坊"记录下电梯从 15 层下降到 5 层过程中加速度随时间变化图像，如图 4-1-7 所示。请你估算在电梯下降阶段，人对电梯的最大和最小压力。（$g$ 取 10 m/s$^2$）

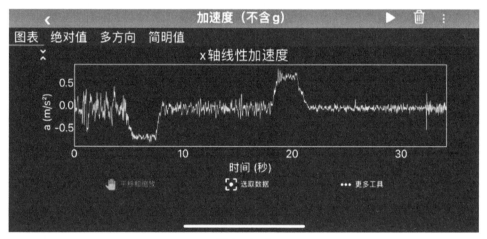

图 4-1-7

（2）请你借助"手机物理工坊"软件，估测小区电梯运行过程中，你给电梯的最大或最小压力是多少。

4. 演示实验："落瓶"实验

课堂教学中，在失重现象的认识基础上通过逻辑推理来认识完全失重现象，利用"落瓶"实验培养学生利用物理知识分析解决实际问题的能力。学生已经对完全失重现象的产生有了一定的认识，完全失重情况下，一切由重力产生的现象都将消失。但是对于这些物理概念和规律，只有语言的描述是很难介绍清楚的，此时就需要演示实验来辅助教学。通过这个演示实验，学生可以验证通过理论预计的实验现象。这种对实验现象分析再判断的过程，可以培养学生用科学知识解释生活现象的能力，激发学生的学习热情和兴趣，形成良好的科学态度与责任。

将透明瓶的盖子和底部扎几个小孔，装入些许液体，同学们会看到液体顺着小孔自然流出。如果让这个装满水的底部扎有小孔的透明瓶子，自由下落、上抛、斜抛（学生互动演示），会看到什么现象呢？请学生观察现象并进行解释（如图 4 – 1 – 8 所示）。可以观察到，水瓶在空中液体不会流出。这是由于在完全失重的情况下，上下两层液体之间、液体与水瓶侧壁之间的压力消失，液体就不会流下来了。

水瓶静止时　　　　　　水瓶自由落体运动　　　　　　水瓶斜抛运动

图 4 – 1 – 8

另外，由于落地时间很短，座位靠后的同学可能对于实验现象观察得不够清晰，可以通过播放录制的演示实验视频，通过慢放帮助同学们观察这个实验现象，加深对完全失重现象的了解。

通过这些演示实验，可以将同学们对超重和失重现象的了解从课本走进生活，切身体会生活中的物理规律，发现有趣的实验现象，解释生活中的问题，培养学生的科学思维能力。

5. 演示实验：航天器中的超重和失重现象

实际中有许多领域涉及超重和失重现象。当航天器在太空轨道上绕地球或其他天体运行时，航天器内的物体将处于完全失重状态（如图 4 – 1 – 9 所示）。此时，同样的实验在航天器内就会出现完全不同的实验现象。例如，宇航员们在航天器中身体将漂浮在空中；浮力会完全消失，乒乓球不再浮在水面上；液体呈完美的球形状，物体沿着初速度近似做匀速直线运动。

在超重和失重这节课中，演示实验还可以借助多媒体视频向学生展示航天领域中的超重和失重。播放宇航员的太空生活、宇航员们对抗失重效应锻炼身体、宇航员的超重耐力训练等视频（如图 4 – 1 – 10 和图 4 – 1 – 11 所示），帮助学生更加直观地认识航天器中的超重和失重现象，培养学生的爱国精神和坚持不懈、努力拼搏的优秀品质。

图 4 – 1 – 9

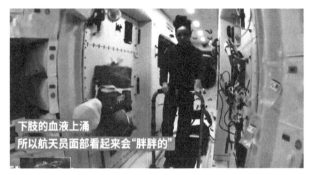

图 4 – 1 – 10

图 4 – 1 – 11

【案例点评】

　　本节课教学设计围绕学习目标准备多个演示实验，在不同的教学环节中设计不同的演示实验来创设情境、引导增趣、巩固加深，结合学生动手实验，充分调动学生积极参与课堂，发挥学生主体性，提高教学课堂效果。

本节课充分发挥了演示实验在培养学生科学思维能力的作用。"电梯称重"和"力传感器测加速度"的演示实验中,在观察现象后通过设计学案表格,培养学生正确运用科学思维方法,从定性的角度进行科学推理、找出规律、形成结论,培养应用知识解决实际问题的能力。通过"落瓶"实验培养学生推理的科学思想方法,根据完全失重的知识,推理出瓶子做自由落体、平抛和斜抛运动时水不会从小孔中流出的现象,再通过演示实验来验证同学的推理,将理论与实验相结合。

### 【案例2】电磁感应现象——"落磁"实验

电学实验是中学物理教学的难点,但同时也是激发学生学习兴趣的切入点。教师在实际教学中应该合理地运用演示实验的方法,通过实验的操作性与互动性加深学生对电学实验的印象,在分析实验现象、探索实验现象背后的原因时培养学生的科学思维能力,得到思维层面的全面发展。

在高中物理的教学过程中,电学演示实验是很重要的,在高考中也占有很大的分值。在高中物理学习中,电学篇章的抽象性和强跳跃性都使学生的学习难度增加,因此,在这部分的学习中,演示实验教学就起到了很重要的作用,成功的演示实验可以帮助学生直观地理解抽象的概念,还可以通过实验培养学生的科学思维能力。在中学物理教学中不是所有的实验都适合做演示实验,然而很多电学实验的操作时间不长、演示实验的器材也相对简单,不需要太复杂的组装,电学实验现象奇异,非常适合作为演示实验教学案例。

在电磁感应这一节中,教师可以提前准备好自制的铝制管"电磁隧道"、小铁球、小磁球等实验器材。教师可以先将小铁球放在铝制管正上方,使其自由下落,学生透过侧方开口的铝制管会观察到小球做自由落体运动,很快就从铝管的下端掉落。此时,教师可以鼓励学生尝试记录一下小铁球穿过铝管所需的时间。随后,教师偷偷将小铁球换成小磁球,请学生再次重复实验,并记录小球穿过铝管所需要的时间。根据同学的预期,小球在铝管内做自由落体运动,将会很快从铝管中下落,但是此时发现小球迟迟没有掉落。两次实验的现象反差很大,会给学生带来很强的感官冲突,瞬间引起好奇心和对实验现象的求知欲。

实验原理说明:当磁体在铝管内部下落时,磁体所到位置附近,铝管横截面圆环中的磁通量就会发生变化,从而产生感应电动势和感应电流,感应电流的效果会阻碍磁体的下落,所以会看到带有磁性的小球比没有磁性的小球下落快很多。

### 三、基于演示实验培养科学思想方法

#### （一）基于演示实验培养放大的科学思想方法

放大的科学思想方法是指当物理现象或待测物理量十分微小的情况下，为了便于现象的观察和物理量的测量，将其按照一定规律放大的科学思想方法。常见的方法有机械放大、电放大和光放大等。

#### 【案例3】卡文迪什扭秤实验

牛顿发现的万有引力定律是科学史上最伟大的定律之一，然而由于一般物体间的引力非常小，难以用实验的方法将其准确测出，所以牛顿并没能给出引力常量 $G$ 的具体数值。引力常量是自然界中最重要的物理量之一，1798年卡文迪什利用扭秤装置通过光学放大法首次准确地测出了引力常量 $G$ 的值。

图4-1-12为卡文迪什扭秤实验示意图，质量为 $m$ 和 $m'$ 的小球之间根据万有引力定律会相互吸引从而使T形架发生转动，带动石英丝N扭转。由于小球间的万有引力很小，石英丝N扭转的角度肉眼难以观察，但是可以通过光学放大的方法，在T字架上安装一个平面镜M，将光源射来的光线反射到刻度尺上，从而

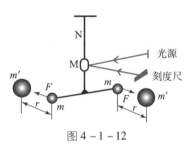

图4-1-12

精确地得到石英丝扭转的角度，再进一步求得引力 $F$ 的大小，根据万有引力定律得到引力常量 $G$ 的大小。

#### 【案例4】"微小形变"展示

"形变"是指物体在力的作用下形状或体积发生的变化，是弹力产生的原因。在必修一弹力部分的学习中，为了向学生说明产生弹力的物体都会发生形变，需要实验展示形变。然而有时物体的形变很小，不易被察觉，肉眼看不出来，这时就需要放大的科学思想方法，将形变现象放大便于学生观察。

图4-1-13为教材中提供的通过平面镜观察桌面的微小形变示意图，教学过程中可以在讲台上面对面放置两个平面镜M和N，用激光笔打一束光照在一面镜子上，光束会在两面镜子之间多次反射最后射到墙上。请一位同学按压两面镜子之间的桌面，会发现射到墙上的光点位置发生变化，通过光学放大的方法将桌面被按压产生的微小形变放大观察。

在形变这部分的教学中，除了采用光学放大的方法还可以采用机械放大的方

法，例如向学生展示手的压力能使玻璃瓶发生形变时，可以将玻璃瓶装满液体后在瓶口塞上橡皮塞再插入一根玻璃管，当手按压玻璃瓶时虽然没有看到玻璃瓶的明显形变，但是玻璃管内液面的升高暴露了玻璃瓶的形变，如图4-1-14所示。

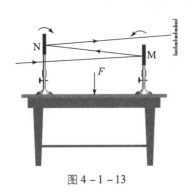

图 4 - 1 - 13

图 4 - 1 - 14

**【案例点评】**

万有引力定律是最伟大的科学定律之一，卡文迪什扭秤实验准确测量出引力常量 G 的数值，这对于深入研究引力相互作用规律有重要的作用，而引力常量的普适性也成了万有引力定律正确性的有力证据。

在弹力这节教学中，让学生明白弹力是由于物体发生形变而产生的这一点很重要，但是生活中很多形变都很小，不易被察觉到，此时需要通过演示实验让学生认识到形变虽小但是是真实存在的很有必要。通过这些演示实验可以培养学生放大的科学思维能力。

**（二）基于演示实验培养控制变量的科学思想方法**

控制变量法是科学研究中常用的一种思想方法。人教版新教材中提到"控制变量的思想方法是指在研究和解决问题的过程中，对影响事物变化规律的独立因素加以人为控制，使其中只有一个因素按照特定的要求发生变化，而其他因素保持不变，以便于寻找事物发展变化的规律的方法"。

**【案例5】探究加速度与力、质量的关系**

探究加速度与力、质量的关系实验中就采用了控制变量的方法。如图4-1-15所示，当研究加速度与力的关系时，保持小车质量不变，通过改变槽码的数目从而改变小车受到的拉力，探究质量一定时加速度与力的关系；当研究加速度与质量的关系时，保持小车受到的拉力不变，即槽码的数目不变，通过增加小车上的重物实现改变小车的质量，探究拉力一定时加速度与质量的关系。

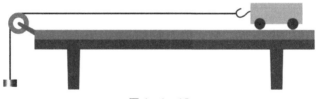

图 4 - 1 - 15

教材中也给出了可以不测加速度具体数值，研究加速度与其他物理量之间的比例关系的方法。例如，让两个做初速度为 0 的匀加速直线运动物体的时间 $t$ 相等，那么根据匀变速直线运动位移与时间的关系可知，位移之比就等于加速度之比，这样测量加速度与力和质量的关系就可以转换成测量位移与力和质量的关系了。

例题：某组同学通过测量质量相同的两辆小车在相同时间内通过的位移来比较它们的加速度，进而探究加速度与力的关系，实验装置如图 4 - 1 - 16 和图 4 - 1 - 17 所示（实验平面很光滑，摩擦力可以忽略不计）。将轨道分上下双层排列，两小车尾部的刹车线由后面的刹车系统同时控制，能使小车同时立即停下来。通过改变槽码的数量来改变拉力的大小。

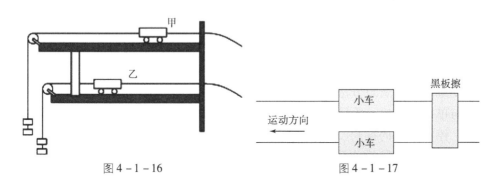

图 4 - 1 - 16　　　　　　　　　　图 4 - 1 - 17

（1）通过比较两小车的位移来比较两小车的加速度大小，你认为_____（选填"可行"或"不可行"），请说明理由：_____。

（2）一位同学通过比较实验中的数据（如表 4 - 1 - 2 所示），发现当乙车的拉力由 0.2 N 增加到 0.3 N 时，位移减小了 0.5 cm，力增大时加速度是不可能减小的，从而判定第 1、2 组实验数据至少有一组是有问题的，你_____（选填"同意"或"不同意"）他的观点，请说明理由：_____。

表 4 - 1 - 2　实验数据

| 实验次数 | 小车 | 拉力 F/N | 位移 s/cm |
|---|---|---|---|
| 1 | 甲 | 0.1 | 22.3 |
| | 乙 | 0.2 | 43.5 |
| 2 | 甲 | 0.2 | 29.0 |
| | 乙 | 0.3 | 43.0 |
| 3 | 甲 | 0.3 | 41.0 |
| | 乙 | 0.4 | 55.4 |

这是一道考查控制变量思想方法的题目。（1）问中，由题意可知，两辆小车运动的时间相同，根据匀变速直线运动的位移公式 $x = \dfrac{1}{2}at^2$，得 $\dfrac{a_1}{a_2} = \dfrac{x_1}{x_2}$，故可以通过比较两车的位移来比较两车的加速度大小。（2）问中很多同学也有类似的疑惑，忽略了两组实验中小车运动的时间是否相同。不同组的实验小车运动时间不一定相同，因此不能通过比较两组的位移来比较加速度。

**【案例6】 单摆周期的影响因素**

在选修一"单摆"学习内容中，探究单摆振动周期的影响因素演示实验（如图 4 - 1 - 18 所示）中，也需要用到控制变量的科学思想方法。探究单摆的周期与单摆的振幅、质量和摆长是否相关时，控制两摆的摆长、振幅相同，研究单摆周期与质量的关系；控制两摆振幅、质量相同，研究单摆周期与摆长的关系；控制两摆摆长、质量相同，研究单摆周期与振幅的关系。实验表明，单摆做简谐运动的周期只与摆长相关，与质量和振幅无关。

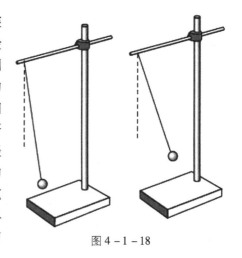

图 4 - 1 - 18

**【案例7】 探究感应电流产生的条件**

在必修三"电磁感应现象"部分通过探究实验，推理出闭合回路中磁通量发生变化可以产生感应电流。在具体的实验设计中也体现了控制变量的科学思想方法。图 4 – 1 – 19 所示为探究感应电流产生条件的实验装置，实验时采用控制变量法改变开关和变阻器的状态，观察线圈 B 中是否有电流产生，实验表格如 4 – 1 – 3 所示。

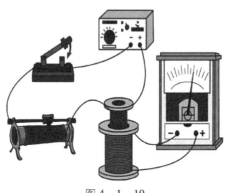

图 4 – 1 – 19

表 4 – 1 – 3  实验数据

| 开关和变阻器的状态 | 线圈 B 中是否有电流 |
| --- | --- |
| 开关闭合瞬间 | |
| 开关断开瞬间 | |
| 开关闭合时，滑动变阻器不动 | |
| 开关闭合时，迅速移动滑动变阻器的滑片 | |

实验表明，闭合导体回路中产生感应电流的条件为：当穿过闭合导体回路的磁通量发生变化。

**【案例点评】**

控制变量法是物理学中常见的科学思想方法，物理实验中相关案例还有很多。在实际问题研究过程中，控制变量法可以将所研究的问题简单化，能够将对物理量产生影响的多个因素逐一分析和研究，培养学生科学思维能力。

**（三）基于演示实验培养转换的科学思想方法**

对于不方便测量或无法直接准确测量的物理量，实验中可以实行变量转换，利用物理量之间的关联转化为对可以准确测量的物理量测量，方便后续的实验研究，这就是转换的科学思想方法。

**【案例 8】测量玻璃的折射率**

折射率是物质重要的基本性质之一，目前测量折射率的方法有很多，根据原理的不同可以分为几何光学和波动光学方法。在高中物理选择性必修一中采用的是几何光学的方法，根据光的折射定律可知 $n = \dfrac{\sin\theta_1}{\sin\theta_2}$，因此可以将直接测量玻璃折射率转换为测量入射角与折射角，将不易测量的物理量转换为较易准确测量的角度，从而求出玻璃的折射率，如图 4 - 1 - 20 所示。

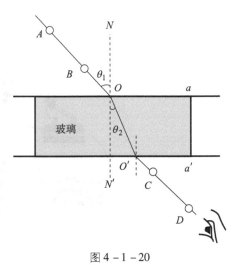

图 4 - 1 - 20

实际上波动光学的方法测量折射率也是采用了转换的科学思想方法。根据光的波动理论可知，相干光的相位差与折射率相关，因此测折射率就可以转换为测量相位差，具体来讲可以通过劈尖干涉法、迈克尔逊干涉法等实现相位差的测量。

### 【案例 9】 向心力演示器

在圆周运动"向心力"这节中的"探究向心力大小的表达式"演示实验中，向心力演示器的操作过程中就涉及转换法。向心力演示器如图 4 - 1 - 21 所示，可以用其研究向心力的大小与物体的质量、速度和轨道半径的关系。实验中横臂给小球的压力提供小球圆周运动的向心力，根据牛顿第三定律，小球给挡板的压力与挡板给小球的压力大小相等，小球给挡板的压力通过杠杆作用使得套筒下降，露出标尺。根据标尺上露出红白相间标记的数目就可以得到左右两侧小球向心力的比值关系。实验中将向心力的大小转换为标记的数目。

图 4 - 1 - 21

1—手柄；2—塔轮；3—塔轮；4—长槽；5—短槽；6—横臂；7—套筒；8—标尺

**【案例 10】 观察光敏电阻的特性**

实际上，传感器就是转换科学思想方法的应用。传感器可以感受光的强度、力、磁、温度等非电学量，可以通过这些物理量与电学量的关系将其转换为电学量输出，这样通过传感器就可以感知非电学量的变化。光敏电阻就是一种光学传感器，它的电阻率与所受光照的强度相关，图 4 - 1 - 22 为人教版选择性必修二中的演示实验——观察光敏电阻特性。通过多用电表的电阻挡测量光敏电阻的阻值，发现光敏电阻在暗环境中阻值较大，在强光照射的环境下阻值较小，这样对光照强度的测量就可以通过光敏电阻转换为对其电阻值的测量。

甲　　　　　　　　　　　　　　乙

图 4 - 1 - 22

**【案例点评】**

转换法是物理实验中常见的科学思想方法，对于一些不易直接测量的物理量，在实际的测量中可以根据物理量的关系转换为对易测量的物理量观测，实现间接测量。这些案例充分体现了转换的科学思想方法，在实验中体会转换法的应用，培养学生科学思维能力。

## ■ 第二节　"验证性"实验课中的科学思维能力培养

### 一、验证性实验的特点与设计要求

在物理学的科学研究中，物理学家们不仅关心通过科学探索而提出新的物理规律，而且也致力于新的物理规律的检验工作，特别是通过实验对新的物理规律进行验证。他们把新的物理规律的检验工作视为物理学科学研究过程的必要环节而予以高度重视。物理学家们不仅重视物理理论规律的检验，而且也从不轻视物理经验规律的检验。要把物理验证性实验置于科学的地位并按科学的方式进行，让验证性物理实验展示其科学的魅力，从而激起学生对实验的科学兴趣，进而养成实验精神，掌握科学的实验方法。

验证性实验的教学构建：

（1）基于实验现象提出科学问题；

（2）提出假说并实验验证；

（3）完善假说并总结规律。

## 二、基于验证性实验培养学生的科学思维能力

对于利用已知的物理经验规律进行理论推导所得出的物理经验规律为验证对象的验证性实验来说，实验所提供的经验事实虽然是学生已知的，却是在得出物理经验规律时尚未接触过、利用过的。

中学生按其认知天性是喜欢物理实验的生动直观性的。用通过理论逻辑推导得出的物理经验规律对此加以合理解释，是能够对该物理经验规律的成立形成一定的支持作用的，因此学生对这类验证性实验还表现出一定的兴趣。物理验证性实验的任务，不但要激发学生的学习兴趣，更重要的是通过实验验证的教学过程，引领学生学会"如何透过现象看本质"，即学会科学探究。

### （一）验证性实验中培养学生质疑批判的科学思维能力

**【案例1】验证力的平行四边形定则**

1. 提出科学问题

如图 4 - 2 - 1 所示，在学习了"力的合成"后学生已经知道了图中两个分力的作用效果等效于一个合力，并从理论上初步了解了力的平行四边形定则。据此，教师可以引导学生提出科学问题：力的合成是否满足平行四边形定则。

2. 提出假说

力的合成遵循平行四边形定则。

图 4 - 2 - 1

3. 实验验证，完善假说

以橡皮条为研究对象，体会力的作用效果相同是指两次拉橡皮条，使橡皮条产生相同形变。设置探究性的问题串：如何准确地记录力？如何确定力的效果？如何确认力的效果相同？以任务、问题驱动的教学模式，引导学生积极主动地思考、实践，激活学生思维。

实验过程与实验结果如图 4 - 2 - 2 和图 4 - 2 - 3 所示。实验结果表明，理论值 $F$ 和真实值 $F'$ 存在着较大的误差，并不能完美地验证力的平行四边形的准确性。适时地引导学生分析误差的来源，总结影响实验结果的主要因素：

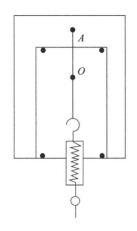 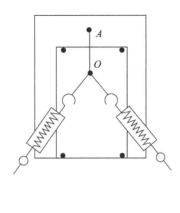

图 4 - 2 - 2

（1）读数时存在误差；

（2）弹簧秤没有完全平行于木板，力的方向不是水平的；

（3）弹簧秤的指针和示数面板间有摩擦力；

（4）橡皮筋在两次实验中，发生相同的形变时，作用力并不一致；

（5）选取的标度和所测几个力的大小不能同时满足整数倍关系，使作图存在偏差。

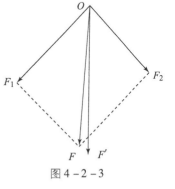

图 4 - 2 - 3

在学生自主操作的实验中，细节往往不能兼顾，意外总是层出不穷。这些意外都是我们科研的第一手资料，也是下一节课的素材，在巡视过程中要着力搜集。当结果不理想时，如何引导学生发现问题、调整细节，也是对教师应变能力和专业素质的考验；快速完成实验的学生怎样利用好余下的时间，促进学生个性发展，也需要在备课时提前预设。

**【案例点评】**

生活情境导入环节：通过创设真实的、具体的问题情境，根据问题情境导入项目问题，在任务驱动下通过自主学习获取知识和技能，并运用所获取的知识和技能解决问题。情境问题导入不仅激发了学生的探究兴趣和创新意识，而且培养了学生探究的科学思维和科学态度。

实验操作环节：任务驱动，提升科学探究技能。任务导向既激发了学生动手操作的热情，又提升了科学探究所需的基本技能。此环节采用任务驱动的教学方法，使学生主动地投入任务中，主动思考、自主实践，以完成既定任务。这种任务驱动的教学方法与传统实验教学中的讲授法不同，学生能通过简单模仿，激活思维，使学生在学习中变被动为主动。

**【案例2】验证牛顿第二定律**

1. 提出科学问题

加速度是描述物体运动状态变化快慢的物理量，力是改变物体运动状态的原因，质量大的物体运动状态不容易改变，那么加速度与力、质量之间有什么关系？

2. 如何测量质量、加速度和力

引导学生设计实验方案、连接实验仪器，培养学生基于科学探究的能力，锻炼学生的动手能力，进而提升学生提出创造性见解的能力。

（1）质量的测量：用天平测量质量，多次增加小车中砝码的数量以此来改变小车的质量。

（2）加速度的测量：将打点计时器的纸带连在小车上，放开小车，让小车带动纸带运动；在纸带上选取一点为起始点 0，后面每 5 个点取一个计数点，分别用数字 1，2，3，…标出这些计数点；测出各计数点到起始点 0 的距离 $x$，记录下来；计算两相邻计数点之间的位移 $\Delta x$，同时记录对应的时间 $T$，以此求出加速度。

（3）力的测量：仅受一个力作用的物体几乎不存在。一个单独的力的作用效果与跟它大小、方向都相同的合力的作用效果是相同的。实验中作用力 $F$ 是物体所受的合力。

3. 探究加速度与力、质量的关系

引导学生在物理实验中，通过分工合作获取和处理信息、基于数据分析得到证据得出结论，并利用表格进行数据分析得出结论，进而培养学生获取数据分析、分析数据的思维能力。

问题：加速度与力、加速度与质量是否都存在定量关系？如果存在关系，又是什么样的关系？实验中又会运用到什么研究方法？

实验：探究加速度与力、质量的关系时，用到阻力补偿的物理方法。为了补偿打点计时器对小车的阻力以及其他阻力，可以采用把木板的一端垫高的方法，改变木板的倾斜度，小车在不受牵引时，纸带能在小车的带动下沿木板匀速运动。将槽码、小车、打点计时器、纸带分别安装好。为了使小车所受的拉力成倍地改变，可以通过改变槽码的个数，以此来控制纸带上打出的点，得出加速度。在保持小车受的拉力不变时，想要改变小车的质量，可以通过增减小车中的重物。处理纸带上打出的点来测量加速度。把加速度与力的关系设计成表4-2-1，把测得的同一辆小车在不同拉力 $F$ 作用下的加速度 $a$ 填在表4-2-1中。把加速度与质量的关系设计成表4-2-2，把测得的不同质量的小车在相同拉力作用下的加速度 $a$ 填在表4-2-2中。

表4-2-1　加速度与力的关系

| 实验次数 | 加速度 $a/(\text{m/s}^2)$ | 小车受力 $F/N$ |
|---|---|---|
| 1 | | |
| 2 | | |
| 3 | | |
| 4 | | |

表4-2-2　加速度与质量的关系

| 实验次数 | 加速度 $a/(\text{m/s}^2)$ | 小车和砝码的总质量 $M/\text{kg}$ | 小车和砝码的总质量的倒数 $M^{-1}/\text{kg}^{-1}$ |
|---|---|---|---|
| 1 | | | |
| 2 | | | |
| 3 | | | |
| 4 | | | |

结论：进行数据分析，得出加速度与力、质量的定量关系。

4. 数据分析处理

引导学生基于问题运用数学方法，提出问题，实验探究，合理分析研究自变量、因变量、不变量之间的关系，进而锻炼学生运用物理方法的科学思维能力。

问题：加速度与质量成正比还是与质量的倒数成正比？加速度与力的关系是正比还是反比？描述出的图像是否为直线？

作图建立直角坐标系，并以 $a$ 为纵坐标，$F$ 为横坐标，然后根据各组实验数据在坐标纸上描点 $a-F$ 图像，结果如图 4-2-4 所示，可以很直观看出图线为过原点的一条直线。作图建立直角坐标系并以 $a$ 为纵坐标，$m$ 为横坐标，然后根据各组实验数据在坐标纸上描点 $a-m$ 图像，结果如图 4-2-5 所示，很难直观看出图线是否为双曲线。如果 $a-m$ 图像是双曲线，$a$ 与 $m$ 成反比，也就是 $a$ 与 $1/m$ 成正比，作 $a-1/m$ 图像进行检验。如果检验的结果是过原点的曲线，就可以判断加速度 $a$ 与 $m$ 是成反比的。

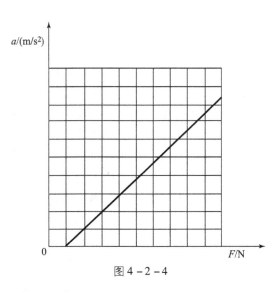

图 4-2-4

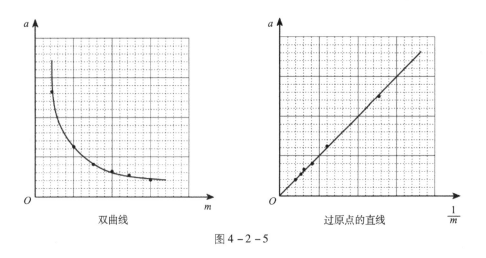

图 4-2-5

结论：通过实验表明，小车的加速度 $a$ 与它所受的作用力 $F$ 成正比，与它的质量 $m$ 成反比。通过大量的观察和实验都可以得出与上面实验同样的结论。

【案例点评】

通过连接实验仪器，正确运用实验仪器以及了解实验仪器的基本操作，得出实验结果，锻炼学生的动手能力，提高学生对物理实验的兴趣，培养学生科学思维。并且根据实验数据积极猜想研究数据之间的关系，学生进行分工实验，完成合作，观察实验现象的同时记录实验数据，强化探究意识，提高动手实践能力。

让学生在物理实验中知道分工合作的重要性，提高学生的专注力，要时刻关注实验现象并记录。学生克服困难并完成数据分析与图像处理，根据已有的科学方案，结合所学知识，获得数据然后进行分析。

在物理问题中合理运用数学观念，提出要探究的问题，然后对所提出的问题进行实验探究，合理分析研究加速度与质量、力的关系。认真观察实验数据的特点，合理分析数据，锻炼学生的科学思维能力并且恰到好处地运用物理方法，如控制变量法。得出实验结果后，对结果进行分析、交流以及讨论，使学生知道物理来源于生活又高于生活，对生活实际中的物理知识充满好奇心和求知欲。

### 【案例3】验证机械能守恒定律

1. 提出科学问题

机械能守恒定律告诉我们，在只有重力或弹力做功的物体系统内，动能与势能可以互相转化，总的机械能保持不变。那么物体在哪些情境中机械能守恒？需要测量哪些物理量？如何测？

2. 设计实验

学生结合已有经验提出物体做自由落体运动、沿光滑斜面下滑、做单摆运动等机械能守恒，提出自己设计的实验方案。

方案一为自由落体运动（如图4-2-6所示），需要借助打点计时器测量的物理量：$h = h_B$，$v = \dfrac{(h_C - h_A)}{2T}$。

方案二为物体沿光滑斜面下滑情景（如图4-2-7所示），需要测量的物理量：$H$、$h$、$v = s\sqrt{\dfrac{g}{2h}}$。

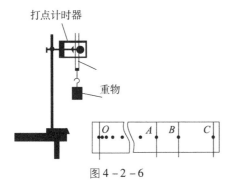

图4-2-6

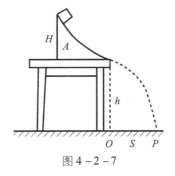

图4-2-7

　　分析讨论两种方案的可行性，发现两种方案的共性是都存在摩擦阻力的影响，严格意义上讲都不遵守机械能守恒。进行相对应的优化改进，两个方案中的物体最好用密度较大的物体，尽可能减小摩擦的影响。

　　方案一（如图4-2-8所示）为解决纸带与打点计时器间的摩擦问题，可以适当增大打点计时器的限位孔，或者加点润滑剂。

　　方案二（如图4-2-9所示）减小摩擦的最好方法是不接触，可以借助气垫导轨，速度用光电门测量。

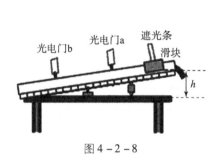

图4-2-8

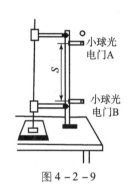

图4-2-9

　　通过两种实验的数据分析，发现利用气垫导轨实验不仅可以很好地减小摩擦力的影响，而且能够较好地解决纸带上点迹不清和过于稀疏的问题。利用光电门测速快捷、精确，改进方案二更好。

　　3. 活学活用巩固练习

　　利用作业形式给学生新的实验设计思路，学生通过对此实验设计方案的研究及相关问题回答，提升基于科学推理的科学思维能力。

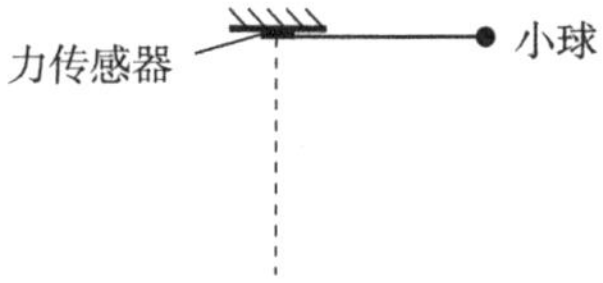

　　某同学用图4-2-10所示装置验证机械能守

图4-2-10

恒定律，将力传感器固定在天花板上，细线一端系着小球，一端连在力传感器上。将小球拉至水平位置从静止释放，到达最低点时力传感器显示的示数为 $F_0$。已知小球质量为 $m$，当地重力加速度为 $g$。在误差允许范围内，当满足关系式_____时，可验证机械能守恒。

　　答案：$F_0 = 3mg$。提示：利用机械能守恒和最低点的动力学方程联立分析。

## 【案例点评】

　　人教版教材是在学生学习了机械能守恒定律之后再安排验证实验的，其目的是让学生通过实际观测、计算来加深对机械能守恒定律的理解。验证"机械能守恒定律"的实验教学，本质是基于真实问题情境的实证研究，渗透能量守恒的思想，强化核心概念"机械能守恒"的形成。

物理科学思维培养导向下的物理教学，要求关注通过事实抽象提出的核心概念，总结提炼改进实验方案方法。教师为学生创设需要解决的真实问题情境，让学生在思考中经历创造的过程，自己去选择学习的路径，去思考、去选择、去尝试、去创造，在方案设计中有思维的发散与聚焦、有模型的构建与设计、有科学的推理与论证，让创造真正落地。

通过动手实践、理性思考，注重过程与体验，强化思维与动作的结合，促使学生的思维处于积极的状态，让学生像科学家那样"独立"尝试用各种方法研究问题，评价、质疑、论证、创新，实证意识与批判思维能力得到加强。鼓励学生敢于表达个人观点，能提出独创性的见解，这对学生科学思维的形成有很大帮助，并使其充分体验到科学研究的不易，有助于形成正确的科学态度与责任，真正实现"做中学"。

通过实验数据处理的不同方式体现数形结合的思想，在画图、读图中深化思维体验；让学生深刻理解实验原理与方法，展开基于高阶思维的深度学习，完成与自身的对话，从而揭示隐含在实验过程中的精彩而独特的思维过程，并引导学生深入学科知识的发现或再发现中去。

**【案例4】验证动量守恒定律**

1. 提出科学问题

动量守恒的条件是什么？怎样通过一维碰撞验证动量守恒？

2. 设计实验

方案一：利用气垫导轨上两滑块完全非弹性碰撞完成实验。

滑块 $m_1$ 在气垫导轨上匀速运动，与静止滑块 $m_2$ 碰撞粘在一起，遮光条经过两光电门时，计时器分别记录遮光时间 $t_1$、$t_2$，测出遮光条的宽度 $d$，就可计算出滑块的速度。

实验原理：$m_1 d/t_1 = (m_1 + m_2) d/2$。

方案二：长木板上两小车完全非弹性碰撞完成实验。

碰撞前后，小车 $m_1$ 拖着纸带在长木板上匀速运动，通过纸带上记录的两段匀速运动的距离 $x_1$、$x_2$ 和时间 $t_1$、$t_2$ 计算出速度。

实验原理：$m_1 x_1/t_1 = (m_1 + m_2) x_2/t_2$。

方案三：利用斜槽上滚下的小球 $m_1$ 与等大小球 $m_2$ 碰撞完成实验。

两小球飞出斜槽末端后做平抛运动，通过测量水平距离 $OP$、$OM$ 和 $ON$ 来代替测量速度。

实验原理: $m_1 OP = m_1 OM + m_2 ON$。

三个实验方案的实验原理的理论依据是一样的,都是根据两物体碰撞前的总动量等于碰撞后的总动量建立数理方程,但用直接测量的量处理后的方程变化很大,这样必然导致数据处理的简易程度以及数据处理的精确度不同。

3. 验证猜想

方案一中,为确保滑块匀速运动,必须调节导轨水平。怎样判断气垫导轨是否水平?学生通过探究找到两种判断方法:一是接通电源,滑块放在导轨上任意位置都能静止;二是轻推导轨上的滑块,使它经过两光电门的时间相同。

方案二中,为使小车匀速运动,首先需平衡摩擦力,从而把平衡摩擦力的方法迁移过来运用。实验时学生开始用橡皮泥、撞针把两小车粘在一起,但橡皮泥的黏性不够大,撞针很容易从橡皮泥中弹脱出来,且撞针比较细,与橡皮泥作用后小车的运动很容易偏离长木板。学生通过几次实验后,把探针和橡皮泥换成黏性比较大的海绵双面胶,且双面胶的受力面积大,小车碰后速度方向也不会改变,效果不错。

方案三使学生掌握了找平均落地点的实验方法。小球平抛运动的落地点误差比较大,要通过多次实验找到其平均落地点。用最小的圆尽量把同一小球的所有落点圈起来,圆心的位置就是平均落点。

4. *活学活用巩固练习*

方案三实验时,若斜槽轨道光滑、两小球发生弹性碰撞,且 $m_1 < m_2 < 3m_1$,小球落点用图 4-2-11 中的 $C$、$D$、$E$ 表示,满足关系_____,可以认为两小球碰撞前后总动量守恒。

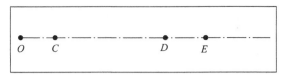

图 4-2-11

某同学在实验时采用另一种方案:使用半径不变、质量分别为 $m_1$、$m_2$、$m_3$ 的 $B$ 球。将 $A$ 球三次从斜轨上位置 $P$ 静止释放,分别与三个质量不同的 $B$ 球相碰,用刻度尺分别测量出每次实验中落点痕迹距离 $O$ 点的距离 $OD$、$OE$、$OF$,记为 $x_1$、$x_2$、$x_3$。将三组数据分别标在图 4-2-12 中,从理论上分析,图中能反映两球相碰为弹性碰撞的是____。

答案: $m_1 \cdot \overline{OE} = -m_1 \cdot \overline{OC} + m_2 \cdot \overline{OD}$；A。

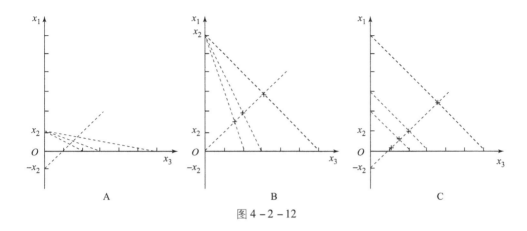

图 4 - 2 - 12

## 【案例点评】

创设问题情境引导学生设计实验方案，促进创新思维的形成。分组实验问题情境不仅包含具体的问题、对问题解决方案的设计，还包含教师的启发、暗示、点拨，以及学生对问题的应激响应。在"验证动量守恒定律"分组实验中，要想激发学生强烈的求知欲并促进学生学科核心素养的提高，教师提出的"问题"是关键。

通过实验探究过程，促使学生掌握科学的探究方法。实验探究过程中学生通过对问题的探讨、追究、分析，广泛交流，集思广益，会创造性地发现新的问题，再次通过积极思考、认真分析，相互讨论和交流，最后解决实际问题。学生由此获得成就感，提高实践能力和合作学习、团队协作精神，从而培养了学生手脑并用能力、科学思维能力、综合实践能力。

通过误差分析，促使学生对实验进行评估、反思。实践表明，通过引导学生对实验误差的分析，不仅能促进学生对物理知识的建构，运用物理理论知识去分析实验仪器、实验方法，还能培育学生"对实验探究过程和结果进行交流、评估、反思"的科学思维能力。

## ■ 第三节　"探究性"实验课中的科学思维能力培养

### 一、探究性实验的特点

"科学探究"能力是指基于观察和实验提出物理问题、形成猜想和假设、设计实验与制定方案、获取和处理信息、基于证据得出结论并作出解释，以及对科学探究过程和结果进行交流、评估、反思的能力。新课标在引导学生自主学习，提倡教学方式多样化中指出，高中物理课程通过创设学生积极参与、乐于探究、善于实验、勤于思考的学习情境，培养和发展学生的自主学习能力。探究性实验具有开放性和探索性的特点，开放性和探索性是探究性实验的两个基本特征。所谓开放性和探索性的含义就是学生在教师的指导下对所提出的主题和任务，在主动参与下发现问题并积极寻求答案；同时学生又可以在活动中发挥自己的创造力和想象力来解决问题。探究性实验还应具有实践性和综合性的特点，实践性和综合性是探究性实验的重要特点。所谓实践性和综合性的含义就是要求学生的学习过程是一个由浅入深、由简单到复杂的过程；要求学生能够从不同角度认识事物和现象，学会多角度思考问题和处理问题；同时还要培养学生的合作精神与交流能力。

## 二、基于探究性实验培养学生的科学思维能力

### （一）探究实验中培养学生的数据意识

数据意识是指学生通过观察、实验等探究活动，在搜集数据、整理数据、分析数据时所表现出来的心理倾向。在探究活动中正确对待实验数据的差异，培养学生实事求是、认真负责的科学态度。在科学探究实验中，对数据进行整理分析，探究实验数据之间的内在规律，要强调学生亲历探究的过程，要重视在实验过程中搜集和积累数据，强调对事物的认识，不仅要在质上认识，更要从量的分析中得出结论。

【案例】"法拉第电磁感应定律"教学中的探究性实验

1. 探究实验：影响感应电动势的因素

（1）当变化时间一定时，研究感应电动势的大小跟磁通量的变化量的关系。

具体操作：如图4－3－1所示，尽量保持磁铁拔出或插入的速度一定，一次用一根磁铁，一次用两根磁铁，比较感应电动势的大小。

（2）当磁通量的变化量一定时，研究感应电动势的大小跟变化时间的关系。

具体操作：如图4－3－1所示，使

磁铁

线圈

电压传感器
图4－3－1

磁铁初末位置一定，快插或慢插磁铁，比较感应电动势的大小。

2. 探究实验：通过 $E-t$ 图像中图线的面积验证 $\Delta\Phi$ 一定

当磁通量的变化量 $\Delta\Phi$ 一定时，变化时间 $\Delta t$ 越大，感应电动势越小。在 $E-t$ 图像中图线的面积表示 $\Delta\Phi$，利用计算机对图线处理的积分功能就可以得到图线的面积。如图 4-3-2 所示，积分值的前两位有效数字基本相同。

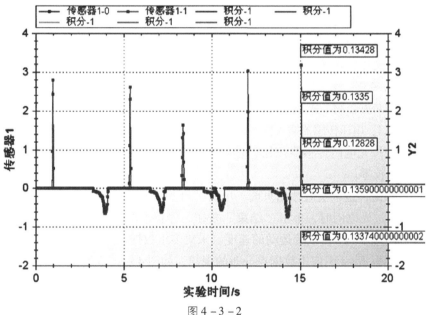

图 4-3-2

3. 探究实验：感应电动势的大小跟变化时间 $\Delta t$ 的定量关系

问题 1：怎样保证磁通量的变化量 $\Delta\Phi$ 一定？

如图 4-3-3 所示，磁铁从位置甲到乙过程中，因为条形磁铁周围的磁场不是匀强磁场，所以过程中磁通量的变化量 $\Delta\Phi$ 具体的值不能知道，但每一次从位置甲到乙 $\Delta\Phi$ 是一样的。$\Delta t$ 是从甲到乙所用的时间。

问题 2：怎样测出时间？

如图 4-3-4 所示，保持光电门和线圈的

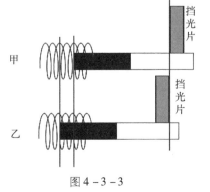

图 4-3-3

相对位置不变，把挡光片和磁铁固定在一起，使线圈与磁铁相对做运动。用光电

门传感器采集挡光片的挡光时间（即从甲运动到乙的时间 $\Delta t$），用电压传感器采集此间产生的感应电动势。保持线圈不动，让磁铁以不同的速度向线圈运动，得到多组数据。用拟合数据图线来研究感应电动势的大小跟变化时间 $\Delta t$ 的关系。

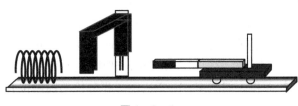

图 4 - 3 - 4

按实验的原理，$E$ 是在 $\Delta t$ 中的平均感应电动势，本实验方法用触发采样，采集的是挡光片离开光电门检测口时的感应电动势。

4. 探究实验：感应电动势的大小跟变化时间 $\Delta t$ 的定量关系

（1）组装好器材。把电压传感器连接到线圈两端，光电门传感器插入数据采集器的 1 号插口，电压传感器插入数据采集器 2 号插口，连接好数据采集器和计算机。

（2）点按光电门传感器按钮，选择挡光（I）模式；单击"校零按钮"，对电压传感器校零。

（3）双击，进入实时数据页面。单击"开始"按钮，推动小车向磁铁运动。当挡光片通过光电门时，单击"结束"按钮，停止本次采集。

（4）重复步骤3，改变运动的速度。采集多组数据。

（5）观察 $E-t$ 图像中数据点分布的规律，如图 4 - 3 - 5 和图 4 - 3 - 6 所示，线性拟合不成立，反比拟合成立。

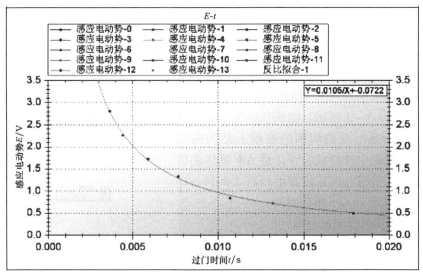

图 4 - 3 - 5

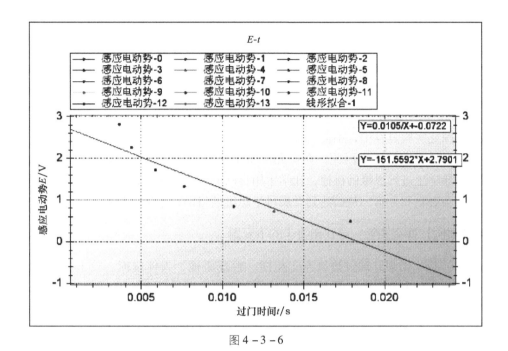

图 4 – 3 – 6

（6）双击，进入 $E-1/t$ 页面，观察 $E-1/t$ 图像中数据点分布的规律。

（7）单击"结果分析"，在图形分析上，用直线方程对 $E-1/t$ 数据点拟合，如图基本成正比。

结论：当磁通量的变化量 $\Delta\Phi$ 一定时，感应电动势的大小跟变化时间 $\Delta t$ 成反比，即 $E \propto \dfrac{1}{\Delta t}$。

5. 探究实验：感应电动势跟线圈匝数的正比关系

若线圈有 $n$ 匝，则相当于 $n$ 个相同的电动势 $\dfrac{\Delta\Phi}{\Delta t}$ 串联，所以整个线圈中的电动势为 $E = n\dfrac{\Delta\Phi}{\Delta t}$。若实验 3 中，保持小车与磁铁的初始运动位置相同，即经过光电门的 $\dfrac{\Delta\Phi}{\Delta t}$ 保持一定，改变线圈的匝数 $n$，测得感应电动势 $E$，可得 $\dfrac{E}{n}$ 是定值。

【案例点评】

在探究实验活动中我们一定要注意培养学生的证据意识，如：在探究感应电动势的大小跟变化时间 $\Delta t$ 的定量关系实验中，我们首先控制实验条件，磁通量的变化 $\Delta\Phi$ 一定，我们怎样能确定磁通量的变化是一定的呢？需要证据。该探究活动中巧妙地利用了 $E-t$ 图像中图线的面积思想对此进行了验证。同时，在探究实验活动中我们一定要注意培养学生的数据意识，在不同实验条件下我们找到了多次实验的 $E-t$ 数据。如何客观分析并处理这些数据呢？我们渗透了化曲为直的数据处理思想，从而探究得出：当磁通量的变化量 $\Delta\Phi$ 一定时，感应电动势的大小跟变化时间 $\Delta t$ 成反比这一科学结论。

### （二）探究实验中引导学生亲历概念的建立过程

在探究实验过程中，不但观察了现象、记录下数据，还获得了许多成功和失败的内心感受和体验。因此，在探究实验结束后，要给予学生充分的时间和机会，引导学生进行思维的碰撞，让学生用自己的方式来表达，鼓励学生用证据说话，学会观察和分析，从而达到发展科学思维的目的，亲历完整建立过程。

【案例】探究实验：寻找碰撞中的不变量

（1）提出猜想：通过播放汽车相撞、台球碰撞、天体碰撞、粒子碰撞的视频和视频演示牛顿摆中的两个钢球碰撞交换速度，引导学生猜想：碰撞前后什么物理量不变？可能的猜想：碰撞前后物体速度之和可能不变，碰撞前后物体速率之和可能不变，碰撞前后物体动能之和可能不变。

（2）实验设计：实验设计验证猜想，利用计算机、导轨、光电门传感器、小车进行碰撞实验，记录及分析实验数据，寻找碰撞中的不变量。

（3）利用表 4 - 3 - 1 处理实验数据。

表 4 - 3 - 1　实验数据记录

| 项目 | $m_1/\text{kg}$ | $m_2/\text{kg}$ | $v_1/(\text{m/s})$ | $v_2/(\text{m/s})$ | $v_1'/(\text{m/s})$ | $v_2'/(\text{m/s})$ |
| --- | --- | --- | --- | --- | --- | --- |
| 动碰静 | | | | | | |
| 动碰静 | | | | | | |
| 碰后反向 | | | | | | |

（4）实验数据记录如表 4 - 3 - 2 和表 4 - 3 - 3 所示。

表 4 - 3 - 2　实验数据记录 1

| 项目 | $m_1$ | $m_2$ | $v_1$ | $v_2$ | $v_1'$ | $v_2'$ |
| --- | --- | --- | --- | --- | --- | --- |
| 1 | 0.51 | 0.51 | 0.271 | 0 | 0.132 5 | 0.132 5 |
| 2 | 0.51 | 1.02 | 0.347 | 0 | 0.114 3 | 0.114 0 |
| 3 | 0.51 | 1.02 | 0.385 | 0 | 0.102 5 | 0.248 7 |

表 4 - 3 - 3　实验数据记录 2

| $m_1v_1 + m_2v_2$ | $m_1v_1' + m_2v_2'$ | $\dfrac{v_1}{m_1} + \dfrac{v_2}{m_2}$ | $\dfrac{v_1'}{m_1} + \dfrac{v_2'}{m_2'}$ | $m_1v_1^2 + m_2v_2^2$ | $m_1v_1'^2 + m_2v_2'^2$ |
|---|---|---|---|---|---|
| 0.138 3 | 0.135 1 | 0.531 6 | 0.519 5 | 0.037 5 | 0.017 9 |
| 0.176 8 | 0.174 8 | 0.679 6 | 0.336 1 | 0.061 3 | 0.02 |
| 0.196 4 | 0.305 9 | 0.754 9 | 0.444 8 | 0.075 6 | 0.068 4 |

对于前后速度方向相反的碰撞会出现质量与速度大小乘积之和变化的情况，需要找出反方向速度加负号。

探究结论：碰撞前后物体的质量与速度乘积之和保持不变，这也使我们意识到 $mv$ 这个物理量具有特别的意义。

【案例点评】

高中生已经初步具备了实验设计能力和实验操作技能，对物体碰撞这种相互作用也有生活感性认知。但是在探究过程中，学生对于不变量的猜想可能比较困难，如果没有一定的逻辑引导，提出物体的质量和速度的乘积是不变量并不容易。教师应由浅入深，设计出符合学生认知水平的逻辑台阶，让学生实验探究和总结反思互为依托，使思维螺旋式上升，从而得到正确的结论。我们要引导学生经历对碰撞问题的探究，亲身体验探究自然规律的过程，感悟自然界的和谐与统一。了解科学家在追寻不变量过程做出的努力，明确动量概念形成的历史过程，从科学史的角度认识到任何科学概念规律的建立，都不是简单拼凑得出的，都需要严格的科学论证。

（三）在探究实验中培养学生的质疑思维

要激活学生的思维，使学生豁然开朗，形成鲜明的科学概念，掌握规律，如楞次定律教学过程中，我们的"落磁"实验，演示小铁球（无磁性）从铝管中自由下落，落体时间很短，但是有磁性的磁铁缓慢下落，两种视觉上的落差，引发学生激烈的思维碰撞，从而激发他们探究的意识，寻找规律。

【案例】探究感应电流的方向

（1）演示引入，引导思维碰撞。学生对奇妙的自然现象和出乎意料的实验现象都会感到好奇，好奇心和求知欲会促使学生积极主动地寻求对现象或事实的解释，发现和提出问题是学生经历科学探究完整过程的起点，所以通过趣味实验引出研究的问题。如图 4 - 3 - 7 所示，演示小铁球从铝管中自由下落

图 4 - 3 - 7

（有磁性、无磁性各做一次），观察下落情况。引导学生思考，磁性铁球为什么缓慢下落？

（2）积极探究，初步形成思维方法学生在初步思考后，认识到下落缓慢可能是磁相互作用的结果，从而认识到铝管中可能有电流。从而可以进一步做如下设计：将线圈套在铝管中，用电流传感器显示出磁体进入线圈和离开线圈时的电流方向，如图 4 - 3 - 8 所示。

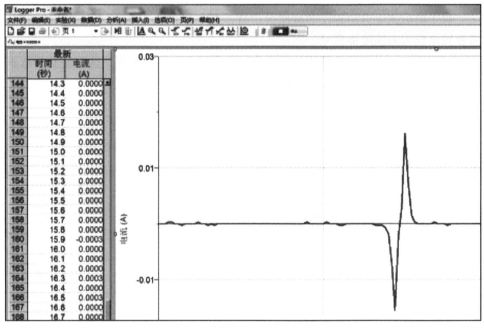

图 4 - 3 - 8

（3）猜想感应电流的方向可能和什么因素有关，并设计实验验证猜想，如图 4 - 3 -9 所示。

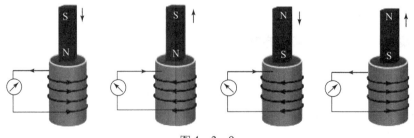

图 4 - 3 - 9

引导学生制定合理的科学探究实验方案，团队协作，正确操作实验器材，获得可靠的实验数据。实验操作阶段能够满足学生的动手操作愿望，还可以满足学生探究物理规律的心理需要，当学生产生浓厚兴趣的时候，有利于形成主动的学习态度和正确的学习方法。

（4）亲历实验探究过程，记录、分析，处理数据，如表 4 - 3 - 4 所示。

表 4 - 3 - 4　实验数据

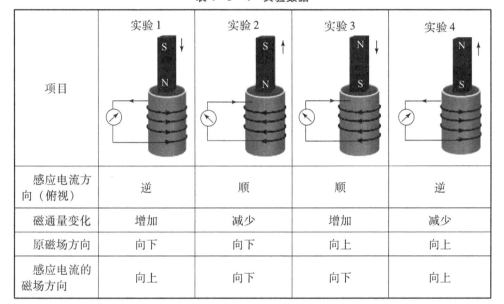

| 项目 | 实验 1 | 实验 2 | 实验 3 | 实验 4 |
| --- | --- | --- | --- | --- |
| 感应电流方向（俯视） | 逆 | 顺 | 顺 | 逆 |
| 磁通量变化 | 增加 | 减少 | 增加 | 减少 |
| 原磁场方向 | 向下 | 向下 | 向上 | 向上 |
| 感应电流的磁场方向 | 向上 | 向下 | 向下 | 向上 |

（5）启发学生间提问、质疑寻找规律——影响感应电流方向的因素是什么呢？

学生通过对现象的讨论、分析、比较，总结出感应电流的方向遵循的规律：向下的磁通量增多或向上的磁通量减少，产生俯视逆时针的感应电流，而向下的磁通量减少或向上的磁通量增多，产生俯视顺时针的感应电流。此时学生通常会进入思维的瓶颈，需要质疑创新。进一步让学生体会感应电流产生的磁场与磁铁发生相互作用力，从相互作用的角度感受"磁场"的物质性。教师引导下再次讨论，"原磁场磁通量的变化"和"感应磁场与原磁场方向的关系"，发现"增反减同"规律，尝试得出楞次定律。通过对实验证据进行分析，发现规律，进而通过归纳形成简洁的、具有普遍意义的结论。培养学生的运动与相互作用观念，体会"归纳推理"的科学思维方法，提升学生科学探究的能力。学生的结论多种多样，教师应充分肯定他们的研究态度，对出现的问题进行引导、纠正。

**【案例点评】**

电磁感应现象的发现具有划时代的意义，电磁感应是人类对静电场和静磁场的研究进入变化场的动力学研究，使人类社会迈进电气化时代，这是科学知识运用到工程技术上从而推动人类文明进步的典型代表。电磁感应的规律和具体应用是高中物理综合性最强的部分，概念多，应用场景及空间关系复杂，推理能力和数学能力要求高。人类对电与磁关系的认识是对自然现象的第二次大综合，电与磁互相联系与转化反映了自然规律的简洁、和谐、对称、统一之美。在规律发现的过程中，法拉第、楞次、韦伯、亨利等科学家所表现的科学态度和科学方法，对我们也有重要的启迪作用。在具体教学实践中，我们应尽力引导学生经历发现的全过程，鼓励质疑、鼓励创新。楞次定律涉及的因素多、关系复杂、规律隐蔽、抽象性和概括性强，学生探索和理解该定律存在较大的难度。教师以有趣的"落磁实验"引发认知冲突，激发学生好奇心和求知欲。以任务驱动的方式引导学生通过小组合作，经历规律建构的过程，通过猜想、设计实验方案、恰当使用证据推出物理结论，根据磁铁与线圈相对运动的四种情况，逐步归纳推理得出感应电流方向的规律，引出"感应电流的磁场"这个中介量，从而归纳出楞次定律的简洁表述，体会"归纳推理"的科学思维方法。在分组探究中培养学生尊重事实、敢于质疑、善于反思和团结协作的能力。

# 第五章
# 物理"复习课"中科学思维能力培养

物理教学过程中，复习课是非常重要的一种课型。在一线教学实践中，许多学校高三整年的物理教学基本是复习课，高一、高二教学过程中复习课也占有重要位置。许多教师在复习课中习惯从习题的角度展开对物理知识的复习，就题论题，强调做题的技巧而忽视了培养学生的科学思维，使得学生形成固化的解题思路。然而复习课作为物理教学中非常重要的课型之一，不仅能帮助学生回顾学过的知识，梳理零碎知识间的有意义联系，建构知识框架，还对科学思维的培养有其特有的、不可替代的作用。自 2017 年新课标颁布后，随着课改的逐步深入，越来越多的教师意识到科学思维培养的重要性。在复习课中如何有效提升学生的科学思维能力，已经越来越被更多教师关注。本章是基于一零一中物理组教师多年教学经验，提炼复习课中培养科学思维能力的策略与方法。从单元设计、设计任务、学习进阶几个角度出发，简述复习课中培养学生科学思维能力的做法。

## ■ 第一节　基于"单元设计"培养科学思维能力

《普通高中物理课程标准（2017 版）》指出，物理教学应根据高中物理课程标准的基本理念、课程总目标和物理核心素养的要求，结合教学的实际情况，创造性地开展教学工作，将核心素养的培养贯穿于物理教学活动的全过程。在教学设计和教学实施过程中要根据具体教学内容和学生的认知水平创设情境，引导学生的科学探究，发展学生的科学思维。华东师范大学钟启泉教授认为，单元设计在课程开发与教学实践中起着举足轻重的作用。单元设计更被认为是撬动课堂转型的一个支点。

复习课中，以培养学生科学思维能力为指向的单元设计，从经验来看，对于一线教师难点涉及单元主题选定、科学思维要素分析和问题链设计。

## 一、基于核心概念确定"单元设计"主题

核心概念是位于学科中心的概念性知识,包括了重要概念、原理、理论等的基本理解和解释,这些内容能够展现当代学科图景,是学科结构的主干部分。[13] 核心概念超越了那些孤立而散乱存在的事实或技能,侧重于那些关键性的概念、原则和方法。在复习课中,围绕核心概念设立复习单元主题,一方面可以辅助学生将重点知识结构化,另一方面,以核心概念的理解和应用为载体,有意识设定问题情境,在解决问题过程中可以辅助学生提升科学思维能力。

新课标指出,"物理观念"是从物理学视角形成的关于物质、运动与相互作用、能量等的基本认识。"物质、运动与相互作用、能量"是高中物理学习中的核心概念。考虑学生科学思维能力提升的需要,设定的复习课单元主题可以以某一个或者某几个大情境中问题解决为载体。同时考虑常态课教学的实际需求,又可以按照高一、高二阶段的复习课、和高三阶段的复习课进行划分。高一、高二阶段的复习课,往往是一个章节结束设定一节复习课,单元主题可以参考章节内容、核心概念、问题解决进行设定。高三阶段复习课,可以按照结构化的概念或者物理研究思想方法复习需要,设定复习单元。以必修一"牛顿运动定律"为例,全章新授课结束后,可以设定"汽车匀加速直线运动当中力与运动的关系"作为复习课单元主题。在高三复习课阶段,可以综合力、电及磁,设定"匀变速直线运动"复习单元,或者"流体柱模型"复习单元。

表5-1-1是以人教版必修物理教材为例,不同章节新课学习结束后复习课单元主题举例。

**表5-1-1　高一、高二复习课中"单元设计"主题举例**

| 教材 | 章节 | 复习课"单元设计"主题 | 核心概念 |
|---|---|---|---|
| 必修一 | 运动的描述 | 分析描述百米赛跑运动的物理量间关系 | 运动 |
| | 匀变速直线运动 | 推理匀变速直线运动各物理量关系 | 运动 |
| | 相互作用 | 几种常见力辨析 | 相互作用 |
| | 牛顿运动定律 | 汽车匀加速直线运动当中力与运动的关系 | 运动与相互作用 |

表5-1-2是高三复习课"单元设计"主题举例。

表 5 – 1 – 2　高三复习课"单元设计"主题举例

| 一级主题 | 二级主题 | "单元设计"主题举例 |
|---|---|---|
| 运动与相互作用 | 物体的平衡 | 静态平衡、动态平衡 |
| | 变速直线运动 | 匀变速直线运动 |
| | 曲线运动 | 抛体运动、匀速圆周运动 |
| 能量动量 | 能量动量基本概念 | 动量与冲量、动量定理、动能定理、机械能守恒 |
| | 能量动量基本模型 | 弹簧小球模型、板块模型 |
| | 能量动量多过程推理 | 力电多过程推理 |

## 二、基于"单元设计"主题的概念结构化分析

张玉峰老师认为，核心概念不是孤立的，每一个核心概念都包括若干重要的具体概念。例如，"运动与相互作用"是核心概念，促进这一核心概念学习的具体概念包括参考系、位移、速度、加速度、力、牛顿运动定律等。

基于核心概念的复习课单元设计会涉及很多具体概念，在单元设计中，首先需要把这些具体概念间进行意义建构和关联，即引导学生厘清各个具体概念间关系。以必修三"电磁感应"一章结束后的复习课单元设计为例，结构化的具体概念如图 5 – 1 – 1 所示。

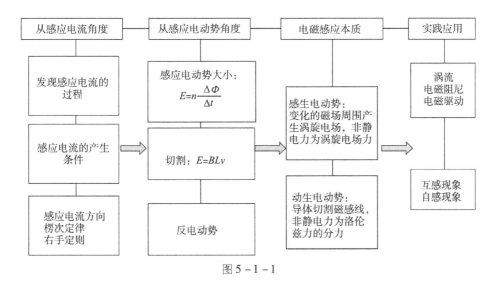

图 5 – 1 – 1

电磁感应的规律和具体应用是高中物理综合性最强的部分，力学方面几乎综合了力学的全部内容，如运动、力与运动关系、功能关系、动量定理及动量守恒定律、交流电与振动的类比。电学由静电场延伸到了涡旋电场，进一步应用电路、欧姆定律和焦耳定律知识来处理电磁感应和变压器的问题，以及对电磁感应本质的理解。磁场方面涉及了磁通量的变化、安培力做功、洛伦兹力的分力做功和等磁场知识。同时电磁感应单元概念多，应用场景及空间关系复杂，对学生的推理能力和数学能力要求高。

再以"磁场"复习课的单元设计为例，结构化的概念关系如图 5 - 1 - 2 所示。

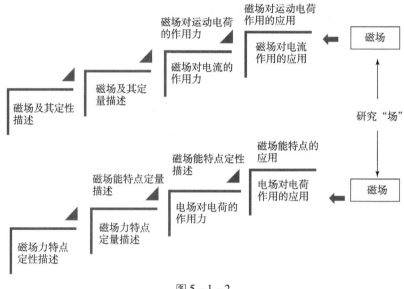

图 5 - 1 - 2

类比"电场"和"磁场"的知识结构，引导学生从力和能的角度逐级递进对电场和磁场进行对比分析。对电场的描述，从力的角度有定性和定量描述，从能的角度也有定性和定量描述。类比"电场"学习的知识结构，分析"磁场"的知识结构，从磁场的定性、定量描述，然后从宏观上通电导线在磁场中受力，逐级深入研究微观领域带电粒子在磁场中受力以及在匀强磁场中运动的规律，再研究带电粒子在匀强磁场中运动的应用。结构化的概念复习，有利于学生从宏观上理解磁场单元的各部分概念间关系。

### 三、基于"单元设计"主题的科学思维要素分析

#### （一）"模型建构"要素分析

模型建构，是指在实际物理问题研究中，对研究对象和情境进行抽象概括。模型建构过程，作为一种认识手段和思维方式，是学生研究问题和情境，在对客观事物进行抽象和概括的基础上构建易于研究的、能反映事物本质特征和共同属性的理想模型、理想过程、理想实验和物理概念的过程。模型建构既是一种能力，同时也是一种重要的科学思维方法，教师在教学中要让学生理解建构物理模型的条件和方法，让学生学会利用建构物理模型解决实际问题。模型建构是发展学生科学思维的重要途径。物理模型可以按照对象模型、条件模型、状态模型、过程模型进行划分。对象模型指的是模型化后的研究对象，比如质点；条件模型指的是模型化后的研究环境，比如匀强电场、磁场、光滑斜面；状态模型指的是模型化后的研究状态，比如平衡态、静电平衡；过程模型指的是模型化后的研究过程，比如匀速直线运动。

在确定了复习主题后，就主题下的模型进行划分，并有意识设计习题或者待解决问题，辅助学生经历模型建构过程，从而提升模型建构能力。以高一、高二新授课阶段"静电场"复习课为例，模型建构要素分析如表 5 – 1 – 3 所示。

表 5 – 1 – 3　静电场模型要素分析

| 教材模块 | 章节 | 模型分类 | 模型举例 |
|---|---|---|---|
| 必修三 | 静电场 | 对象模型 | 点电荷、电容器 |
| | | 条件模型 | 匀强电场、等势面 |
| | | 状态模型 | 静电平衡 |
| | | 过程模型 | 电容器充放电、带电粒子在匀强电场中运动 |

#### （二）"推理论证"要素分析

中学生的科学推理，指学生能正确理解和应用科学思维方式，从定性和定量两个方面进行推理，找出规律，形成结论，并能解释自然现象和解决实际问题的能力。科学推理，不仅包括逻辑上的归纳推理、演绎推理和类比推理，而且包括分析与综合、抽象与概括、比较与分类等思维方式，还包括控制变量及组合推理、概率推理、相关推理、因果推理等推理形式。其中归纳推理、演绎推理和类比推理是中学物理学习中的科学推理常采用的方式。

科学推理方式与方法间关系如表 5 – 1 – 4 所示。

表 5-1-4 科学推理方式与方法间关系

| 推理方式 | 科学方法 |
|---|---|
| 归纳推理<br>演绎推理<br>类比推理<br>控制变量及组合推理<br>概率推理<br>相关推理<br>因果推理 | 分析与综合<br>抽象与概括<br>比较与分类<br>…… |

每一单元主题下，都会涉及科学推理方式及方法，有意识分析科学推理要素，并引导学生经历推理过程，有利于学生科学推理能力提升。以静电场为例，该单元的科学推理要素分析如表 5-1-5 所示。

表 5-1-5 科学推理要素分析举例

| 教材模块 | 章节 | 科学推理方式 | 推理举例 |
|---|---|---|---|
| 必修三 | 静电场 | 归纳推理 | 库仑定律 |
| | | 演绎推理 | 静电力做功特点 |
| | | 类比推理 | 电势能、电容 |

### （三）"科学论证"要素分析

科学论证是指学生在遇到未知问题时，能通过充分论证来解决相应问题，并获得科学知识的能力。"论证"是由"资料"推论而产生"主张"，同时说明推论过程与理由，并且在"主张"受到质疑时能够对自己的理由和依据做出合理性的辩护的一种过程。在物理学科发展的历史长河中，科学论证已成为诠释科学思维的一种重要观点，对学生理解科学知识、训练科学思维、认识科学本质、理解事物本真等方面起到促进作用，如光的"波动说"与"微粒说"之争，"地心说"与"日心说"之争等。

论证的"资料"一般有理论论证、实验论证之分。在确定了单元复习主题后，可以就单元主题下的科学论证素材进行分析。仍以"静电场"为例，科学论证要素分析如表 5-1-6 所示。

表 5-1-6 科学论证要素分析举例

| 教材模块 | 章节 | 科学论证 | 论证举例 |
|---|---|---|---|
| 必修三 | 静电场 | 理论论证 | 电势差与电场强度关系<br>电场线与等势面关系<br>静电平衡状态特点 |
| | | 实验论证 | 静电平衡状态特点<br>平行板电容器电容的影响因素 |

#### （四）"质疑创新"要素分析

质疑创新是指学生在物理知识学习、物理问题解决和创造活动中，运用一切已知信息，在新颖、独特且有价值地产生解决问题方案的过程中表现出来的智能品质或能力。高中生的科学创造力主要表现在思维和想象的流畅性、灵活性和独创性等方面。学生的质疑思维是学生基于自身的知识，对所看到的现象和物理问题产生的理性思考。质疑不等于胡乱猜想，它是创新思维综合运用的前提，它不仅体现了思维的灵活性和深刻性，更体现了学生面对物理问题时，大脑所表现出的独立性、批判性和创造性。而创新就是合理解释已有的质疑、提出新想法、找寻合理的解决方案、建构新理论的品质。在中学物理课程的学习，仍以"静电场"单元复习为例，电场强度是否可以定义为 $q/F$，静电场中解决问题的一般步骤等，单元内容的学习中任何物理问题的提出、物理问题的解决过程以及一切与学习有关的活动都可以培养学生质疑精神和创新精神，只有这样才能有效促进学生科学思维能力的提升。

### 四、设计问题链提升科学思维能力

明确了复习课的单元设计主题后，基于核心概念和具体概念的建构诉求，以及科学思维要素分析和培养诉求，设计问题链，辅助学生提升相应科学思维能力。

问题链教学由问题教学发展而来，最早在西方国家受到大力推崇，20 世纪末逐渐在我国教育领域流行起来。问题链教学本质上也是问题教学的一种，是教师为实现预期教学目标，将教学内容重新梳理划分为相互独立又环环紧扣、逻辑缜密、层层递进的一系列问题，在教学过程中从问题开始，一个问题接一个问题，在学生主动思考、合作交流的过程中利用问题串联起一整节课，是推动学生科学思维提升、提高课堂效率的一种教学手段。[14]

问题链教学不同于常规教学中教师对学生的提问，链中的问题环环相连，更加重视对学生回答的追问与反馈，在课堂中进行师生、生生间的多向交流问答，能够帮助教师掌握学生的学习情况，进而针对具体情况进行实时调整。

#### （一）问题链设计原则

问题链设计，首先要遵从情境化原则。物理学是一门来源于生活也应用于生活的基础学科，牛顿通过对苹果下落的思考发现了万有引力，焦耳在雨天的闪电中发现光和声音的传播速度不同。因此，在物理课堂中教师要注意将物理问题设计与生活实际结合起来，让学生从身边的事物、生活现象中抽象物理模型，推理论证，在具体的物理情境中创设物理问题，问题链才能更好地发挥其教学作用。

其次，问题链设计要遵从梯度式原则。教师在设计问题链时，要考虑到学生科学思维能力发展的循序渐进性，基于学生的认知水平设置具有思维梯度的问题链，并且问题的难度和问题的跨度不能太大，应该在学生的最近发展区设置支架式问题，既能引发学生的思考，又能增强学生的信心，逐步提高学生解决问题的能力和科学思维的能力，帮助学生在问题链复习课中拓展知识的广度，厘清知识的脉络，挖掘知识的深度，真正领会物理知识的科学本质。

最后，问题链设计要遵从目标性原则。问题链设计的最终目的应是实现既定的科学思维提升目标，所有提出的问题要抓住学习重难点，排除干扰影响，落实科学思维能力提升。教师在设计问题链时，要充分考虑一个问题的提出，会对学生产生怎样的刺激，学生会有怎样的反应、会向着哪些方向展开思维活动，最后会获得怎样的结论、带来怎样的效果，又如何引导学生突破思维困顿、更上一层。

**（二）问题链设计举例**

基于上述问题链设计的原则，下面以高三复习课的"能量动量"单元问题链设计为例，举例说明问题链设计。

碰撞模型本身的分析是对能量守恒和动量守恒思想的深入应用，在各种变式中体会守恒条件的根源和意义。基础碰撞模型对碰撞后速度的求解过程，充分利用控制变量的思想，对方程进行观察，运用其对称性，进行相除消元、代入消元，提升学生运用数学工具对物理问题进行深入处理的能力，对求解方程过程的理解分析有助于对实际问题的理解和讨论。运用类比的思想处理形形色色的"类碰撞模型"，抓住守恒本质，建立核心模型，拨云见日，化繁为简，触类旁通，融会贯通，真正实现在物理问题处理的过程中全面提升学生的科学思维能力，使其掌握并熟练运用科学思维方法，真正"授之以渔"。

问题1：假设物体 $m_1$ 以速度 $v_1$ 与原来静止的物体 $m_2$ 碰撞，碰撞后它们的速度分别为 $v_1'$ 和 $v_2'$。假设碰撞过程中没有机械能损失，求 $v_1'$ 和 $v_2'$。

问题2：质量为 $m_1$ 物体以速度 $v_1$ 与质量为 $m_2$ 速度为 $v_2$ 的物体碰撞，碰撞后它们的速度分别为 $v_1'$ 和 $v_2'$。假设碰撞过程中没有机械能损失，求 $v_1'$ 和 $v_2'$。

问题3：若碰撞后两物体不再分开，求碰撞后两物体的速度 $v'$。

问题4：讨论一动碰一静过程碰后速度的范围。

问题5：如图5-1-3所示，在光滑水平长直轨道上，静止放着两个小球 $A$、$B$，质量分别为 $m_1$、$m_2$，两球中间用一轻弹簧相连，弹簧处于原长状态。在某一时刻突然使 $A$ 获得一瞬时向右的冲量 $I_0$，则：

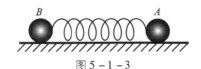

图5-1-3

（1）分析此后 $A$、$B$ 的运动情况；

（2）当弹簧第一次达到最长状态时，小球 $B$ 的速度；

（3）求当弹簧回复原长时，$A$、$B$ 两球的速度。

问题 6：如图 5-1-4 所示，质量为 $M$ 的楔形物块上有圆弧轨道，静止在光滑水平面上。质量为 $m$ 的小球以速度 $v_1$ 向物块运动。不计一切摩擦，圆弧小于 $90°$ 且足够长，重力加速度为 $g$。求小球能上升到的最大高度 $H$ 和物块的最终速度 $v$。

问题 7：如图 5-1-5 所示，设质量为 $m$ 的子弹以初速度 $v_0$ 射向静止在光滑水平面上的质量为 $M$ 的木块，并留在木块中不再射出，子弹钻入木块深度为 $d$。求木块对子弹的平均阻力的大小和该过程中木块前进的距离。

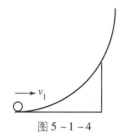

图 5-1-4

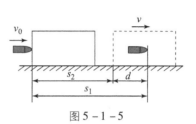

图 5-1-5

问题 8：如图 5-1-6 所示，完全相同的两根金属棒 $ab$ 与 $cd$ 通过光滑平行金属导轨连成闭合电路，整个装置处于垂直纸面向里的匀强磁场中。已知两金属导轨间距为 $l$，金属棒 $ab$ 电阻为 $R_1$，金属棒 $cd$ 电阻为 $R_2$，轨道电阻不计，磁感应强度是 $B$。某一时刻金属棒 $ab$ 受到一瞬时冲击力获得速度 $v_0$，求此后运动过程中金属棒 $cd$ 的最大速度。

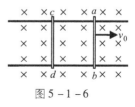

图 5-1-6

问题 9：如图 5-1-7 所示，在磁感应强度大小为 $B$、方向竖直向上的匀强磁场中，有一上、下两层均与水平面平行的"U"形光滑金属导轨，在导轨面上各放一根完全相同的质量为 $m$ 的匀质金属杆 $A_1$ 和 $A_2$，开始时两根金属杆位于同一竖直面内且杆与轨道垂直。设两导轨面相距为 $H$，导轨宽为 $L$，导轨足够长且

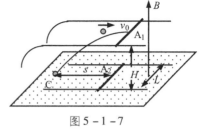

图 5-1-7

电阻不计，金属杆单位长度的电阻为 $r$。现有一质量为 $m/2$ 的不带电小球以水平向右的速度 $v_0$ 撞击杆 $A_1$ 的中点，撞击后小球反弹落到下层面上的 $C$ 点。$C$ 点与杆 $A_2$ 初始位置相距为 $s$。求：

（1）回路内感应电流的最大值；

（2）整个运动过程中感应电流最多产生了多少热量；

（3）当杆 $A_2$ 与杆 $A_1$ 的速度比为 1:3 时，$A_2$ 受到的安培力大小。

问题 10：光滑平行异形导轨 abcd 和 a'b'c'd'如图 5 – 1 – 8 所示，轨道的水平部分 bcd 处于竖直向上的匀强磁场中。bc 段轨道宽度为 cd 段轨道宽度 2 倍，轨道足够长。将质量相同的金属棒 P 和 Q 分别置于轨道上的 ab 段和 cd 段，将 P 棒于距水平轨道高为 h 的地方由静止释放，使其自由下滑，求 P 棒和 Q 棒的最终速度。

问题 11：如图 5 – 1 – 9 所示，光滑、足够长、不计电阻、轨道间距为 l 的平行金属导轨 MN、PQ，水平放在竖直向下的磁感应强度不同的两个相邻的匀强磁场中，左半部分为 I 匀强磁场区，磁感应强度为 $B_1$，右半部分为 II 匀强磁场区，磁感应强度为 $B_2$，且 $B_1 = 2B_2$。在 I 匀强磁场区的左边界垂直于导轨放置一质量为 m、电阻为 $R_1$ 的金属棒 a，在 I 匀强磁场区的某一位置，垂直于导轨放置另一质量也为 m、电阻为 $R_2$ 的金属棒 b。开始时 b 静止，给 a 一个向右冲量 I 后，a、b 开始运动。设运动过程中，两金属棒总是与导轨垂直。

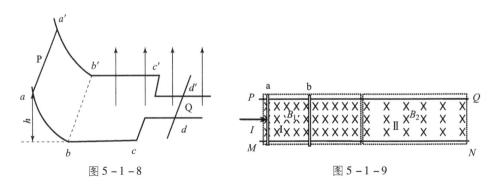

图 5 – 1 – 8　　　　　　　　　　　　　　图 5 – 1 – 9

（1）求金属棒 a 受到冲量后的瞬间通过金属导轨的感应电流；

（2）设金属棒 b 在运动到 I 匀强磁场区的右边界前已经达到最大速度，求金属棒 b 在 I 匀强磁场区中的最大速度值；

（3）金属棒 b 进入 II 匀强磁场区后，金属棒 b 再次达到匀速运动状态，设这时金属棒 a 仍然在 I 匀强磁场区中。求金属棒 b 进入 II 匀强磁场区后的运动过程中金属棒 a、b 中产生的总焦耳热。

问题 12：匀强电场的方向沿 x 轴方向，电场强度 E 随 x 的分布如图 5 – 1 – 10 所示，图中 $E_0$ 和

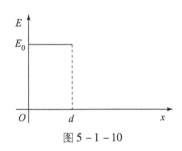

图 5 – 1 – 10

$d$ 均为已知量。将带正电的质点 $A$ 在 $O$ 点由静止释放。$A$ 离开电场足够远后,再将另一带正电的质点 $B$ 放在 $O$ 点也由静止释放。当 $B$ 在电场中运动时,$A$、$B$ 间的相互作用力及相互作用能为零;$B$ 离开电场后,$A$、$B$ 间的相互作用视为静电作用。已知 $A$ 的电荷量为 $Q$,$A$ 和 $B$ 的质量分别为 $m$ 和 $m/4$。不计重力。

(1)求 $A$ 在电场中的运动时间 $t$;

(2)若 $B$ 的电荷量 $q=\dfrac{4}{9}Q$,求两质点相互作用能的最大值 $E_{Pm}$;

(3)为使 $B$ 离开电场后不改变运动方向,求 $B$ 所带电荷量的最大值 $q_m$。

问题 13:为了测定中子的质量 $m_n$,查德威克用初速度相同的中子分别与静止的氢核与静止的氮核发生弹性正碰,实验中他测得碰撞后氮核的速率与氢核的速率关系是 $v_N=1/7v_H$,已知氮核质量与氢核质量的关系是 $m_N=14m_H$,将中子与氢核、氮核的碰撞视为完全弹性碰撞。请你根据以上数据计算中子质量 $m_n$ 与氢核质量 $m_H$ 的比值。

问题 14:以铀 235 为裂变燃料的"慢中子"核反应堆中,裂变时放出的中子有的速度很大,不易被铀 235 俘获,需要使其减速。在讨论如何使中子减速的问题时,有人设计了一种方案:让快中子与静止的粒子发生碰撞。他选择了三种粒子:铅核、氢核、电子。以弹性正碰为例,仅从力学角度分析,哪一种粒子使中子减速效果最好,请说出你的观点并说明理由。

该问题链设计适合高三年级在二轮复习的过程中使用,学生在高一、高二以及高三一轮复习中以知识模块进行了系统的学习,有了一定的知识储备和学习经验。二轮复习中以"能量动量"为一单元进行复习课设计,按照碰撞模型和类碰撞模型的变式复习,综合力学、电磁学、原子物理等知识背景深入讨论,加深学生对能量动量的深入理解,通过问题链逐级递进的设问,提升学生的建模、推理论证、质疑和创新能力。

## ■ 第二节 基于设计任务教学培养科学思维能力

从对北京市物理教师的问卷调查和访谈结果来看,高中阶段学生的物理学习过程自主探究时间较少,面对实际问题作出相应解释的能力较弱。被动接收知识的学习过程,是没有探究思考和自我整合的过程,会导致学生自主学习的意愿和能力降低。学生在小组合作学习完成某一任务过程中,有的学生甚至无法理解自己的任务是什么,究其原因是对学生科学思维能力的培养不够。

通常复习课都以解决物理问题为载体,目标指向学生物理概念、规律、研究方法的学习。将复习课中的待解决物理问题,通过恰当的方式转换成学生需要自主完成的设计任务，一方面在完成任务过程中，学生通过自我建构加深对概念、方法的理解；另一方面，多角度方案设计有利于培养学生的发散思维，而论证确定方案的过程又是学生收敛思维的提升过程。方案执行的过程中，还可以培养学生的合作意识与能力。在设计性任务教学过程中，恰当的主任务设计是科学思维能力教学的起点，主任务又可以根据学生情况以子任务的形式展开。每一个子任务通过创设问题情境，以小问题解决为支点重组课程内容，这种设计有利于学生物理观念的形成，同时在"最近发展区"中提升学生的科学思维能力。

基于设计任务培养学生科学思维能力，需要进行恰当的物理教学设计。而在教学设计的过程中，"设计任务形成、设计任务分解、设计任务评价"往往又是最难的几个环节。

## 一、设计任务形成

设计性任务，是设计性任务教学的核心，也是设计性教学开展的前提。任务是否有利于学生分析综合、推理论证、质疑创新等能力的提升，都取决于任务设计是否恰当。从教学实践来看，好的设计性任务首先要具有可行性，即任务是学生以小组合作形式能够完成的。比如"设计一辆月球车"就不具有可行性，学生基于高中所学知识无法完成，而"设计月球车的着陆腿缓冲结构"就是学生学完动量后可以完成的。其次，好的设计性任务要具有挑战性，即设计任务是学生需要"跳一跳"才可以完成的，而不是简单推理就可以解决的。比如"分析回旋加速器的最大动能和哪些因素有关"就不如"增大带电粒子的最大动能"更适合做设计性任务。最后，好的设计性任务要具有思维发展性，即任务要具有多方案解决特点，有利于学生发散思维、收敛思维的锻炼，比如"增大带电粒子的最大动能"就具有多解决方案的特点。

物理教学中，设计性任务的形成不能凭空想象，更不能和物理教学脱节，要结合学生的实际学习进度，有目的性地创设。在复习课的教学过程中，物理习题、联系实际的物理问题、物理实验、课堂中的生成性问题等都可以作为设计性任务的源泉。

### （一）基于习题的任务

第一，从调查来看，一线教师普遍认同"不应该实行题海战术，但是必要的物理习题练习是需要的"；第二，从学生的实际学习情况来看，学生往往会留出很多时间来完成物理习题；第三，物理习题资源非常丰富，同时很多的习题又具有考查共性；第四，物理习题具有可改编特点，即可以根据考查概念、方法、难度需求改编习题。基于此，从习题入手，通过对习题的考查共性分析，以恰当的任务来整合习题考查点，既能够实现概念、规律的巩固与深刻理解，还可以调动学生学习主动性，实现学生科学思维能力的提升。

基于习题的任务设计形成的一般流程如图5-2-1所示。第一阶段，需要教师先把习题进行分类汇总，挖掘出不同习题的共性考查点，以一题多问形式精简大量习题。第二阶段，基于一题多问的考查点，结合学生的情况，分析哪些考查点可能是学生的难点。第三阶段，根据学生的难点，开发设计性任务，引导学生在设计任务中自主突破，实现理解概念和方法，提升思维能力。

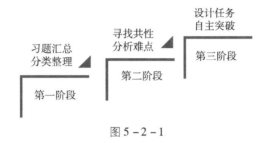

图5-2-1

例如，在"质谱仪"的复习教学过程中，教师可以分析不同的"质谱仪"习题，归类汇总后，依据"质谱仪"习题考查点的共性，进行一题多问：

（1）质谱仪是一种检测和分离同位素的仪器。如图5-2-2所示，某种电荷量为 $+q$ 的粒子，从容器 A 下方的小孔 $S_1$ 进入电压为 $U$ 的加速电场，其初速度可忽略不计。这些粒子经过小孔 $S_2$ 沿着与磁场垂直的方向进入磁感应强度大小为 $B$ 的匀强磁场中，形成等效电流为 $I$ 的粒子束。随后粒子束在照相底片 $MN$ 上的 $P$ 点形成一个曝光点，$P$ 点与小孔 $S_2$ 之间的距离为 $D$。不计粒子的重力及粒子间的相互作用。

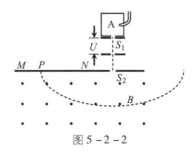

图5-2-2

①求粒子进入磁场时的动能 $E_k$；
②求粒子的质量 $m$；
③求在 $t$ 时间内打在照相底片上粒子的动能；

④对于同一种元素，若有几种同位素时，就会在照相底片上的不同位置出现按质量大小分布的谱线，经过分析谱线的条数、强度（单位时间内打在底版上某处的粒子动能）就可以分析该种元素的同位素组成。

（2）图 5 - 2 - 3 中若测得某种元素的三种同位素打在底版上的位置距离小孔 $S_3$ 分别为 $L_1$、$L_2$、$L_3$，强度分别为 $P_1$、$P_2$、$P_3$，求：

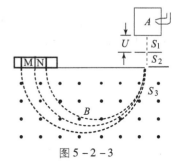

图 5 - 2 - 3

①三种同位素的粒子质量之比 $m_1 : m_2 : m_3$；

②三种同位素在该种元素物质组成中所占的质量之比 $M_1 : M_2 : M_3$。

（3）图 5 - 2 - 4 为某两种同位素的质谱图，横轴代表质荷比，纵轴代表相对强度。相对强度是指以质谱中基峰（最强峰）的强度为 100%，其余峰按与基峰的强度比例加以表示的峰强度。基于质谱图，试简单分析图 5 - 2 - 2 装置可以采取哪些措施提高对物质的识别能力。

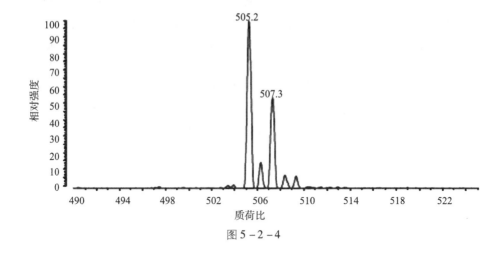

图 5 - 2 - 4

（4）衡量质谱仪性能的重要指标之一是与粒子质量有关的分辨率。粒子的质量不同，在底片 $MN$ 上形成曝光点的位置就会不同。质量分别为 $m$ 和 $m + \Delta m$ 的同种元素的同位素在底片 $MN$ 上形成的曝光点与小孔 $S_2$ 之间的距离分别为 $d$ 和 $d + \Delta d$（$\Delta d \ll d$），其中 $\Delta d$ 是质谱仪能分辨出来的最小距离，定义质谱仪的分辨率为 $\dfrac{m}{\Delta m}$，请写出质谱仪的分辨率 $\dfrac{m}{\Delta m}$ 与 $d$、$\Delta d$ 的关系式，并分析图 5 - 2 - 3 中装置提高分辨率可以采取哪些措施。

（5）如图 5 - 2 - 5 所示，大量的甲、乙两种离子飘入电压为 $U_0$ 的加速电场，其初速度几乎为 0，经过加速后，通过宽为 $L$ 的狭缝 $MN$ 沿着与磁场垂直的方向进入磁感应强度为 $B$ 的匀强磁场中，最后打到照相底片上。已知甲、乙两种离子的电荷量均为 $+q$，质量分别为 $2m$ 和 $m$，图中虚线为经过狭缝左、右边界 $M$、$N$ 的甲种离子的运动轨迹，不考虑离子间的相互作用。

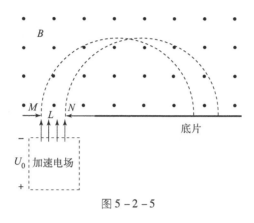

图 5 - 2 - 5

①加速电压和狭缝 $L$ 一定，是否可以通过调节磁感应强度 $B$ 使甲、乙两种离子在底片上没有重叠？

②若考虑加速电压有波动，且在 $(U_0 - \Delta U)$ 到 $(U_0 + \Delta U)$ 之间变化，磁感应强度 $B$ 一定情况下，求使甲、乙两种离子在底片上没有重叠狭缝宽度 $L$ 满足的条件。

（6）如图 5 - 2 - 6 所示，电荷量均为 $+q$、质量不同的离子飘入电压为 $U_0$ 的加速电场，其初速度几乎为零。这些离子经加速后通过狭缝 $O$ 沿着与磁场垂直的方向进入磁感应强度为 $B$ 的匀强磁场，最后打在底片上。已知放置底片的区域

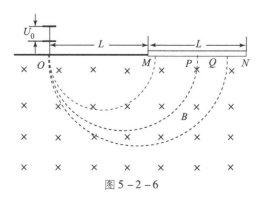

图 5 - 2 - 6

$MN = L$，且 $OM = L$。某次测量发现 $MN$ 左侧 $\frac{2}{3}$ 区域 $MQ$ 损坏，检测不到离子，但右侧 $\frac{1}{3}$ 区域 $QN$ 仍能正常检测到离子。在适当调节加速电压后，原本打在 $MQ$ 的离子即可在 $QN$ 检测到。为使原本打在 $MP$ 的离子能打在 $QN$ 区域，求：

（a）加速电压 $U$ 的调节范围；

（b）为了扩大质量的量程，可以采取哪些措施？

（7）如图 5 - 2 - 7 所示，放射源 S 发出质量为 $m$、电量为 $q$ 的粒子沿垂直磁场方向进入磁感应强度为 $B$ 的匀强磁场，被限束光栏 Q 限制在 $2\varphi$ 的小角度内，$\alpha$ 粒子经磁场偏转后打到与限束光栏平行的感光片 P 上（重力影响不计）。若限束光栏有一定的宽度，粒子将在 $2\varphi$ 角内进入磁场。

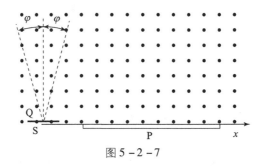

图 5 - 2 - 7

①试求能量均为 $E$ 的粒子打到感光胶片上的范围 $\Delta x_1$；

②为了提升物质的识别能力，应该如何改进？

③实际上，通过图 5 - 2 - 2 粒子源 A 出口 $S_1$ 进入磁场的粒子不止一两个，而是一群，我们称之为粒子束。束中的同种粒子进入磁场的初速度大小不完全一致。粒子打在照相底片上的位置就会受影响，为了提升物质的识别能力，是如何改进的？如果想扩大质量的量程，可以采取哪些措施？

结合对学生的分析，利用质谱仪测质量或者分离粒子类问题，学生可以自主完成。学生复习的难点集中在分辨率、扩大量程上面。本着学生可以顺利自主完成的内容由学生课下完成，学生理解的困难点进行任务分解设计的原则进行任务性设计。比如基于质谱仪习题的分析，设置的设计性任务为"确定带电粒子种类"。这个任务需要学生设计合适的装置来确定带电粒子的种类，通过合适的子任务设定，辅助学生自主完成利用质谱仪测质量、分离粒子的推理与巩固，而提高分辨率、扩大量程这几个难点以小组合作的形式完成。

（二）基于实际情境的设计任务

科学思维与实际问题的解决密切相关，而物理概念的形成也往往来自实际物理问题描述的需求，与实际相关的任务也容易带给学生成就感，所以，基于实际情境寻找设计任务是可行的。基于实际情境问题进行任务设计，取材可以很广泛。比如生活中的自行车，可以以"提升自行车的运行速度"为设计性任务；与航空航天相关的"卫星的发射和回收方案设计"等也可以作为设计性任务。联系实际设计任务的开发，首先需要查找资料，分析实际的需求；然后依据学生情况和物理概念、方法复习需要，设计出主任务，以及分解主任务形成子任务，最后引导学生设计方案，提升思维能力。

下面以"'天问一号'的回收方案"为例，简述设计任务的流程。

第一阶段，先查找资料，资料可以通过网络查找，也可以通过物理专业期刊、书籍等途径获取。以"天问一号"为例，可以查找到素材"我国首次火星探测时，'天问一号'仅在一次任务中就同时实现'环绕''着陆'和'巡视'三大目标，实现对火星从天到地的立体观测。其中，自由移动的祝融号着陆火星后，能将火星表面各种细节直观地全方位展现出来，这一成果的意义是不可取代的。"同时也可以查到火星质量、半径、表面重力加速度、表面大气密度、公转周期、自转周期，以及探测器质量及尺寸等数据。

第二阶段，分析"天问一号"的回收过程涉及的物理过程，以及每一个过程涉及的物理概念、规律和研究方法。以"天问一号"回收过程的分析为例：由于"天问一号"具有较大的初速度，同时还受火星的引力作用，为此需要较大的阻力用于减速。阻力的形式包括空气阻力、反冲力以及着陆腿着陆与地面碰撞时的作用力。从功能关系角度分析，克服阻力做的功，使机械能逐渐减小。其中气动减速以及伞系减速阶段，机械能转化为内能。动力减速阶段内力做功，发动机消耗燃料的化学能，对"天问一号"产生向后的推力，推力对"天问一号"做负功，减小了机械能，化学能和机械能转化为高速燃气的动能。气动减速和伞系减速中的阻力，动力减速中的反冲力都可以用动量定理进行解决，属于"连续体"问题。着陆腿着陆中的作用力也可以用动量定理进行解决，属于碰撞过程。

第三阶段，分析高中学生物理概念、规律及方法的学情，同时分析学生的知识、能力基础，明确学生的难点，以便进行恰当的任务分解。仍以"天问一号"回收为例，学情分析如下：回收过程涉及牛顿定律、功能关系、能量守恒以及动量定理等相关知识。对于学完动量复习阶段的学生，已经对牛顿定理、功能关系、能量守恒、动量定理有了清晰的认识，对于研究对象为单个质点的过程能够熟练解决，并且能够利用相关的知识解释和处理较为复杂的多运动过程的问题，但是对于不能视为质点的连续体问题，以及涉及研究对象变质量问题比较生疏。学生已经理解和掌握微元的思想，能够知道对变化的物理量采用无限分割，化变为恒（微分），能够知道对于过程累积的物理量可以采用累积求和的方法进行求解（积分）。能够应用微元法处理一些基本的问题，但是在处理复杂问题时，采用微元的思想列出关系式（微分方程）的能力不足，相应的求解能力较弱。

基于上述分析，将主任务分解为恰当的多个子任务。比如"天问一号"的回收子任务如下：气动减速阶段"设计合理轨迹"，伞系减速阶段"设计降落伞的结构"，动力减速阶段"评价反冲发动机的性能指标"，着陆腿减速阶段"设计着陆腿的结构"。

### （三）基于实验的设计任务

依据一定的条件设计实验方案，可以锻炼学生的设计实验能力、推理能力、质疑创新能力。基于实验的设计任务，可以从改变实验条件入手开发设计方案。比如常规的验证动量守恒定律实验，给定的实验器材如图 5-2-8 所示。可以改变给定实验器材，引导学生进行设计，比如改换为气垫导轨和光电门，或者改换为图 5-2-9 的实验器材，将木板斜放使木板上端刚好在槽口抛出点，两球相遇后都可以落在木板上。对于验证性实验，引导学生改变实验条件或实验器材、开发新的实验方案，有助于加深学生对物理概念和定律的理解，提升学生的动手操作能力、创新能力和逻辑思维能力。

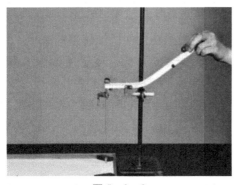

图 5-2-8

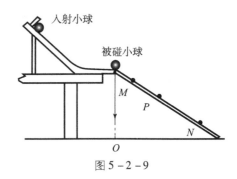

图 5-2-9

基于实验的设计任务，还可以对比分析不同的常规实验，从而针对某一物理量进行对比、设计任务，也可以从故障分析、误差分析等方面入手进行设计。高中物理每一个常规实验都有可以挖掘的设计点，例如，表 5-2-1 中列举了不同常规实验的设计任务方向。以"验证牛顿第二定律"为例，可以引导学生探究 $a-F$ 图线的偏折方向，也可以研究位移与力的关系代替研究加速度与位移的关系。

表 5 – 2 – 1　设计任务方向举例

| 序号 | 实验名称 | 设计任务方向举例 | 其他说明 |
|---|---|---|---|
| 实验一 | 研究匀变速直线运动 | 打点计时器测速;频闪摄像测速;光电门测速;高速照相测速 | 共通设计:测量速度 |
| 实验二 | 探究弹力与弹簧伸长的关系 | 原长无法测量;弹簧串并联;测量橡皮条劲度系数 | |
| 实验三 | 验证力的平行四边形定则 | 设计思考:等效设计 | |
| 实验四 | 研究平抛运动 | 改换实验条件 | |
| 实验五 | 验证牛顿第二定律 | $a-F$ 图线的偏折方向;研究位移与力的关系替代加速度与位移关系 | |
| 实验六 | 探究动能定理 | 坐标轴的选择;实验方案设计 | |
| 实验七 | 验证机械能守恒定律 | $v^2-h$ 图像特点(截距、斜率);实验方案设计;探究弹簧弹性势能表达式 | |
| 实验八 | 验证动量守恒定律 | 碰撞情境设计;研究碰撞前后的机械能变化 | |
| 实验九 | 探究单摆的运动、用单摆测重力加速度 | 无法测摆长时如何测量加速度图像斜率、截距的意义 | |
| 实验十 | 测量金属的电阻率(使用螺旋测微器) | 电阻的测量方法(伏安法、半偏法、替代法、比例法、欧姆表法);测量电流表内阻;电压表的内阻 | 共通设计:1. 滑动变阻器的使用;2. 电压表与电流表的影响 |
| 实验十一 | 描绘小电珠的伏安特性曲线 | 图线的割线斜率与电阻的关系;小电珠与电源连接时的电功率;电表的改装;非线性元件的实际工作功率 | |
| 实验十二 | 把电流表改装成电压表 | 改装原理 | |
| 实验十三 | 测定电源的电动势和内阻 | 不同种类电源实验设计 | |
| 实验十四 | 多用电表的使用 | 黑箱内不同元件测定 | |

续表

| 序号 | 实验名称 | 设计任务方向举例 | 其他说明 |
|---|---|---|---|
| 实验十五 | 示波器的使用 | 示波源不同的图像 | |
| 实验十六 | 传感器的简单使用 | 不同类型传感器的原理 | |
| 实验十七 | 用油膜法测分子的大小 | 实验原理的迁移应用 | |
| 实验十八 | 测定玻璃的折射率 | 没有平行玻璃砖如何测；作图时坐标轴的选择；界面不准确时的误差分析 | |
| 实验十九 | 用双缝干涉测光的波长 | 实验结论的迁移应用 | |

学生对教材中的常规实验虽然已经十分熟悉并完成探究，但仍可以寻找不同实验的共通之处，提升学生对物理量整体的把握。加入人为设定的故障条件，有利于引导学生思考、小组合作重新完成探究，从而对于已掌握的规律有更深刻的认识。

**（四）基于教材、课堂生成性问题等的设计任务**

设计性任务开发，也可以基于教材上的一些学生较难理解的素材。比如"电场"学习过程中，教材中关于多级直线加速给出的是平面图，学生存在一定的理解难点。可以让学生小组合作为平面图设计相匹配的实物，并让学生针对设计的实物再进行电压匹配设计。图 5 - 2 - 10 描述了针对"多级加速器的实物、电压匹配设计"任务的流程。学生自主设计的过程中，一方面深化理解多级直线加速的原理，另一方面，基于对设计方案的修订质疑，强化学生的推理、质疑能力。

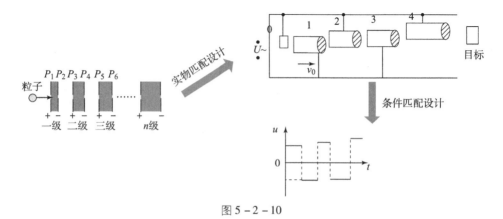

图 5 - 2 - 10

还可以基于课堂生成性问题开发设计任务。学生在听课过程中，会有一些疑问，可以把学生的疑问变成设计任务，让学生小组合作解决。比如电磁打点计时器线圈通入交流电后会产生周期性变化的磁场，会将振片磁化，被周期性变化磁场磁化后的振片，在永磁体磁场的作用下受力振动，并带动振针打点。教学中有的学生认为，线圈中通直流电时，振片同样也要被磁化和受到永磁体磁场给的作用力，振针也应振动。以"增大打点计时器振片振幅"为任务，引导学生研究振片的共振现象。如图 5 – 2 – 11 所示，学生经过任务解决过程，发现接交流电源时，虽然电压也比较小，但由于振片与振针组合出现了共振现象，振动幅度增大，导致振针可以打到复写纸上，从而纸带上出现点迹。而接直流电源时，虽然电源电压值与交流电压值相同，但因为没有出现共振现象，所以在接通电源的时刻，振片在永磁体力的作用下虽有偏移，但是振片偏移的幅度较小，不足以使纸带上出现点迹。通过真实任务设计，学生可以得出电磁打点计时器通入交流电的原因，解决了课堂生成的问题。

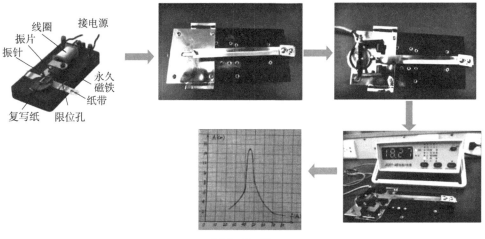

图 5 – 2 – 11

针对课堂生成性问题开发设计任务，有助于及时解决学生的疑问、强化学生对于物理概念和规律的认识，同时也提升了学生的质疑能力、动手操作能力，对于学生的疑问给予积极的反馈也有助于提高学生对物理学科的兴趣和学生的学习积极性。

## 二、设计任务分解

教师给出恰当的主设计性任务后，学生小组合作是否能顺利完成，学生的推理论证能力、质疑创新能力是否得到提升，取决于教师对主设计性任务分解是否合理。恰当的任务分解，需要教师从学生的视角出发，分析学生在解决问题中可能的困难，将任务分解为学生"跳一跳够得到"的子任务。

任务分解要结合学生的实际知识和能力基础，以学生可完成为底线，每个子任务要具有科学性、挑战性。子任务的设定要简洁、明确、可完成，可对子任务进行必要的辅助条件说明。子任务的问题要逐步递进，完成了所有的子任务，即可解决主任务。

仍以"天问一号"回收的设计任务为例，针对不同的阶段设计不同的子任务，逐步推进任务的完成，子任务的分解可以按以下方式进行。

**（一）减速方式一：气动减速阶段**

任务一：设计轨迹以达到尽可能利用大气阻力降低速度的目的。

子任务1. 空气阻力的大小与哪些因素有关？要求：合理的模型构建，定量写出表达式。

子任务2. 如果探测器垂直地面下来，能否计算空气减速过程的末速度？（如果遇到数学计算问题，可以只写出表达式，也可以求助家长或者周围的朋友）

子任务3. 从能量转化的角度，思考减速轨迹的设计方案有哪些。

子任务4. 气动减速能否将速度减为零？如果不能，查找相关数据估算出气动减速的末速度。

子任务5. 气动减速的优缺点有哪些？

**（二）减速方式二：伞系减速**

任务二：设计降落伞的结构。

子任务1. 模型构建，对降落伞的关键参数进行理论分析。（降落伞单位面积上承受的压力为 $F_0$，探测器的总质量为 $M$，重力加速度为 $g$，写出降落伞的截面面积 $S$ 与承受的最大速度 $v_m$ 的关系）

子任务2. 该减速方法能否将速度减为零？如果不能，查找相关数据估算出伞系减速的末速度是多少？

子任务3. 结合伞系减速的优缺点，分析该减速方式的必要性。

子任务4. 该方式的优缺点是什么？

**（三）减速方式三：动力减速**

任务三：评价反冲发动机的性能指标。

子任务1. 分析动力减速的原理，并比较动力减速与前面减速方式有什么本质上的区别。

子任务2. 反冲力是影响减速因素的一个重要指标，构建模型，写出影响反冲力大小的因素。[探测器的质量（不包含燃料）为 $M$，动力减速阶段的初速度

为 $v_0$，反冲发动机喷射相对探测器喷射速度为 $u$，单位时间喷出的质量为 $m_0$。获得的反冲力 $F$ 大小为多少？]

子任务 3. 反冲力做功的功率与探测器速度有关吗？能否用探测器克服反冲力做功的功率衡量发动机的性能？

子任务 4. 除了安全、稳定、可靠，从减速效果以及减重（携带尽可能少的燃料）的角度，定义一个描述反冲装置性能的物理量。

**（四）减速方式四：着陆腿缓冲**

任务四：设计着陆缓冲腿的结构。

子任务 1. 分析着陆缓冲腿的原理。

子任务 2. 模型构建：着陆腿接触地面前的速度为 $v_0$，探测器最大承受冲击力为 $F$，确定最短缓冲时间。

子任务 3. 设计着陆缓冲腿的结构，画出草图。

通过将主设计性任务依据需求分解为不同的子任务，可以降低学生面对较为困难的主设计性任务的抵触心理。"跳一跳够得到"的子任务设计既降低了完成难度，引导学生思考，又具有一定的挑战性，激发学生解决问题的欲望。

## 三、设计任务评价

学生是否能够高效率完成设计性任务，教师的评价设计至关重要。评价的目的是获得反馈信息，及时鼓励表扬学生。评价内容的选择要指向目标，还要能诊断学生物理学习中存在的问题，并且评价结果应该能够有效地激励学生，并指导学生学习活动的调整与改进。

在教学过程中，设计任务的评价主要涉及设计方案的评价、学生汇报的评价。

**（一）设计方案的评价**

设计方案的评价，要具体、明确，有一定的方案设计指导性。以"确定带电粒子种类"为例，布置的设计方案如表 5 - 2 - 2 所示。

表 5 - 2 - 2 "确定带电粒子种类"的设计方案

| 要求：（可以上网查阅资料） |
| --- |
| 1. 鼓励几人组合（4 人以内）一起完成该作业，个人成绩与小组成绩等同； |
| 2. 画出 2 种以上确定带电粒子种类原理草图，并分别给出原理推导； |
| 3. 分析每一个原理对应的影响分辨率、量程的因素有哪些，并给出提高分辨率、扩大量程的方法。 |
| 一、确定带电粒子种类原理 1 |
| 1. 确定带电粒子的种类草图 1； |

> 2. 草图 1 对应的原理推导；
> 3. 草图 1 对应的分辨率的影响因素及提高方法；
> 4. 草图 1 对应的量程的影响因素及提高方法。
> 二、确定带电粒子种类原理 2
> 1. 确定带电粒子的种类草图 2；
> 2. 草图 2 对应的原理推导；
> 3. 草图 2 对应的分辨率的影响因素及提高方法；
> 4. 草图 2 对应的量程的影响因素及提高方法

为了让学生能够高效率完成实验设计方案，指导学生运用评价表单进行自我评价，从而评估自身或者小组的设计方案是否合理、优化。以"确定带电粒子种类"的设计方案自我评价表单为例，如表 5－2－3 所示。针对不同设计任务的要求，设计不同的分值占比和评分标准，有助于学生对设计任务完成度、小组设计方案的评价。

表 5－2－3    "确定带电粒子种类"的评价方案设计

| 项目 | 分值 | 评分标准 |
|---|---|---|
| 原理草图 | 30 分 | 每个原理图满分 15 分。评分细则：<br>1. 原理图没有标识原理推导中涉及的字母扣 3 分；<br>2. 原理图有涂改扣 2 分 |
| 原理推导 | 30 分 | 每个原理推导满分 15 分。评分细则：<br>1. 文字说明 3 分；<br>2. 完整公式推导 7 分；<br>3. 同一字母若代表不同量且无下角标扣 3 分 |
| 分辨率的影响因素及提高方法 | 20 分 | 1. 有分辨率影响因素分析 10 分；<br>2. 有提升分辨率方法 10 分 |
| 量程的影响因素及提高方法 | 20 分 | 1. 有量程影响因素分析 10 分；<br>2. 有量程提升方法 10 分 |

## （二）学生汇报的评价

学生汇报过程的评价，建议以过程性评价为主，小组自我评价与他人评价相结合并以他人评价为主。其中，教师评价是学生小组获得他人评价的重要来源，评价过程中应关注学生个体或者小组间差异，充分了解学生的学习情况，尽量做到全面而客观；不仅如此，教师还应注意评价反馈的形式要恰当有效，除了利用书面语口头评价，在课堂上也可以利用肢体语言、表情等暗示效果，达到评价的目的。

　　以"确定带电粒子种类"的学生汇报为例，汇报过程设计如表 5 - 2 - 4
所示。

表 5 - 2 - 4 "确定带电粒子种类"的汇报过程设计

| 评价环节 | 板书展示 | 评价内容 | 评价人 |
|---|---|---|---|
| "电场加速（或 + 速度选择器） + 磁场偏转"类设计 | | 1. 整体结构是否完整；<br>2. 各部分结构预定功能是否能实现；<br>3. 字母标注是否清晰、明确 | 其他小组学生、教师 |
| 原理推导 | | 1. 有无文字说明；<br>2. 原理推导是否完整；<br>3. 字母标注是否混乱 | 其他小组学生、教师 |
| 提高分辨率 | | 1. 提升措施对应的依据是否充分；<br>2. 提升的措施结论是否合理 | 其他小组学生、教师 |

| 评价环节 | 板书展示 | 评价内容 | 评价人 |
|---|---|---|---|
| 量程扩大 | | 1. 措施对应的依据是否充分；<br>2. 措施结论是否合理 | 其他小组学生、教师 |

综上所述，在物理教学过程中，可以通过设计任务锻炼学生的思维、激发学生的创新意识并提升学生的创新能力。设计任务可以来源于不同的教学环节，基于实际需求和真实学情设计任务、合理分解任务并在任务完成后进行评价，可以有效解决复习课中学生自主学习欲望较低的问题并提升学生的各项能力，符合国家培育人才的需求。

## ■ 第三节　基于"学习进阶"理论培养科学思维能力

现代认知心理学认为，学习过程并非被动接收知识的过程，只有通过创设与科学发展相仿的物理情境，让学生在解决问题的实践中主动完成认知建构，才能真正获得思维能力的进阶。具体而言，学生的知识建构从最初的经验认知进阶到科学理解，教师采用必要策略，帮助学生分析问题，继而进行分析综合、抽象概括、推理论证，引导积极思考，实现对客观事物本质属性、内在规律及相互关系的认知，有助于实现学与思的深度融合。思维进阶的课堂，不仅是知识学习的需要，也是影响个体创新能力发展的重要因素。

### 一、"学习进阶"理论

"学习进阶"理论是美国科学教育改革中首次提出的概念，美国国家研究理事会（NRC）将学习进阶定义为"对学生在一定时间跨度内学习和探究某一主题时依次进阶，逐级深化的思维方式的描述"[15]。北京师范大学物理学系郭玉英教授的研究团队对科学核心概念和关键能力的学习进阶进行了理论研讨和实证研究，面向核心概念的学习进阶，在层级复杂度和知识整合等认知理论的基础上提出了科学概念理解发展的层级模型。郭玉英教授团队将"学习进阶"理论框架分为五个层级：经验（Experience）、映射（Mapping）、关联（Relation）、系统（System）、整合（Integration），如表 5 – 3 – 1 所示[16]。

表 5 - 3 - 1　"学习进阶"理论框架

| 发展层级 | 层级描述 |
|---|---|
| 经验 | 学生具有尚未相互关联的日常经验和零散事实 |
| 映射 | 学生能建构事物的具体特征与抽象术语之间的映射关系 |
| 关联 | 学生能建构抽象术语和事物数个可观测的具体特征之间的关系 |
| 系统 | 学生能从系统层面上协调多要素结构中各变量的自变与共变关系 |
| 整合 | 学生能由核心概念统整对某一科学观念（例如物质观念、能量观念等）的理解，并建构科学观念间和跨学科概念（例如系统、尺度等）间的联系 |

　　"学习进阶"理论是对学生在各学段学习同一主题概念时所遵循的连续的、有层级的发展路径的描述，学习进阶关注物理观念的发展，将"学习进阶"理论应用于物理规律教学上，可以使学生在原有认识的基础上，将所学的大量零散的、碎片化的知识围绕学科核心概念整合内化，发展科学的思维，逐步形成完整的物理观念，这是培养学生科学思维能力的有效途径。

　　新课标根据问题情境的复杂程度、知识和技能的结构化程度、思维方式或价值观念的综合程度将"科学思维"能力划分为 5 级水平，与学习进阶描述的学生对核心概念的理解经历多个水平层次是吻合的。教师要明确不同年级或者不同层次的学生对核心概念的认识集中于哪一水平，并根据学生的实际发展情况合理制定教学目标。例如，对于力和运动，高中大部分学生在学习牛顿三大定律之后应该能够达到水平 2：能在熟悉的问题情境中应用常见的物理模型；能对比较简单的物理现象进行分析和推理，获得结论；能使用简单和直接的证据表达自己的观点。

　　如图 5 - 3 - 1 所示，轻弹簧下端固定在水平面上，一个小球从弹簧正上方某一高度处由静止开始自由下落，接触弹簧后把弹簧压缩到一定程度后停止下落。学生具有生活经验和感性认识，知道在小球下落的这一全过程中，从小球接触弹簧到最低点，小球的速度先增大后减小，但是在哪里有最大速度往往不能确定；如果学习了简谐运动之后，从对称性上可得小球受到的弹力最大值大于 $2mg$。如果遇到"蹦极""蹦床"等运动，就将实际问题转换成物理模型。例如，某人做蹦极运动，所受绳子拉力 $F$ 的大小随时间 $t$ 变化的情况如图 5 - 3 - 2 所示。将蹦极过程近似为在竖直方向的运动，此人在蹦极过程中弹性绳的最大力为 $1.8F$，自身重力为 $0.6F$，根据这些条件可得蹦极者的最大加速度。

图 5 - 3 - 1

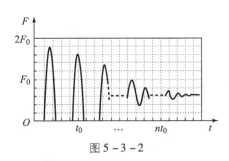

图 5 - 3 - 2

高三力学复习之后要求能够达到水平 4：能将实际问题中的对象和过程转换成物理模型；能对综合性物理问题进行分析和推理，获得结论并作出解释；能恰当地使用证据证明物理结论；能对已有结论提出有依据的质疑，采用不同方式分析解决物理问题。"自由下落"运动模型与学习进阶理论和科学思维水平的对应关系如表 5 - 3 -2 所示。

表 5 - 3 - 2　"自由下落"运动模型与学习进阶理论和科学思维水平的对应关系

| 发展层级 | 科学思维水平 | 层级/水平描述 |
| --- | --- | --- |
| 经验 | 水平 1 | 学生具有生活经验和感性认识，知道在小球下落的这一全过程中，从小球接触弹簧到最低点小球的速度先增大后减小 |
| 映射 | 水平 2 | 学生能将小球运动学的具体特征与抽象术语之间建立映射关系 |
| 关联 | 水平 3 | 学生能建构物理概念和数个可观测的具体特征之间的关系，从接触弹簧到到达最低点，弹力从零开始逐渐增大，所以合力先减小后反向增大，因此加速度先减小后反向增大，小球的速度先增大后减小，当小球所受弹力和重力大小相等时速度最大，这是等级 3 的水平 |
| 系统 | 水平 4 | 学生能从系统层面上协调多要素结构中各变量的自变与共变关系。如果能够把蹦极者或者蹦床运动员或者其他类似运动抽象成竖直弹簧运动模型，并且结合简谐运动特点分析整个过程中动力学特点和动能、重力势能和弹性势能的变化关系，则达到等级 4 ~ 5 的水平 |
| 整合 | 水平 5 | 学生能由核心概念统整对某一科学观念（如物质观念、能量观念等）的理解，并建构科学观念间和跨学科概念（如系统、尺度等）间的联系 |

在高三阶段仍有部分学生只能达到水平 2 或水平 3，有的学生错误地认为：小球刚接触弹簧时的瞬间速度最大，也就是从小球接触弹簧起加速度变为竖直向上，没有从牛顿第二定律去思考，小球的加速度大小决定于小球受到的合外力，

当加速度与速度同向时物体加速，当加速度与速度反向时物体减速。随着问题的复杂度和综合性增加，学生不能对小球做正确的受力分析和运动过程分析，在学习中存在的对概念的错误理解就会显现出来。因此教师在教学过程中要关注学生对概念理解的发展过程，选择适当的教学策略，帮助学生完成概念理解的进阶。结合简谐运动特点分析整个过程中动力学特点及动能、重力势能和弹性势能的变化关系，并且能够利用图像表征小球从离弹簧上端高 $h$ 处由静止释放的运动过程，以小球开始下落的位置为原点，沿竖直向下方向建立坐标轴 $Ox$，小球所受弹力 $F$ 大小随小球下落的位置坐标 $x$ 的变化关系如图 5 - 3 - 3 所示，当 $x = h + x_0$，加速度为 0 时，动能最大，重力势能与弹性势能之和最小，由功能关系可知小球动能的最大值为 $mgh + \dfrac{mgx_0}{2}$。

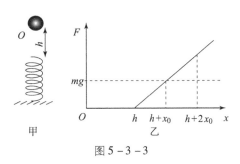

图 5 - 3 - 3

再例如，高二学习电磁感应部分，推导导体垂直切割磁感线产生感应电动势 $E = BLv$，应该从学生当前的认知水平出发，通过搭建物理概念脚手架等教学策略促进学生对核心概念的理解朝着最高层次的水平逐级发展，促进学生思维水平的提高。首先从物质的属性与功能角度推导，磁场是一种物质，当闭合回路磁通量发生变化时产生感应电动势 $E = \dfrac{\Delta \Phi}{\Delta t} = BLv$，从运动与相互作用角度看，当 $F_电 = f_洛$ 时，自由电子在沿 $MN$ 棒的方向上的受力达到平衡，有 $e\dfrac{E}{L} = evB$，可推出 $E = BLv$。从电动势的定义角度看，非静电力为沿棒方向的洛伦兹力，$E = \dfrac{W_率}{e} = \dfrac{BevL}{e} = BLv$，从能量的转化与守恒角度分析电路中能量转化的情况：当导体棒匀速运动时，拉力做功的功率为 $P_外 = F_外 v = BILv$，闭合电路消耗的总功率为 $P_电 = EI$，根据能量的转化和守恒可知 $P_外 = P_电$，可推出 $E = BLv$。

同一问题从不同的角度加以观察和思考，学生对感应电动势概念的理解经历了从物质观到运动与相互作用观，再到能量观的进阶，多个水平层次的理解可以引导学生提炼解决问题的方法规律，促进科学思维的提升。

## 二、基于"学习进阶"理论培养科学思维能力的策略

### （一）以真实情境为载体，促进模型建构的思维进阶

物理学科的研究对象是自然界物质的结构和最普遍的运动形式，通常物质的

结构和运动是非常复杂的，研究起来并不容易，所以为了研究问题的方便，需要突出问题的主要因素，忽略次要因素，抽象出研究对象或研究过程的本质特征，建立理想化的物理模型。模型建构是经常采用的一种科学研究方法，高中阶段学生需要建构很多种不同的模型研究不同的实际问题。模型建构是基于经验事实建构物理模型的抽象概括过程，是确定研究对象或者研究问题的过程，也是学习物理概念和规律以及解决实际问题的关键环节。模型建构的三个要素是指情境、问题和过程。情境是模型建构的载体和展开基础，问题是模型建构展开的推进器，过程是指模型建构强调经历和体验。高中物理教学中的模型建构，关键是要在情境中设计与物理学有关的、有逻辑层次的系列问题。学生在问题的引领下，通过解决这些相互关联的系列问题，经历模型建构的思维活动过程，从而体会和学习模型建构的方法。

1. 对象模型建构的进阶

从物质构成的角度看，中学物理中的研究对象一般分成两类。一类是由原子组成的物质，比如质点和质点组，这些物质不可以同时占用同一个空间，容易被我们感知。具体来说实物对象模型有质点、点电荷、理想气体、理想电表、理想变压器、轻绳、轻杆、轻弹簧、弹簧振子、单摆、行星模型、双星模型、玻尔能级结构、流体模型、纯电阻、闭合电路等。为了研究方便，可以把由实物粒子构成的物体简化成质点、质点组、系统等不同的物理模型。例如，可以把绕地球做匀速圆周运动的卫星简化为质点，研究它的运动学特点和动力学特点，也可以把卫星与地球看作一个系统，研究动能和引力势能。当所研究的问题，不能简单地将物体看作一个质点来处理时，可以将物体分割成几个部分，每一个部分看作一个质点，将复杂的问题简化为质点组，比如刚体的转动和变形运动以及多个质元形成的流体问题等。比如自来水排污系统等通过管道运送液体，液体稳定流动时具有这样的特点：管内各处液体体积无法压缩且密度均相同；管内各处液体流速不随时间改变。如图 5 - 3 - 4 所示，选取横截面 $C$ 和横截面 $D$ 之间的液体为研究对象，当 $C$ 处液体流动很小一段距离，到达 $C'$ 时，$D$ 处液体正好流动到 $D'$ 处。$C$、$D$ 间液体流动至 $C'$、$D'$ 间，可等效为 $C'D$ 间液体位置不变，$CC'$ 间液体流至 $DD'$ 间。$CC'$ 间液体质量 $\Delta m = \rho \pi R^2 d$，依然可以把它

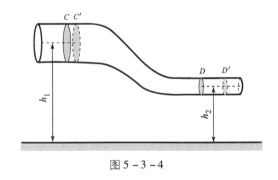

图 5 - 3 - 4

等效成质点，重力对其所做的功 $W_G = \Delta mg \cdot \Delta h = \rho \pi R^2 dg(h_1 - h_2)$。

另一类是场物质，如电场、磁场、电磁波等，这些物质可以同时占用同一个空间，但因看不见、摸不着，不容易被我们感知。当研究角度发生变化时，建构的对象模型也需要调整。光是一种电磁波，具有波粒二象性，研究光的直线传播或者遇到介质传播路径的变化时，建立光线模型来描述其传播方向；研究光的干涉、衍射、偏振现象时，把光看作电磁波进行分析；研究光电效应或者光照到介质上的相互作用效果（如光帆、光镊效应）时，建立光子模型进行分析和描述。"场"作为认识对象的存在形式是纷繁复杂的，有单独存在的引力场、电场、磁场等，这些场可能是匀强场，也可能是非匀强场；一些情况下两种或两种以上的场存在于同一空间里，可以把这类场称作复合场；有的场的强弱随时间变化，即通常所说的变化场，变化场比稳恒场复杂得多。同样为了研究方便，常常把各种实际的场简化为匀强场、随时间均匀变化的场等各种理想模型。学生运用物理知识解决实际问题能力的高低，往往取决于能不能将复杂的实际情境转化成能够解决的物理问题，建立相应的物理模型，学生将情境与知识相联系的水平的灵活性，依靠于问题解决的经验能否类化、进阶，形成一般化的认识方式。

2. 过程模型建构的进阶

物体运动过程模型有匀速直线运动、匀变速直线运动、自由落体、平抛运动、斜抛运动、匀速圆周运动、变速圆周运动、简谐运动、弹性碰撞等。依据学习进阶理论，学习的过程是在学生的认知基础和学习心理的基础上实施有意义的建构，对事物本质的把握随着知识建构和思维能力的提升呈螺旋式上升，认识方式的水平也随之合理地发展。运动模型从匀速到变速、从直线到曲线、从匀变速到变加速，运动模型的复杂程度不断进阶，到了高二学习带电粒子在电场中的运动，带电粒子垂直电场线进入电场可以视为类平抛运动。研究复杂运动时常常将其"分解"为两个简单的运动，通过研究相对简单的运动来揭示复杂运动的规律，但是选取什么样的分解方式则体现出思维的不同水平。高一学习的平抛运动可以分解为水平的匀速直线运动和竖直的自由落体运动，但在斜面上平抛还可分解为沿斜面的匀加速直线运动和垂直于斜面的先匀减速再反向匀加速运动。高二学习了电学，在匀强电场和重力场共同作用下的带电小球由静止释放，小球运动可以分解为水平方向上的匀加速直线运动和竖直方向上的竖直上抛运动（匀变速直线运动），这是学生最容易理解的分解方式。另一种分解方式则是沿垂直合力的方向和沿着合力的方向分解该运动，分别是匀速直线运动和匀变速直线运动，即类斜抛运动，如图 5 - 3 - 5 所示。第二种分解方式不仅计算过程简洁，更体现出由重力场和电场到复合场的学习进阶，体现出复合场下的运动和力的关系的更高层次的理解。

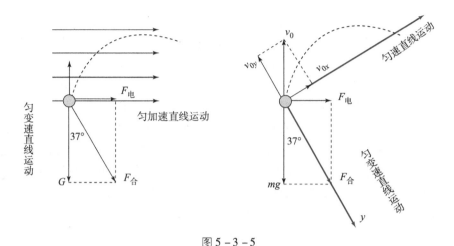

图 5 - 3 - 5

当学生遇到全新的运动形式时，就要能够建构事物的具体特征与抽象术语之间的映射和关联，协调多要素结构中各变量的关系。例如：根据高中所学知识可知，做自由落体运动的小球，将落在正下方位置。但实际上，赤道上方 200 m 处无初速下落的小球将落在正下方位置偏东约 6 cm 处。这一现象可解释为除重力外，由于地球自转，下落过程中小球还受到一个水平向东的"力"，该"力"与竖直方向的速度大小成正比。现将小球从赤道地面竖直上抛，考虑对称性，上升过程中该"力"水平向西，则小球（　　　）。

A. 到最高点时，水平方向的加速度和速度均为零

B. 到最高点时，水平方向的加速度和速度均不为零

C. 落地点在抛出点东侧

D. 落地点在抛出点西侧

该题很多学生找不到解决问题的切入点，没有形成力与相互作用关系的正确认识，导致不会在新情境下建立运动模型解决问题。我们通过学习进阶引领学生提取信息、整合信息、与已有知识建立联系，如表 5 - 3 - 3 所示，运用将复杂运动分解为简单运动的物理思想解决问题。

表 5 - 3 - 3　用学习进阶理论解决复杂运动

| 发展层级 | 层级描述 |
| --- | --- |
| 经验 | 学生知道匀变速直线运动，例如自由落体和竖直上抛等；了解牛顿运动定律 |
| 映射 | 学生能建构事物的具体特征，把复杂运动分解为简单运动，例如平抛运动分解为竖直的自由落体运动和水平的匀速直线运动 |

续表

| 发展层级 | 层级描述 |
|---|---|
| 关联 | 学生可以将抽象术语"上升过程中该'力'水平向西"和物体运动建立因果关系，竖直方向是竖直上抛运动 |
| 系统 | 学生能从系统层面上协调多要素结构中各变量的自变与共变关系，把该"力"与竖直方向的速度大小成正比进行转换<br><br>$v_y$（向上为正）　$O$　$t$　　$F_x$（向西为正）　$O$　$t$ |
| 整合 | 由核心概念"运动的合成与分解"统整该问题的理解，建构科学力与运动的联系，得到水平方向上加速度变小的向西加速运动和加速度变大的向西减速运动<br><br>$F_x$（向西为正）　$O$　$t$　　$v_x$（向西为正）　$O$　$t$ |

## （二）培养证据意识，促进推理论证的思维进阶

在概念和规律学习的过程中，每一个结论的获得都离不开推理与论证。推理和论证总是联系在一起的，推理过程中可能会存在对某一个新判断的正确性的不同程度的验证过程，论证更是在推理的基础上才得以实施和完成。将理论分析过程中对明确的论证命题进行论证的过程归为科学论证，将没有明确论证命题的理论分析过程归为科学推理。科学推理是指从所要研究的问题出发，从问题内容及前提条件中涉及的已知正确的陈述或判断，经过推究整理的逻辑过程推出新的判断及结论的过程。科学论证则是指对某一个已有论题根据已知正确的论据证明其正确性或者先对其某一个所要研究的问题提出假设后再以该假设为论题寻找证据，证明其正确性来接近或得到结论的过程。

对于科学推理的教学，要思考最终结论是如何一步一步推出的，推出结论的每个步骤中需要用到哪些已知的陈述和判断，这些陈述与判断又是如何从前提条件中分析选择出来的；对于科学论证的教学，要思考论题的正确性是怎样一步一步证明出来的，证明过程中每个步骤都要用到哪些论据，这些论据又是如何从研究问题的已知条件分析选择出来的，进而判断学生是否掌握了这些论据，能否自

已选择论据来开展证明，如果不能，则要为学生补充所需的论据以及引导学生选择出这些论据。

科学推理和科学论证是科学探究中重要的活动，是由一人或多人利用事实证据、理论知识以及逻辑推理，对观点和主张进行支持和证实的实践活动，其中包含对他人观点的回应和反驳。科学论证的目标聚焦于"知识是如何产生的"以及"我们为何相信这一科学的解释优于其他观点或与其他竞争的观点相比更富于说服力"，推理论证是指运用证据对所研究的科学问题进行描述、判断、预测和解释，以及建立证据与观点之间的关系，或反驳他人观点的实践活动，包括四个要素：观点、证据、推理和反驳。

"证据意识"是对证据作用价值的一种觉醒和知晓的心理状态，并在探究活动中寻求证据、分析证据、表达证据的一种科学推理能力。在学习或研究自然科学问题的过程中为发现问题、提出假设、搜集事实、作出解释论证等所遵循和使用的手段，或者思维方法与程序。例如，"万有引力定律"发现过程揭示了重要的科学思维方法。首先是对万有引力的猜想：太阳对行星的力、地球对月球的力、地球对苹果的力是同一种性质的力吗？如果是，需要什么证据呢？经过演绎推理得出加速度与距离平方成反比，再利用已知的证据推理出月球轨道上物体运动的加速度就应该是地面物体下落加速度的 $\frac{1}{60^2}$ 倍。那事实是否如此呢？再由圆周运动加速度公式进行论证得到结论。

---

万有引力的猜想：太阳对行星的力
　　　　　　　　地球对月球的力　　是同一种性质的力吗？
　　　　　　　　地球对苹果的力　　需要什么证据？

---

演绎推理：太阳与行星之间作用力　$F = G\dfrac{Mm}{r^2}$

　　　　　牛顿第二运动定律　　$F = ma$　　得出：$a = \dfrac{1}{r^2}$

证据：月球轨道半径约为地球半径的 60 倍

推理：月球轨道上物体运动的加速度就应该是地面物体下落加速度的 $\frac{1}{60^2}$ 倍

---

新问题：怎样求月球轨道上物体运动的加速度？　　$a = \dfrac{4\pi^2 r}{T^2}$

论证：月球到地球的距离 $6.8 \times 10^{8}$ m　　月球公转周期 27.3 天

$$a = \frac{4\pi^2 r}{T^2} = 2.69 \times 10^{-3} \text{ m/s}^2 = \frac{1}{60^2} g$$

结论：地球对月球的力、地球对地面上物体的力、太阳对行星的力是同一种力！

　　再例如，关于弹簧振子的速度和位移周期性的变化，学生通过实验只能定性了解弹簧振子和单摆的运动周期。如果借助圆周运动的知识，如图 5 - 3 - 6 所示，调节运动的频率可使圆周运动的小球在 $x$ 方向上的"影子"和做简谐运动小球在任何瞬间都重合，即圆周运动在 $x$ 方向的分运动可视为简谐运动。结合以上事实进行科学论证：小球 $A$ 振动的周期 $T = 2\pi \sqrt{\dfrac{m}{k}}$，如表 5 - 3 - 4 所示。

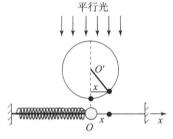
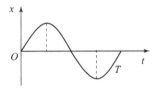

图 5 - 3 - 6

　　按照学习进阶理论，学生的经验是能够表示 $x$ 方向的分位移，知道圆周运动向心力公式 $F = m\omega^2 R$，映射是指已知条件中说明的圆周运动 $x$ 方向上的分运动与简谐运动等效，二者之间的关联是找出水平力和位移大小的比例系数，就可以用高中圆周运动知识迁移得到弹簧振子周期定量的公式。

　　接下来推至单摆运动。如图 5 - 3 - 7 所示，由于回复力等于重力的分力 $F = -\dfrac{mg}{l}x$，其中由比例系数 $k = \dfrac{mg}{l}$ 可得单摆运动的周期公式，实现了简谐运动周期从定性到定量的认识进阶。这种类比思想迁移至电磁振荡现象中，如图 5 - 3 - 8 的 $LC$ 振荡电路，找到比例系数 $k$，可以实现 $LC$ 振荡电路的周期从定性到定量的认识进阶。以认识方式为线索将机械运动主题中匀速圆周运动和简谐运动进行关联整合，再将机械运动主题和电磁运动主题进行关联整合，促进不同主题的知识结构的整合与科学思维的进阶。

**表5 – 3 – 4　基于学习进阶理论的层级描述**

| 发展层级 | 层级描述 |
|---|---|
| 经验 | 圆周运动 $x$ 方向位移：$x = A\sin\omega t$<br>$F_x = -m\omega^2 A\sin\omega t$ |
| 映射 | 小球 $B$ 在 $x$ 方向上的"影子"和小球 $A$ 在任何瞬间都重合，匀速圆周运动和简谐运动等效 |
| 关联 | 弹簧振子：$x = A\sin\omega t F_回 = -kx = -kA\sin\omega t$<br>$\omega = \sqrt{\dfrac{k}{m}}$ |
| 系统 | 单摆：$x = A\sin\omega t$，$F_回 = -\dfrac{mg}{L}x = -kA\sin\omega t$<br>$\omega = \sqrt{\dfrac{g}{l}}$，$T = 2\pi\sqrt{\dfrac{l}{g}}$ |
| 整合 | 由核心概念统整该问题的理解，将机械运动主题和电磁运动主题进行关联整合。<br>电磁振动：<br>$q = q_m\sin\omega t$<br>$U = L\dfrac{\Delta i}{\Delta t} = -Lq_m\omega^2\sin\omega t$<br>$\omega = \sqrt{\dfrac{1}{LC}}$　$T = 2\pi\sqrt{LC}$ |

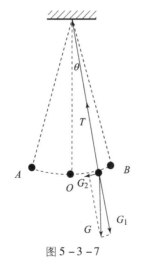

图 5 – 3 – 7

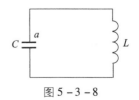

图 5 – 3 – 8

### 三、教学案例

#### （一）问题的提出

电磁打点计时器是中学物理分组实验中常用的计时仪器，一次实验后有学生问："打点计时器通入直流电振片为什么没有明显偏移？"让振片有明显偏移的原因不是 6 V 电压条件下的磁场力，而是共振现象。在学生学习了电磁学之后，以该问题为线索，利用"学习进阶"理论设计了"打点计时器的共振现象"的教学，引导学生进一步明确受迫振动的特点，并定量描绘"共振曲线"，将力学、电学、磁学知识整合内化，加深了学生对运动与相互作用观念的理解，促进了学生科学思维的发展。

#### （二）基于"学习进阶"理论的教学设计

"经验"层级是指学生具有尚未相互关联的日常经验和零散事实。学生知道打点计时器的工作原理：安培定则、磁化、磁体间的相互作用；知道物体受迫振动的特点：振动的频率等于驱动力的频率；知道共振的条件：驱动力的频率等于物体的固有频率；知道交变电流的周期和频率以及电磁场的共振现象——电谐振，这些知识比较零散，没有关联在一起。

"映射"层级是学生能建构事物的具体特征与抽象术语之间的映射关系。学生猜想交流电的频率 50 Hz 是不断驱动振片振动的频率，振片的振动是受迫振动，有可能和振片的固有频率接近，达到共振。振片振动幅度大（通入交流电）这个现象的原因与共振现象建立映射关系。

"关联"层级是学生能建构抽象术语和事物数个可观测的具体特征间的关系。学生设计方案记录振片的振幅（按一定比例放大）与交流电频率（驱动力频率）之间的定量关系，描绘出共振曲线，得到交流电的频率为 45 Hz 时，振片振幅最大。

"系统"层级是学生能从系统层面上协调多要素结构中各变量的自变与共变关系。画出共振曲线并不能直接得出"造成振片剧烈振动的原因是由于共振现象"的结论，需要证明振片与振针组合的固有频率也是 45 Hz。

"整合"层级是学生能由核心概念统整对某一科学观念的理解，并建构科学观念间和跨学科概念间的联系。设计实验验证振片的固有频率也是 45 Hz，从而得到打点计时器通入交流电时振片剧烈振动的原因是由于共振现象，将力学、电学、磁学知识整合在一起，加深了学生对运动与相互作用观念的理解。

#### （三）教学流程

教学流程如图 5 - 3 - 9 所示。

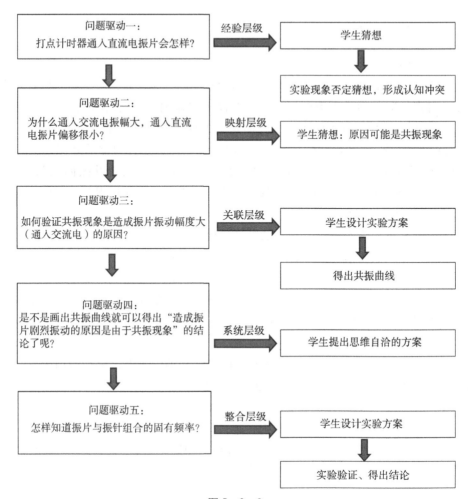

图 5 – 3 – 9

## （四）基于"学习进阶"理论的教学策略分析

### 1. 创设情境，发现问题

物理来源于生活，最能激发学生的研究兴趣的问题来自学生自身的发现，教师要抓住一切时机创设能给学生提供支撑性的事实经验的真实情境，要"舍得"花时间，从学生已有认识入手，展开循序渐进的教学过程。当面对"打点计时器通入直流电振片会怎样"这个学生自己提出的问题时，大部分学生猜想振片向下偏移，会在纸带划出一条线；也可能向上偏移，纸带不会划出痕迹。当学生的猜想与实验现象差别较大时，学生心中产生强烈的认知冲突，这会激发学生的好奇心和求知欲，产生强烈的探索愿望，从而认识物理学的价值及其与生活、社会、科技的联系。

2. 大胆质疑，发展思维

一位学生猜想：就像荡秋千一样，推一下荡不高，如果按照某个频率不断地推，就会越荡越高，如果磁场力不断地推动振片，振片也会振得越来越剧烈。这是感性层次的猜想。学生及时获得教师的鼓励，对其他学生有着启发作用，于是引发出第二位学生更加理性层次的猜想：振片的振动是受迫振动，交流电的频率 50 Hz 是不断驱动振片振动的频率，有可能和振片的固有频率接近，振幅比较大，达到共振。这种猜想立刻引起大部分学生的认可，这就是基于经验事实建构物理模型（受迫运动模型）的抽象概括过程。接下来实验方案的设计就变得水到渠成，学生可能没见过信号发生器和功率放大器组合成交流电源，如图 5 - 3 - 10 所示，但是只要能提出"改变交流电的频率从而观察振片的振幅"就足以清晰地展示出思维发展的脉络。在如何观察和测量振片振幅的大小时，学生又提出各种解决方案：有的说振片上安装激光笔，看激光光点在墙上的投影；有的提出拍摄振动的视频，用视频截图软件测量振幅。我们则用实物投影，利用视觉暂留效应测量被放大的振幅的方法，如图 5 - 3 - 11 所示。这些都是物理学研究常用的"小量放大"的思想方法，促进了学生分析综合、推理论证的能力，在面对新问题时勇于提出创造性的解决方案。

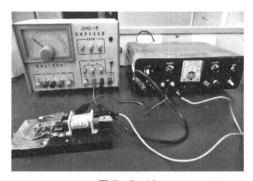

图 5 - 3 - 10

图 5 - 3 - 11

3. 问题引领，自主探究

教学中用信号发生器和功率放大器组合成交流电源，改变信号发生器的频率，当信号发生器的频率从 0 开始逐渐变大，振片的频率也随之变大，振幅也逐渐变大，大约为 45 Hz 时，振动的幅度最大，频率高于 45 Hz，振动的幅度变小（如表 5 - 3 - 5 所示）。师生合作记录振片的振幅（按一定比例放大）与交流电频率（驱动力频率）之间的定量关系，再由学生描绘出共振曲线。正所谓"纸上得来终觉浅，绝知此事要躬行"，学生亲手画出共振曲线，如图 5 - 3 - 12 所示，从而对受迫振动的规律和共振的条件有了更加深刻的理解。

表 5 - 3 - 5　实验数据记录

| 交流电频率/Hz | 30 | 40 | 42 | 45 | 48 | 50 | 60 | 70 | 80 |
|---|---|---|---|---|---|---|---|---|---|
| 振片按一定比例放大的振幅/cm | 3.50 | 6.40 | 11.40 | 15.00 | 12.50 | 8.30 | 4.00 | 1.80 | 1.40 |

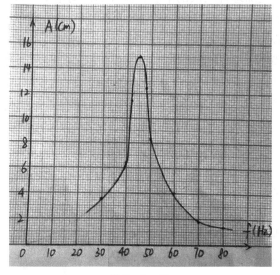

图 5 - 3 - 12

是不是画出共振曲线就可以得出"造成振片剧烈振动的原因是由于共振现象"的结论了呢？学生大胆地提出将打点计时器上的线圈和永久磁铁拆除，只留下振片和振针，如图 5 - 3 - 13 所示，利用光电门的"测周期"模式测量振片的固有周期（学生在验证动量守恒定律和测量单摆周期时均使用过光电门）。学生利用光电计时器测出打点计时器振片的固有周期约为 0.022 s，（固有频

图 5 - 3 - 13

率为 45.5 Hz），如图 5 - 3 - 14 所示，可以得出"打点计时器通入交流电时振片剧烈振动的原因是由于共振现象"的结论，至此最初的问题"打点计时器通入直流电振片会偏移微小距离"也就迎刃而解了。

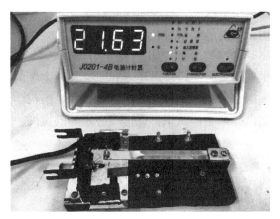

图 5 - 3 - 14

4. 整合知识，拓展应用

2010 年海淀区高三一模第 18 题：如图 5 - 3 - 15 所示，将一个筛子用四根弹簧支起来（后排的两根弹簧未画出），筛子上装一个电动偏心轮，这就做成了一个共振筛。工作时偏心轮被电动机带动

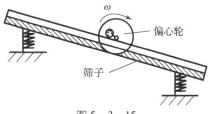

图 5 - 3 - 15

匀速转动，从而给筛子施加与偏心轮转动周期相同的周期性驱动力，使它做受迫振动。现有一个共振筛，其固有周期为 0.8 s，电动偏心轮的转速是 80 r/min，在使用过程中发现筛子做受迫振动的振幅较小。已知增大偏心轮电动机的输入电压，可使其转速提高；增加筛子的质量，可以增大筛子的固有周期。下列做法中可能实现增大筛子做受迫振动的振幅的是（　　）。

A. 适当增大筛子的质量

B. 适当增大偏心轮电动机的输入电压

C. 适当增大筛子的质量同时适当增大偏心轮电动机的输入电压

D. 适当减小筛子的质量同时适当减小偏心轮电动机的输入电压

该题的正确答案为 D。该题位置是第 18 题，我校学生选择题的得分率如表 5 - 3 - 6 所示。

表 5 - 3 - 6　选择题得分率

| 题号 | 13 | 14 | 15 | 16 | 17 | 18 | 19 | 20 |
|------|------|------|------|------|------|------|------|------|
| 正确率/% | 88.8 | 84.2 | 94.9 | 83.3 | 82.3 | 57.5 | 65.3 | 64.1 |

这道题定义为中等难度，但出乎意料的是当年我校高三学生的得分率为

57.5%，是所有选择题中最低的，这说明学生对"外力作用下的运动"这个物理规律的理解并不理想，和教师的预设相去甚远。经过后续跟踪测试，本班学生在这道题的得分率提高到78%。由此看出，基于"学习进阶"理论的物理规律教学策略可以帮助学生在较大时间跨度内学习和研究某一主题的物理规律时，使学生的思维方式从浅入深、从单一到多元依次进阶，在经历科学思维和科学探究的过程中，形成对物质世界的整体认识，促进核心素养的发展。

**【案例点评】**

科学思维是以物理学视角对客观事物的本质属性、内在规律及相互关系的认识方式。在思考"交流电作用下振动幅度大的原因"时，实验事实否定了"6 V电压产生的磁场力可以让振片大幅度受力偏移"，学生只能另辟蹊径、大胆猜想，透过现象思考问题的本质。通过提出科学问题的层层递进式的驱动，形成猜想和假设，设计实验与制定方案，获取和处理信息，得出结论并作出解释，对结果进行交流、评估、反思，引导学生经历科学探究的完整过程，这是形成物理核心素养的重要途径。

学生最初在学习物理时通常是关注一个个相对独立的知识点，大多数学生进行系统整合的能力不够，直接反映出来的是面对新问题时，特别是力学与电磁学知识融合在一起的问题，不会建立模型和思维迁移。通过本节课的教学可以把安培定则、磁化、磁体间的相互作用、受迫振动的特点、共振、交变电流、电谐振等知识进行整合，完成从机械运动到电磁运动的思维进阶，加深了"运动与相互作用"物理观念的理解，发展学生科学的思维方式。学习进阶关注大概念的发展，教师随时关注学生概念发展的现状和问题，判断学生的概念发展水平，沿着学生概念进阶的途径创设相关情境，引导学生通过观察和思考发现与提出问题，突破原有认识的局限，使学生在原有认识的基础上，用科学的思维方式研究和解决问题，形成对物质世界的整体认识。

# 第六章

# 利用信息技术手段培养科学思维能力

21世纪是信息社会，人类各项生产实践都有信息科技的推动。中学生立足于信息化社会，必须培养其科学思维方式，提高思维活动效率。在物理教学中利用现代信息教育手段，让学生具备对学习知识的好奇心、探索欲，对事物主动思考的质疑能力，具有使用信息技术并会从无限的信息系统中提炼自己所需要知识的能力、解决问题的运筹能力，以及抓住新问题、运用新方法、提出新见解的逻辑思维能力。教师应该科学并恰当地运用信息技术，发挥其强大的教育功能和作用，实现学生核心素养的培养与信息技术的有效融合。本章借助几何画板、仿真实验、频闪截屏技术、传感器等信息技术手段，显化物理模型建构的过程，创设真实情境进而培养学生科学思维能力，借助数字化实验室平台突破教学难点，借助新媒体技术开展高效的物理实验进而培养学生科学探究的素养。

新课标指出，课程的设计与实施应重视运用现代信息技术，"提高物理教学水平，发展学生物理学科核心素养，离不开信息技术与物理学习的融合。要设计各种学习活动让学生利用信息技术提升物理学习能力……"因此，信息技术与课堂整合、使用信息技术改进教学已引起广泛的重视。教师要设计各种学习活动让学生利用信息技术提升物理学习能力。例如，鼓励学生上网查询资料，了解感兴趣的科技动态或物理问题解决的实例；用数字实验或云技术平台解决一些用常规方法难以实现的疑难实验问题；利用手机等信息技术工具便捷地解决某些物理学习问题。本章通过介绍几种典型的信息技术和物理教学的融合，提高学生的科学思维能力。

## ■ 第一节　基于几何画板的科学思维能力培养

几何画板（The Geometer's Sketchpad）是一款功能强大、操作简单的辅助教学软件。其对运行环境要求不高，却具有强大的函数计算功能、图形显示功能和动画功能等，能方便地以动态的方式表现数和形的变化，同时保持特定的数学关系。几何画板具有容易掌握，操作方便的特点。它既有利于帮助教师解决教学中的重点和难点，又有利于学生自主探索与解决物理问题。

新一轮的教育改革非常重视对学生的探究能力、创新思维的培养，中学物理教育在教育学生、陶冶学生、发展学生思维能力等方面起着十分重要的作用。本节将借助几何画板这一平台尝试将信息技术与培养学生的物理探究能力相结合，让学生参与进来，更好地发挥学习的主观能动性，说明信息技术在物理教学和问题解决过程中培养学生探究能力的巨大作用。

## 一、利用几何画板函数图像功能实现数理学科的有机融合

"几何画板"被称为 21 世纪的动态几何，具有强大的计算、绘图、动态演示等功能，在教育教学活动中发挥出巨大优势。用几何画板制作课件，有着传统尺规所无法比拟的优越性，其严谨的作图程序、强大的作图和计算功能，能有效地使学生树立严谨科学的作图观，有利于数与形的完美结合；其物理图像的设计、程序的书写、图像的呈现，可以实现学生的跨学科整合实践，从而提高其科学思维能力和水平。

### 【案例1】滑动变阻器的使用

在人教版《高中物理必修（第三册）》的第十一、第十二章中涉及下列电学实验：测定金属的电阻率、测定电池的电动势和内阻、描绘小灯泡的伏安特性曲线和电表的改装。这些都要选用滑动变阻器连接电路。学生对什么情况下选用限流式和分压式滑动变阻器经常存在困惑，难以理解。无论哪种连接方式，遵循的原则都是：电路中测量部分电压（电流）随滑动变阻器阻值变化尽量接近线性关系，这样才能保证电路测量部分电压（电流）随滑动变阻器的调节而出现连续较大变化。待测电阻和滑动变阻器的阻值大小关系满足怎样的条件才能使电路中测量部分电压（电流）随滑动变阻器阻值变化尽量接近线性关系呢？

某些常规的教学方法是去让学生机械地记忆，缺乏对问题的深度理解和认识，但学习物理需要体验学习探究的全过程。几何画板是一个动态讨论问题的工具，对发展学生的思维能力、开发智力有着不可忽视的作用。用几何画板与学生共同探讨问题，探求未知的结论，能更好地培养学生自主学习、探究问题的能力，能激发和调动学生进行物理学习的积极性，可以开阔思路，提高物理核心素养。如在该问题中，我们先建构出两类物理模型，让学生尝试改变滑动变阻器的

数值，用数形结合的思想，动态展现出电流或电压随滑动变阻器阻值变化的规律，从而探究得出结论，具体如下。

通过几何画板落实显性化模型建构，如图 6 - 1 - 1 所示的限流式接法、图 6 - 1 - 2 的分压式接法，并对图中的各物理量赋以适当的参数。

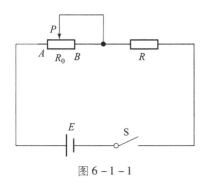
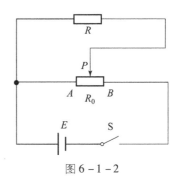

图 6 - 1 - 1　　　　　　　　　　　　　　图 6 - 1 - 2

利用几何画板做出电压（电流）随滑动变阻器阻值变化的函数图像，就可以直接观察其中的规律了。打开几何画板软件的"绘图"菜单，点击显示网格，再点击"绘制新函数"即可。

图 6 - 1 - 1 电路中，开关闭合后，流过电阻 $R$ 的电流：

$$I = \frac{E}{R + R_{AP}} = \frac{\dfrac{E}{R_0}}{\dfrac{R}{R_0} + \dfrac{R_{AP}}{R_0}} = \frac{\dfrac{E}{R_0}}{k + x}$$

式中，$k = \dfrac{R}{R_0}$（待测电阻与滑动变阻器总阻值之比）；$x = \dfrac{R_{AP}}{R_0}$（即滑动变阻器连入电路部分占总阻值的百分比）；电源电动势均取 $\varepsilon = 3$ V，内阻 $r$ 不计，$R_0 = 50\ \Omega$。

如图 6 - 1 - 3 所示，当 $k$ 很大时，曲线接近水平直线，滑动变阻器有明显滑动，而流过被控电阻 $R$ 的电流无明显变化，调控作用小。

当 $k$ 很小时，曲线非常弯曲，前半部分电流变化异常大，调控精度过低，后半部分电流无明显变化且电流值很小，调控范围过小且不宜记录数据。

当 $k \approx 1$ 时，曲线介于上述两种曲线之间限流式，避开了对电流的调控范围过小和调控精度过低的两种缺陷，所以 $k \in [0.1, 1]$，调控效果较合适。

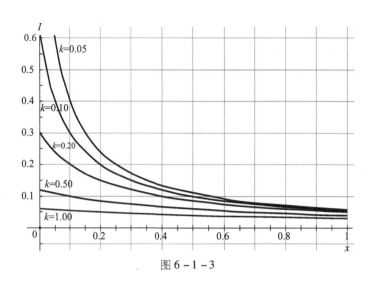

图 6 – 1 – 3

图 6 – 1 – 2 电路中，开关闭合后，电阻 $R$ 两端的电压：

$$U = \frac{E}{\dfrac{RR_{AP}}{R + R_{AP}} + (R_0 - R_{AP})} \cdot \frac{RR_{AP}}{R + R_{AP}}$$

$$= \frac{E}{\dfrac{RR_{AP} + R_0R + R_0R_{AP} - RR_{AP} - R_{AP}^2}{R + R_{AP}}} \cdot \frac{RR_{AP}}{R + R_{AP}}$$

$$= \frac{ERR_{AP}}{R_0R + R_0R_{AP} - R_{AP}^2}$$

$$= \frac{Ekx}{k + x - x^2}$$

电源电动势均取 $\varepsilon = 1$ V，内阻 $r$ 不计，$R_0 = 50$ Ω。

如图 6 – 1 – 4 所示，当 $k$ 很小时，曲线非常弯曲，这时滑动变阻器对电压要么调控范围过小，要么调控精度过低。$k$ 越大，曲线的线性程度越高，被控电阻两端的电压 $U$ 随滑动变阻器的滑动而越接近线性变化，调控精度高且调控范围大。值得注意的是，并不是 $k$ 越大越好，因为电流几乎全部从变阻器上流过且干路电流很大，电能主要消耗在变阻器和内阻上，这不是我们所希望的。所以 $k \in [1,10]$，调控的线性效果较好。

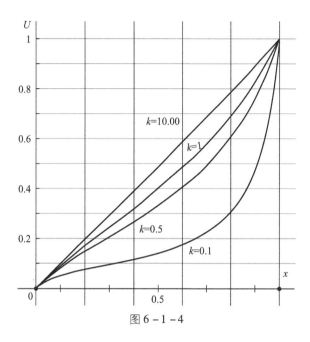

图 6 - 1 - 4

## 【案例点评】

通过上述科学探究活动，我们可以得出滑动变阻器两种用法的选择，如果滑动变阻器的额定电流够用，在下列三种情况下必须采用分压接法。

（1）用电器的电压或电流要求从零开始连续可调。比如描绘元件的伏安特性曲线，或者改装电表后对电表进行校准。

（2）待测电阻的阻值比滑动变阻器的总电阻大得多。在这种情况下若采用限流式接法，在滑动变阻器调节中待测电阻上的电压变化幅度太小，不利于多次测量求平均值，此时应改用分压式接法。

（3）采用限流式接法时限制不住，电表总超量程，用电器总超额定值。这样就违背了电路的安全性原则。在安全（$I_{滑额}$够大，仪表不超量程，用电器上的电流、电压不超额定值，电源不过载）、有效（调节范围够用）的前提下，若负载电阻小于滑动变阻器或二者相差不多，且不要求用电器的电压或电流从零开始连续可调，就应首选限流式接法，因为这种解法电路连线简单、功率损耗小更加节能。

通过以上的科学探究过程，学生不仅学会了如何使用滑动变阻器，对分压电路、限流电路的特点也有了更深刻的认识。尤其是通过几何画板的函数功能、绘图功能，将物理问题的有效解决和数学学科做到了有机融合，培养和提高了学生的综合素养。

## 二、利用几何画板的函数计算功能培养学生的创新思维能力

### 【案例2】寻找血滴直径和血滴滴落高度的关系

物理知识与生活息息相关，为了促进学生更好地理解抽象的物理知识、物理概念、物理定理和定律，我们让学生在体验模拟物理活动的过程中，利用信息技术手段，提取关键信息，将物理知识与生活的联系充分展示出来，从而提高学生解决问题、分析问题的能力，并培养学生的创新思维能力。

血滴从不同的高度滴落，在地面上形成的圆的直径是不一样的，那它们之间到底有什么样的关系呢？认真观看"李昌钰巧破血滴奇案"视频，看大侦探李昌钰先生是如何根据血滴的直径来判断出罪犯的身高的。

一般情况下，我们看"李昌钰巧破血滴奇案"的故事，知道具体的结论，但缺乏具体的操作活动，缺乏获得数据的经验，所以留给学生的印象是枯燥和抽象的，压抑了学生学习的潜力。利用几何画板的函数功能，借助其他信息手段，让学生自己去研究如何配制模拟"血滴"，如何测量并记录落地模拟"血滴"的情况，如何拟合落地"血滴"的面积与下落高度的关系，通过这一系列思考，可以充分提高学生学习的兴趣和动力，提高其创新能力和水平。

关于模拟"血滴"的配制，我们可以通过适当浓度的红墨水模拟血液。首先要让学生了解血液的基本情况，血液由血浆和血细胞组成，血浆相当于结缔组织的细胞间质，为浅黄色半透明液体，其中除含有大量水分以外，还有无机盐、纤维蛋白原、白蛋白、球蛋白、酶、激素、各种营养物质、代谢产物等。这些物质无一定的形态，但具有重要的生理功能。1 L血浆中含有 900 ~ 910 g 水（90% ~ 91%）、65 ~ 85 g 蛋白质（6.5% ~ 8.5%）和 20 g 低分子物质（2%），低分子物质中有多种电解质和小分子有机化合物，如代谢产物和其他一些激素等。血浆中电解质含量与组织液基本相同。在机体的生命过程中，血细胞不断地新陈代谢。红细胞的平均寿命约 120 天，颗粒白细胞和血小板的生存期限一般不超过 10 天。淋巴细胞的生存期长短不等，从几小时直到几年。血细胞及血小板的产生来自造血器官，红血细胞、有粒白细胞及血小板由红骨髓产生，无粒白细胞则由淋巴结和脾脏产生。血细胞分为三类：红细胞、白细胞、血小板。

通过适当浓度的红墨水模拟血液，使用滴管将红墨水从不同高度滴下。使用胶头滴管时，必须用无名指和中指夹住橡皮胶头和玻璃管的连接处，然后用大拇指和食指挤压橡皮滴头，赶去滴管中的空气，再将滴管伸入试剂瓶中，放开拇指和食指，试剂即被吸入。用无名指和中指夹着滴管将它取出，悬空放在烧杯上方（不要接触烧杯壁，以免沾污滴管或造成试剂的污染），然后用拇指和食指轻轻

挤压橡皮滴头，如图 6 – 1 – 5 所示。

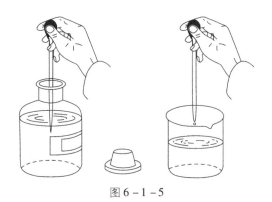

图 6 – 1 – 5

将不同高度下落的模拟"血滴"从不同高度自由下落，并记录下落的高度。对滴在白纸上的血滴进行拍照。打开几何画板，将图片导入几何画板，通过真实比例，利用几何画板计算出血滴面积，如图 6 – 1 – 6 所示。

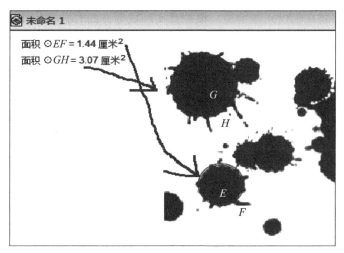

图 6 – 1 – 6

将高度数据和面积数据拟合，可以得出模拟"血滴"面积与下落高度之间的函数关系，从而解决上述问题。

【案例点评】

在上述探究活动中，可以让学生深刻体会到，创新思维能力在我们解决实际问题中有着重要的意义和作用，同时我们还可以提出一些创新性问题，如：配制浓度影响探测结果吗？自由下落的模拟"血滴"落地是什么形状？测量边界取到哪儿合适？这样可以充分培养学生的探究意识和能力，对于落实物理核心素养非常必要，在以后的科学研究中播下了创新思维的火种。

## ■ 第二节　基于仿真实验的科学思维能力培养

仿真物理实验室是一种将物理规律内置于电脑之中的软件平台。借助仿真物理实验室，可以设计与实施小到带电粒子、大到宇宙天体的理想实验。仿真物理实验室具有操作简单、交互性强的特点，既是一个优秀的物理教学平台，也是一个优秀的科学探究工具。随着计算机网络技术的普及与发展，虚拟仿真技术被广泛应用于教学中，开创了一种全新的教学模式，虚拟仿真实验作为传统实验教学的重要补充，受到了众多学校教师的重视和关注。而物理虚拟仿真实验正是数字化教育改革在物理教育领域的重要支柱。虚拟仿真实验为学生营造更多自主学习、多元化发展空间的实验环境，把虚拟仿真实验作为传统物理实验的一个重要补充，实现虚中有实、实中有虚的多元化实验教学和学习效果，丰富了实验教学手段。仿真实验在创设问题情境、模拟真实环境等方面有独特的作用，以此来辅助课堂教学有利于培养学生的科学思维能力。

"仿真物理实验室"有三个部分：主模块（包含运动、力学及动力学等内容）部分、光学部分和电学部分。各模块提供了充足的物理器件和物理环境。通过搭建器件，并设置器件的属性就能完成所设想的理想实验。

### 一、利用仿真物理实验有效提高学生的物理模型建构能力

应用仿真物理实验室可以提高学生的科学探究素养，让学生真正地融入科学探究的实践中，提升其创新创造能力。同时，在不断的探究中，也真正让学生认知物理概念，建构物理模型。

**【案例1】带电小球在复合场中的运动**

在中学物理课程内容中，有许多物理概念和物理规律是在实验的基础上总结得出来的。而在实际教学中，带电质点在复合场中的运动是现实实验无法完成的。这使得很多学生在学习和理解复合场问题、等效重力的思想时，是通过记忆去完成的，缺乏模型建构的过程和深度思维活动。我们可以利用仿真平台对做过的实验进行模拟回顾，唤醒学生头脑中的实验印象，继而在实验的基础上引入相关知识，从而加深对物理概念和规律的理解，具体过程如下：

在"仿真物理实验室"中创建一个水平向右的匀强电场，电场强度单位 $E =$

10 N/C；创建一个单摆模型（用绳子悬挂带电小球），绳长为 0.5 m，带电小球质量设为 $m = 1$ kg，带电量设为 $q = 10$ C（重力加速度在实验设置中取 $g = 10$ m/s$^2$）；创建带电质点的速度大小与运动时间图；在最低点给带电小球一定的水平初速度 $v_0 = 6$ m/s，看带电小球在竖直面内是怎样运动的？

通过类比思想，显性化实验过程。

将带电质点只置于重力场中，观察带电质点做什么运动。观察其运动速度大小随时间的变化图像，通过仿真实验室完成的实验，反馈展示学生实验情况，如图 6 - 2 - 1 所示。

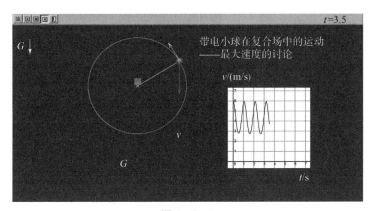

图 6 - 2 - 1

将带电质点置于重力场和电场中，观察带电质点做什么运动？观察其运动速度大小随时间的变化图像，通过仿真实验室完成的实验，反馈展示学生实验情况，如图 6 - 2 - 2 所示。

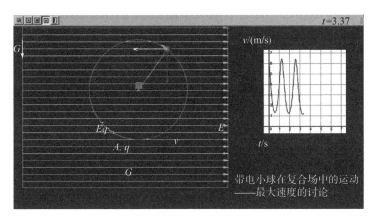

图 6 - 2 - 2

通过显性化物理过程，观察并讨论它们的异同，从而学会模型建构。当带电质点只置于重力场中，在其运动过程中最小速度和最大速度出现的位置在竖直方向，而带电质点同时置于重力场和电场中时，在其运动过程中最小速度和最大速度出现的位置却不在竖直方向，在与竖直方向成45°方向，两种情况下的速度最大值与速度最小值在运动时间图像上显示的数值并不相同。通过显性化仿真实验，进一步可建立如下模型：观察将带电质点只置于重力场中，在其运动过程中最小速度和最大速度出现的位置，与理论上的速度最值的位置是否相符？如图 6 - 2 - 3 所示。

分析：带电质点从最低到最高的过程中，重力做负功，最高点速度最小，由动能定理可得最小速度：

$$- mg \cdot 2R = \frac{1}{2}mv_{\min}^2 - \frac{1}{2}mv_0^2$$

得：

$$v_{\min} = \sqrt{v_0^2 - 4gR}$$

这与实际观察仿真效果和运动 - 时间图像的结果符合。

观察将带电质点同时置于重力场和电场中，在其运动过程中最小速度和最大速度出现的位置，与理论上的速度最值的位置是否相符？如图 6 - 2 - 4 所示。

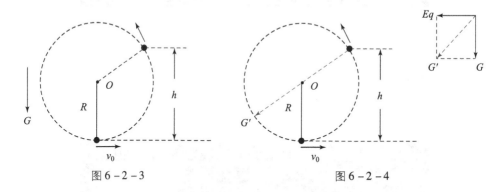

图 6 - 2 - 3                           图 6 - 2 - 4

分析：带电质点在复合场的运动过程中等效最高点和最低点如图 6 - 2 - 4 所示，因此在等效最高点具有最小速度，在等效最低点具有最大速度。

因设置的电场力等于重力，则等效重力的方向与水平方向成45°斜向下，如图 6 - 2 - 4 所示。

从水平位置到等效最高点，由动能定理可得最小速度：

$$- mg \cdot \left(R + \frac{\sqrt{2}}{2}R\right) - Eq \cdot \frac{\sqrt{2}}{2}R = \frac{1}{2}mv_{\min}^2 - \frac{1}{2}mv_0^2$$

得：

$$v_{\min} = \sqrt{v_0^2 - 2gR - 2\sqrt{2}gR}$$

从水平位置到等效最低点，由动能定理可得最大速度：

$$-mg \cdot \left(R - \frac{\sqrt{2}}{2}R\right) + Eq \cdot \frac{\sqrt{2}}{2}R = \frac{1}{2}mv_{\max}^2 - \frac{1}{2}mv_0^2$$

得：

$$v_{\max} = \sqrt{v_0^2 - 2gR + 2\sqrt{2}gR}$$

这与实际观察仿真效果和运动－时间图像的结果符合。

**【案例点评】**

在模型建构的基础上提高科学思维的层级。如图 6－2－5 所示，在水平方向的匀强电场中，用长为 $l$ 的绝缘细线，拴住一质量为 $m$、带电量为 $q$ 的小球，线的上端固定，开始时连线带球拉成水平，突然松开后，小球由静止开始向下摆动，当细线转过 60°时的速度恰好为零，问：摆球速度最大时细绳与水平方向的夹角是多大？

只考虑重力作用下摆球的摆动情况，如图 6－2－6 所示，最低点关于两个速度零点对称。同理，在等效重力场中也具有类似的特征。该题目答案为与水平方向成 30°角，用仿真实验可进行很好的验证。

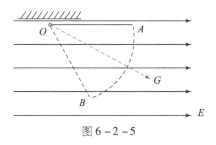

图 6－2－5

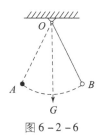

图 6－2－6

通过仿真实验的演示实验，让学生在感性认识的基础上，提高其抽象思维能力，通过恰当的问题设计显性化物理过程，引导学生一步一步由浅入深地解决问题，提高其模型建构能力和水平。

## 二、利用仿真物理实验室显性化物理过程强化学生的空间想象力

带电粒子在磁场中的运动，在现实实验条件下很难观测其具体的运动情况，借助仿真物理实验室可真实显性化呈现带电粒子的运动及其轨迹，从而将抽象问

题形象化、模型化，有利于提高学生的空间想象力。

### 【案例2】带电粒子在磁场约束下的多次碰撞

在"仿真物理实验室"中创建一个半径为 $R$ 的圆筒，角度设置为（$-179°$~$179°$）（目的是留下一个小孔），圆心设置为（0，0），半径设置为 $R=10$。创建一个圆形匀强磁场，圆心为（0，0），半径设置为10（这样就创建了一个充满圆筒的圆形磁场），磁感应强度设为 $B=0.2T$，磁场的方向与圆筒面垂直。一个带电粒子质量设为 $m=1$，带电量设为 $q=10$（质量和电量的设置成比例），沿半径方向从圆筒上的 $a$ 孔射入筒内。给带电粒子一定的初速度，带电粒子在圆筒内将做怎样的运动？

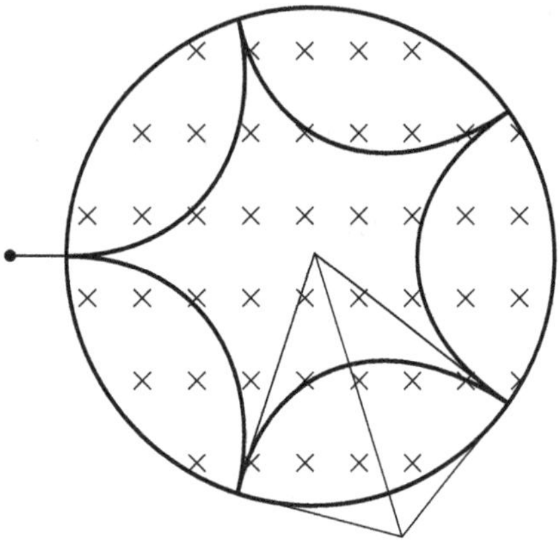

将粒子的速度分别设为34.64、20、14.53、11.55，观察粒子做什么运动？

通过仿真物理实验室，反馈展示学生实验情况。如图6-2-7所示，粒子与圆筒发生四次碰撞后与原速度方向相反而离开。

图6-2-7

由仿真物理实验的空间模型建构可知，粒子与筒壁碰撞 $n$ 次，则筒壁上 $n$ 个碰撞点所连接的是一个正 $n$ 边形，也就是每个圆弧所对的圆筒上一面圆弧的圆心角为：

$$\alpha = \frac{2\pi}{n} \qquad ①$$

设粒子做圆弧运动的半径为 $r$，则：

$$r = R\tan\frac{\alpha}{2} = R\tan\frac{\pi}{n} \qquad ②$$

由洛伦兹力提供向心力得：

$$qvB = \frac{mv^2}{r} \qquad ③$$

根据式①~式③，学生得到：

$$v = \frac{qBR}{m}\tan\frac{\pi}{n}(n = 3,4,5,\cdots)$$

还可以进一步探究，若粒子绕行 $N$ 周后从小孔水平射出，此过程中粒子与圆

筒壁碰撞 $n$ 次，已知运动粒子的速度 $v$、电量 $q$、质量 $m$、粒子碰撞次数 $n$、磁场的磁感应强度 $B$、磁场的半径 $R$，写出其速度应满足的条件。

设粒子绕行 $N$ 周后从 $a$ 孔射出，此过程中粒子与圆筒壁碰撞 $n$ 次，则粒子运动的每段弧相应的圆筒上的圆心角为：

$$\alpha = \frac{N2\pi}{n}$$

根据上面已有的讨论可得公式：

$$v = \frac{qBR}{m}\tan\frac{N\pi}{n}(n = 4,5,6,\cdots)$$

图 6 - 2 - 8 为周数 $N = 7$，碰撞次数 $n = 21$ 的仿真实验探究情况。

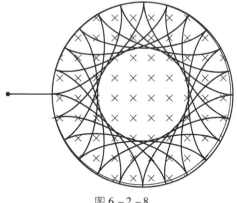

图 6 - 2 - 8

### 三、利用仿真物理实验室提高学生的理论联系实际能力

物理学作为自然科学的基础学科与我们的社会生活紧密相连，课堂教学除了向学生传授理论知识，也需要补充一些科学技术中的物理知识和科技前沿。根据教学内容，选取合适的仿真实验进行演示，通过简单的实验动画讲解科技发明背后的基本原理，将课堂知识与科学技术联系起来，让学生了解物理知识在科学技术中的应用和重要性，从而激发学生学习物理的热情，促使学生形成良好的科学态度，从而提高学生理论联系实际的科学思维能力。

利用磁场对带电粒子束的轨迹进行调整在加速器领域广泛应用。图 6 - 2 - 9 为回旋加速器的示意图和真实图，它利用磁场进行偏转，同时利用 $D_1$、$D_2$ 缝隙中高压进行加速。

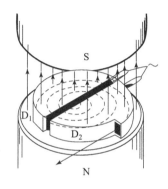

图 6 - 2 - 9

图 6 - 2 - 10 为同步加速器，它使用磁场让带电粒子在运行中改变方向，同时利用电场加速带电粒子。

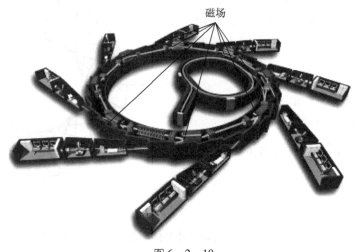

图 6 - 2 - 10

### 【案例 3】 探究带电粒子在磁场中运动的范围

如图 6 - 2 - 11 所示，真空室内存在匀强磁场，磁场方向垂直于图中纸面向里，磁感应强度的大小 $B = 0.60$ T，磁场内有一块平面感光干板 $ab$，板面与磁场方向平行，在距 $ab$ 的距离 $L = 16$ cm 处，有一个点状的放射源 $S$，它向各个方向发射 α 粒子，α 粒子的速度都是 $v = 3.0 \times 10^6$ m/s。已知 α 粒子的电荷与质量之比 $q/m = 5.0 \times 10^7$ C/kg，

图 6 - 2 - 11

现只考虑在图纸平面中运动的 α 粒子，求 $ab$ 上被 α 粒子打中的区域的长度。

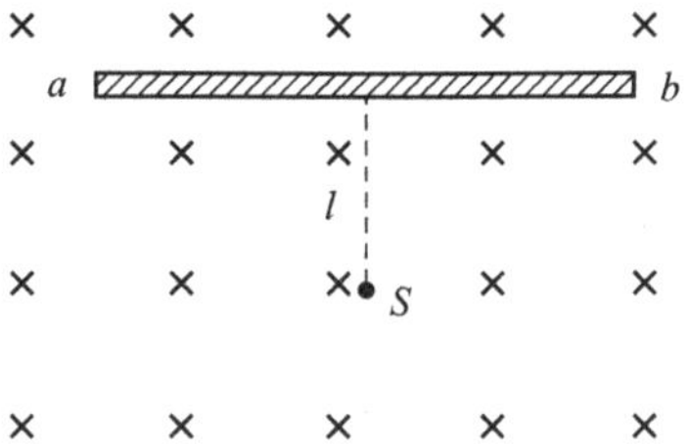

实验设置，双击打开桌面上的"仿真物理实验室"，在出现的窗口右端会出现一个悬浮的工具箱；下拉工具箱右侧的条形码，找到匀强磁场工具，单击鼠标选中，在软件界面的中间区域单击，然后拖动，出现一个矩形虚框，再次单击，会弹出一个对话框，用于设置磁场的一些参数，根据题目需求依次设定各项参数，图中为了直观性，把题目中的距离单位由 cm 换作 m，扩大了 100 倍。在工具箱中单击选定运动对象，在软件界面中心区域单击，用于设定运动对象 1 的参数，图中初速度选择框中选择极坐标，角度设为 0°，电量和速度相应地缩小了同样的倍数。单击软件工具栏中的"运行"按钮，运行软件，可以得到该带电粒

子的运动轨迹。重复以上步骤，设定运动对象 2 的参数，初速度的角度设定为 10°，其他参数不变，另外可以通过外观属性改变运动对象的颜色。然后选定运动对象 2，右键单击复制，在其他地方单击，然后右击粘贴，创建运动对象 3，设定运动对象 3 的初速度角度为 20°，初位置设定为坐标原点。依次创建运动对象 4~36，初速度角度依次设定为 30°~350°，每 10°设定一次。

探究过程：首先让学生独立思考并在纸上画图，大部分学生能用 $R = \dfrac{mv}{qB}$ 计算出圆运动半径为 10 cm。比较集中的画法有两种，如图 6 – 2 – 12 所示。

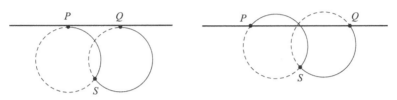

图 6 – 2 – 12

上述传统的方式探究"带电粒子在匀强磁场中运动极值问题"不直观，用仿真实验直观形象的显示，有利于提高学生的科学思维能力和水平，仿真运行结果如图 6 – 2 – 13 所示。

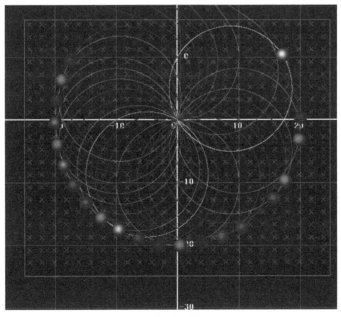

图 6 – 2 – 13

根据仿真结果看到不同方向的粒子运动轨迹，有的打在板上、有的没打上。产生极值的条件如图 6-2-14 所示，α 粒子带正电，故在磁场中沿逆时针方向做匀速圆周运动，速度的方向不同，轨道位置亦不同，但必须过 S 点。可以看到有一个圆轨迹在左侧与板 ab 相切，切点就是

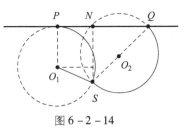

图 6-2-14

左侧最远点；再考虑右侧，α 粒子在运动中离 S 点的距离不会超过 2R，所以以离 S 点的距离为 2R 的点为右侧最远点。如果 α 粒子打中的区域边界点 P 和 Q 正确做出，距离按几何关系就很容易求出了。

由 $PN^2 = R^2 - (l-R)^2$，得 $PN = 8$ cm。

由 $QN^2 = (2R)^2 - l^2$，得 $QN = 12$ cm。

**【案例点评】**

在案例 2、案例 3 中，利用仿真物理实验室可以"显性化"其运动轨迹及运动规律，带电粒子时间上、空间上有真实完美的再现，可以很好地体现它的周期性特点和运动范围。仿真实验作为一种教学辅助工具对课堂教学的实施与核心素养的培养有一定的积极促进作用，教师应该结合教学实际合理运用物理仿真实验，努力促进学生核心素养的发展，提高其科学思维能力和水平。

## ■ 第三节 基于频闪截屏技术的科学思维能力培养

频闪截屏技术是一种数据获取或者数据挖掘技术，它包括频闪图片的获取、频闪图片的拼接与合成、基于 Excel 和几何画板等软件的数据挖掘。随着数码技术的发展，数码摄像机、数码相机、数码摄像头可以把所拍摄的图像显示在电脑屏幕上。频闪截屏技术就是利用截屏工具将数码影像每间隔一段时间截取一张频闪图片，再通过图片处理工具将频闪图片拼接成一张图册，最后借助几何画板、Excel 等工具在图册上探究科学规律。

### 一、利用频闪截屏技术培养学生的科学探究实践能力

利用频闪截屏技术可以使学生非常方便地去探究生活中的一些感兴趣的运动，如研究落叶、百米赛跑、出租车速度的测量等，从而提高学生学习物理的热情及其科学探究能力和水平。

### 【案例1】探究单摆的运动规律

1. 实验设置

频闪截屏的软件较多，Mr. Captor 是其中的一种截屏软件。Mr. Captor 的使用方法如图 6 - 3 - 1 所示，通过单击"选项"菜单中"参数"命令，会弹出参数窗口，在"定时/视频"选项卡中可以设置频闪周期和保存路径等参数。捕获频闪数据时需要首先在屏幕上选定方形捕获区域。频闪周期可以调节，所捕获的图片将被自动地保存在特定文件夹内。

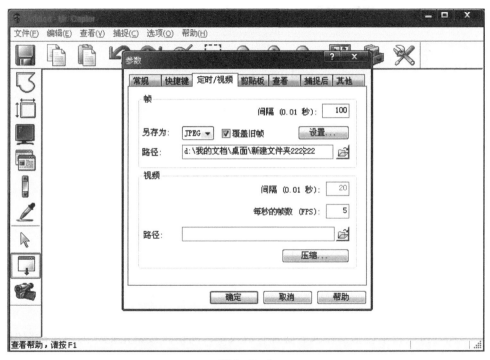

图 6 - 3 - 1

获取频闪图片的一种途径是通过摄像头和 Mr. Captor 实时获取单摆频闪图片。如图 6 - 3 - 2 所示，用一个摄像头对准一个单摆拍摄，可以在计算机屏幕上看到单摆的摆动过程。打开频闪截屏软件 Mr. Captor，单击"选项"菜单中"参数"命令，将弹出参数窗体，在"定时/视频"选项卡中设置频闪周期为 0.1 s，设定图片保存路径。单击"⟨3⟩"按钮，在屏幕上圈定单摆振动的截屏区域，再单击鼠标右键，在弹出的菜单中选取"开始定时捕捉"命令，于是所捕的图片被记录在相应的文件夹中并被自动编号，如图 6 - 3 - 3 所示。

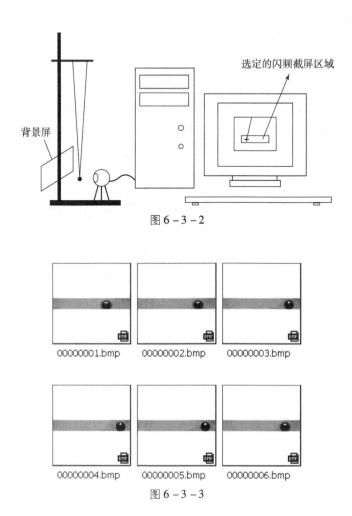

图 6 - 3 - 2

图 6 - 3 - 3

图片拼接技术包括拼接或者叠加合成技术，所谓拼接就是把频闪照片按照时间顺序拼接或者叠加起来，使其形成位移－时间图像，一般用于探究一维运动。而所谓叠加合成则是按照图像中物体与背景在颜色深浅上的差别，把许多幅图片中的物体的位置信息合成在一张图片上，一般用于探究二维平面运动。

基于频闪截屏技术的数据处理和分析，从上面研究单摆运动的例子所得到的频闪图片中每张图片均记录了物体在某一时刻的位置信息，对于一维运动来说，把这些图片排列起来就得到了位移－时间图像。将图 6 - 3 - 4 中的图片旋转 90°，然后用 ACDSee 的图册功能生成一系列图像的拼图，这就是单摆的位移－时间图像，每一竖条表示间隔 0.1 s 以后摆球的位置，当然这里的位置是相对的。

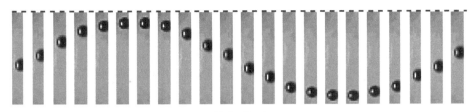

图 6 - 3 - 4

调整图册的列距，将各个图之间的间隔去掉，生成如图 6 - 3 - 5 所示的无缝图片。

图 6 - 3 - 5

通过图片的拼接和叠加合成，我们可以得到机械运动的位置 - 时间关系，能够定性地反映位移随时间的变化规律。但是若定量地研究频闪图片，确定物体的实际位移，尚需要利用几何画板、MATLAB、Excel 等软件的拟合等数据处理功能。

通过拼接后单摆的位置 - 时间图像，可启发学生思考其形成的原因，进一步使学生在科学思维、探究能力、实践意识等方面得到有效提升。

【案例 2】 探究平抛物体的运动规律

实验设置：将 CASIO（EX - FH100）数码相机调至照相功能，曝光时间适中。将摄像机安装在三脚架上并使镜头水平对准平抛运动仪。一位同学将频闪发光小球从某一高度释放，小球沿斜槽运动，最后水平抛出；另一位同学看准时机，在小球飞出斜槽前，按下快门。将拍下的照片通过 USB 线，传到电脑上；可以用图片处理软件进行简单的裁剪处理，去掉无用的部分，但不要随意缩放照片，防止照片在水平和竖直方向上的比例和实物不同。用几何画板软件描点，得到运动曲线，并且得到各点的坐标。另外，要用几何画板测出平抛仪上某一背景表格的长度，以便求出和真实长度（2 cm）之间的比例系数，即照片相对于实物的缩放比例，进而计算出每相邻两个点之间的真实距离。

实验中拍摄的一张图片如图 6 - 3 - 6 所示，进行简单裁剪后如图 6 - 3 - 7 所示。

图 6 – 3 – 6

图 6 – 3 – 7

　　将图片先粘贴到一个空白的 Word 文档内，然后复制；打开几何画板，用"Ctrl + V"快捷键粘贴到几何画板内；选定几何画板左侧的"点工具"命令，对图片上的各个红点进行描点，如图 6 – 3 – 8 所示；选择左侧"直尺工具"命令对某个背景表格画线；然后右击图片，选择"隐藏图片"命令，把第一个点作为坐标原点，按住 Ctrl 键，单击选择所有点，然后单击"度量"菜单下的"坐标"命令，标出各点坐标；选定线段，单击"度量"菜单下的"长度"命令，列出背景表格 RS 的长度，如图 6 – 3 – 9 所示。

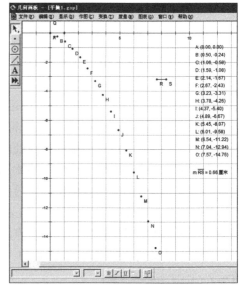

图 6 – 3 – 8

图 6 – 3 – 9

　　观察各点的坐标发现，横坐标、纵坐标符合不同的规律，即水平方向和竖直方向满足不同的运动规律，因此对横纵坐标分别研究。采用上面同样的方法列出各点横坐标和纵坐标，分别选定横坐标和纵坐标，单击"图表"菜单中的"制表"命令，可以得到横纵坐标的表格，该表格可直接粘贴至 Excel 表格中，如图 6 – 3 – 10 所示。

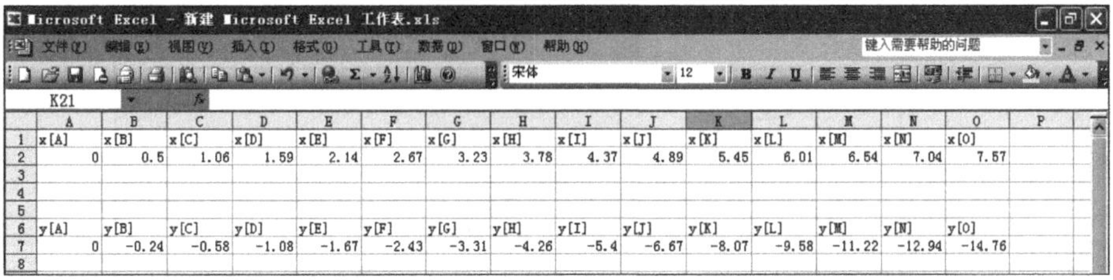

图 6 – 3 – 10

　　比例系数为 2/0.66，计算出各点真实的坐标。从第一个点开始计时，相邻两点间隔 0.02 s，在每点下面列出时间轴，如图 6 – 3 – 11 所示。（注：纵坐标转化为国际单位 m）

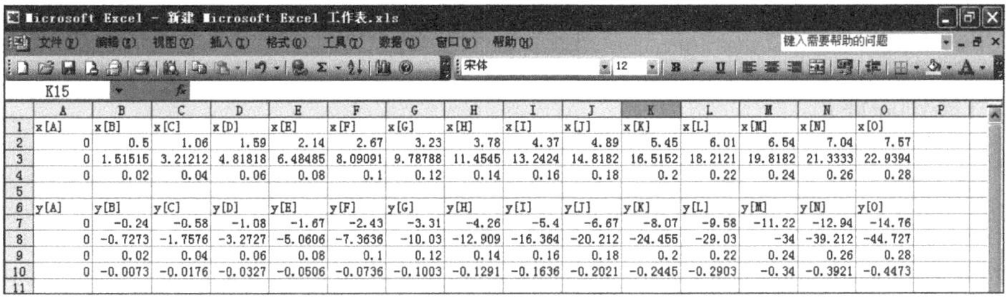

图 6 – 3 – 11

　　利用 Excel 图表工具画出横纵坐标的图表，如图 6 – 3 – 12 和图 6 – 3 – 13 所示。

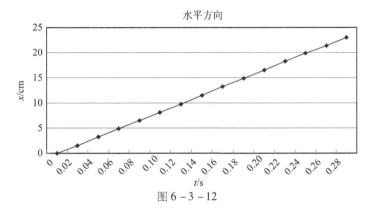

水平方向

图 6 – 3 – 12

水平方向：在水平方向上小球的坐标随着时间均匀变大，为一次函数，因此水平方向上平抛运动为匀速直线运动。

竖直方向：在竖直方向上，位移均匀变大，为匀加速直线运动，加速度为 $g$，初速度为 0，即竖直方向上为自由落体运动。

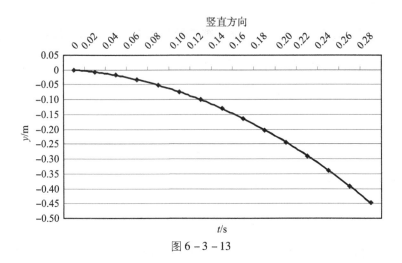

竖直方向

图 6-3-13

【案例点评】

在这两个案例中，学生通过频闪截屏技术及相关信息处理软件，探究单摆、平抛物体的运动规律，而不是生搬硬套，死记硬背结论，这可以让学生在探究的过程中更深刻地理解其运动规律和内在本质。同时我们应进一步启发学生思考：平抛运动在水平和竖直两个方向上为什么有这样的运动规律？能用牛顿定律解释一下吗？参照平抛运动，对于斜抛运动，你想到了什么研究方法？猜想一下它的运动规律，从而引导学生分析影响问题的主要因素和次要因素，把一个复杂的问题分解为若干个简单的问题，思考事物间的因果关系等。

**二、利用频闪截屏技术培养学生的理论联系实际能力**

我们应把物理课程中所形成的物理观念和科学思维用于分析、解决生活中的问题，在解决问题中进一步提高探究能力、增强实践意识、养成科学态度，促进物理学科核心素养的形成。如出租车在身边随处可见，一般情况下它的时速是多少？利用身边现有的工具，能测出出租车的速度大小吗？

**【案例3】利用频闪截屏技术探究出租车的速度**

　　首先查找资料了解出租车一般情况下车速大小；然后小组合作，确定拍摄过马路视频的地点与操作过程分工；为了便于后续的数据分析，建议选择一条车流量较小的平直公路，避免来往车辆过多而互相遮挡或者发生拥堵。通过观察所拍摄到的汽车驶过的片段，建议选取一段完整的汽车从画面左边进入、右边出去，并且整个过程中画面内没有物体遮挡汽车的清晰片段作为主要的研究材料。将已经截好的视频片段再次用 QQ 影音的截取工具打开，在这里可以实现对精确到 0.001 s 的时间点的选取。拖动进度条到某个时刻，此时需要将视频画面截屏保存。虽然该软件有截屏功能，但是只能在播放的状态下手动截屏，在"截取"状态下无法实现。

　　对速度的测量可以通过以车身上固定的一点（如前轮的中心点）为标准，在这个点的运动轨迹上选取几个点，测量该点在一段时间 $t$ 内走过的位移 $s$，作比得到 $v = \dfrac{s}{t}$。

　　在测量位移方面，可以利用比例尺的方法——选取图中的物体测得的长度和其实际长度之比得到图中其他距离的实际长度：$\dfrac{L_{1图}}{L_{1实}} = \dfrac{L_{2图}}{L_{2实}}$。

　　同时，由于缩放比例会随着具体物体到拍摄点的距离远近而不同，因此不妨直接选取出租车本身作为标尺。用几何画板软件计算出出租车的行驶速度。

　　问题探究，运用 QQ 聊天工具中的截图功能。在保持屏幕大小不变的情况下，选取尽量多的时刻截屏，并记录对应的具体时刻。

　　将所截到的图片整合到一张图片中，这样才能体现出汽车水平运动相对位置的变化。可以直接将图片插入 Word 中，在不改变图片宽度的情况下直接利用 Word 中图片处理工具中的"裁剪"功能，将图片上下多余的部分去除。同时调整图片间距使其尽量靠近，然后再次截图保存，便于接下来的数据处理与计算，如图 6 - 3 - 14 所示。

　　利用几何画板处理数据，将最后截得的整体图片直接粘贴到几何画板中，并在画板中分别描出车前轮中心的各个位置以及车身的线段，如图 6 - 3 - 15 所示。

　　由于需要测量的只是各个点的水平距离，因此建立坐标轴，度量两点间横坐标的差。再除以两点间对应的时间段，即可得到这两点间的平均速度大小，如图 6 - 3 - 16 所示，将各个速率相加取平均值可以从一定程度上减小误差。

图 6 - 3 - 14

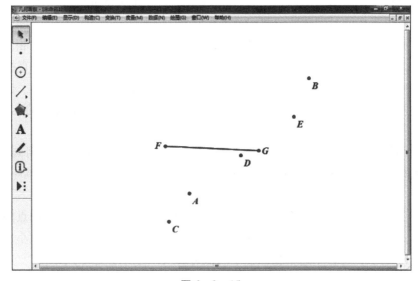

图 6 - 3 - 15

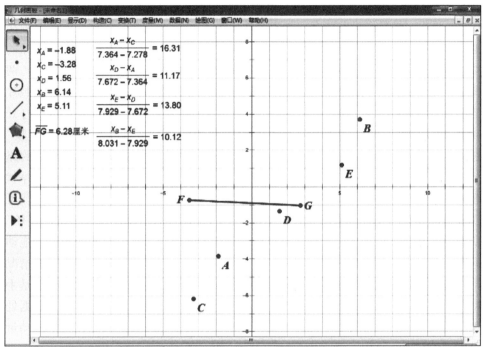

图 6 - 3 - 16

从图中测得车长，再上网搜索北京市所采用的"现代"出租车的具体型号，进而搜索出该型号车的车长为 4.525 m。代入公式即可算出出租车行驶的平均速度约为 9.26 m/s，即 33.34 km/h。

【案例 2】 探究小球二维碰撞过程中的规律

实际生活中的碰撞多是二维或三维的斜碰，如台球的碰撞、车辆的碰撞、保龄球的碰撞、微观粒子的碰撞和天体的碰撞，如图 6 - 3 - 17 所示。

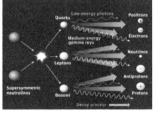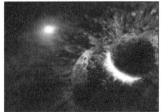

图 6 - 3 - 17

实验探究设计：将 CASIO（EX - FH100）数码相机调至 HIGH SPEED（高

速）摄像功能，并在菜单中选择"高速速度"的"120 fps"，即可实现每秒拍摄120 张照片。将摄像机安装在三脚架上并使镜头平行于地面。在水平地面上依次铺好坐标纸、1 m×1 m 的光滑玻璃板，两个小钢球作为研究对象，拍摄小球的二维碰撞过程。第一组实验是运动的甲球斜碰静止的乙球，第二组实验是甲乙两球在运动中斜撞。利用视频截图软件 Mr. Captor 进行截图，得到类似于频闪照片的图片。具体操作是：第一步，打开视频，置于暂停状态备用；第二步，打开 Mr. Captor 软件，单击"选项"菜单中的"参数"命令，再单击"定时/视频"选项卡将截屏时间间隔设置为 0.01 s，同时可以新建文件夹设置截屏存放的路径；第三步，单击"捕捉"菜单中的"区域"命令，鼠标变成十字，在暂停状态的视频中选定捕捉区域的大小，单击右键选择"开始定时捕捉"命令，即可实现每隔 0.01 s 的定时视频截图，捕捉完毕后自动将图片保存到"存放的路径"所设置的新建文件夹中。此外也可以选择运用 QQ 影音工具中的截图功能。拖动进度条到某个时刻，此时需要将视频画面截屏保存，在保持屏幕大小不变的情况下，选取尽量多的时刻截屏，并记录对应的具体时刻。此种方法的时间记录是手动操作，而 Mr. Captor 截图的优势是自动控制截屏时间间隔相等并可调。数据处理：用几何画板软件计算小球碰撞前后的动量，验证小球二维碰撞过程中的动量是否守恒。

　　实验探究过程，我们的实验可以以两个小钢球作为研究对象，拍摄小球的二维碰撞过程。运动的甲球斜碰静止的乙球，图 6 - 3 - 18 中的 4 张图片是某次第一组实验中碰撞前后的各两张图片，其时间间隔为 0.03 s。

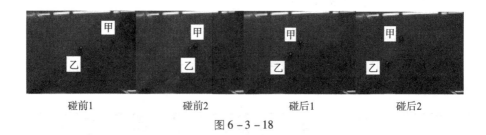

碰前1　　　　　　　碰前2　　　　　　　碰后1　　　　　　　碰后2

图 6 - 3 - 18

　　将截得的 4 张图片依次粘贴到几何画板中，利用"点工具"将 4 张图片中的甲乙小球分别用绿色圆点和红色圆点表示出来，选中各点，单击"度量"菜单中的"横坐标""纵坐标"命令就可以显示小球所在位置的坐标值，如图 6 - 3 - 19 所示。再单击"显示"菜单中的"隐藏照片"命令就可以得到图 6 - 3 - 20。其中点 $J$ 为坐标原点、点 $A$ 为"碰前 1"图片中的甲球、点 $B$ 为"碰前 2"图片中的甲球、点 $D$ 为"碰后 1"图片中的甲球、点 $E$ 为"碰后 2"图片中的甲球、点 F 为"碰后 1"图片中的乙球、点 G 为"碰后 2"图片中的乙球。

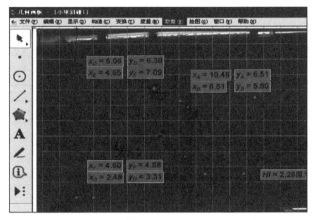

图 6 – 3 – 19

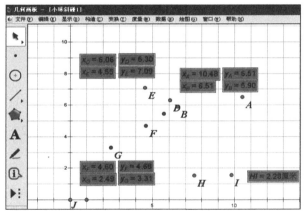

图 6 – 3 – 20

为了将几何画板中的长度还原为小球运动的实际长度，选取图中的坐标纸上实际距离为 5 cm 的 H 和 I 两点，度量其在几何画板中的长度为 2.28 cm，根据 $\dfrac{s}{x} = \dfrac{2.28\,\text{cm}}{5\,\text{cm}}$，得到任意两点实际长度 $s = \dfrac{2.28\,\text{cm}}{5\,\text{cm}}x$（其中 x 为任意两点在几何画板中的长度）。

选定各点坐标再单击"数据"菜单中的"制表"命令，即得到横纵坐标的表格，该表格可直接粘贴至 Excel 表格中，如图 6 – 3 – 21 所示。由于玻璃板比较光滑，因此可以认为小球近似做匀速直线运动，速度可以通过 $v = \dfrac{s}{t}$ 得到，也可以根据 Excel 表格中的计算功能直接算出甲乙小球碰撞前后的距离和速度。

| tab201106 [兼容模式] | | | | | |
|---|---|---|---|---|---|
| | A | B | C | D | E | F |
| 1 | x[A] | x[B] | x[D] | x[E] | x[F] | x[G] |
| 2 | 10.48 | 6.51 | 6.06 | 4.55 | 4.60 | 2.49 |
| 3 | y[A] | y[B] | y[D] | y[E] | y[F] | y[G] |
| 4 | 6.51 | 5.9 | 6.3 | 7.09 | 4.68 | 3.31 |

图 6 - 3 - 21

水平方向：

$$x_{AB} = 10.48 - 6.51 = 3.97 \ (\text{cm}), \ v_{甲x} = 3.97 \times \frac{5}{2.28} \times \frac{1}{0.03} = 2.90 \ (\text{m/s});$$

$$x_{CD} = 6.06 - 4.55 = 1.51 \ (\text{cm}), \ v'_{甲x} = 1.51 \times \frac{5}{2.28} \times \frac{1}{0.03} = 1.10 \ (\text{m/s});$$

$$x_{EF} = 4.60 - 2.49 = 2.11 \ (\text{cm}), \ v'_{乙x} = 2.11 \times \frac{5}{2.28} \times \frac{1}{0.03} = 1.62 \ (\text{m/s});$$

碰前甲球 $x$ 方向动量：$p_{甲x} = mv_{甲x} = 2.90 \ (\text{kg} \cdot \text{m/s})$；
碰后甲球 $x$ 方向动量：$p'_{甲x} = mv'_{甲x} = 1.10 \ (\text{kg} \cdot \text{m/s})$；
碰后乙球 $x$ 方向动量：$p'_{乙x} = mv'_{乙x} = 1.62 \ (\text{kg} \cdot \text{m/s})$；
碰后甲乙两球 $x$ 方向动量之和：$p'_{甲x} + p'_{乙x} = 2.72 \ (\text{kg} \cdot \text{m/s})$；
碰撞前、后 $x$ 方向动量的相对偏差：$\dfrac{|2.72 - 2.90|}{2.90} = 6.2\%$。

竖直方向：

$$y_{AB} = 6.51 - 5.9 = 0.61 \ (\text{cm}), \ v_{甲y} = 0.61 \times \frac{5}{2.28} \times \frac{1}{0.03} = 0.35 \ (\text{m/s});$$

$$y_{CD} = 6.3 - 7.09 = -0.79 \ (\text{cm}), \ v'_{甲y} = -0.79 \times \frac{5}{2.28} \times \frac{1}{0.03} = -0.45 \ (\text{m/s});$$

$$y_{EF} = 4.68 - 3.31 = 1.37 \ (\text{cm}), \ v'_{乙y} = 1.37 \times \frac{5}{2.28} \times \frac{1}{0.03} = 0.79 \ (\text{m/s});$$

碰前甲球 $y$ 方向动量：$p_{甲y} = mv_{甲y} = 0.35 \ (\text{kg} \cdot \text{m/s})$；
碰后甲球 $y$ 方向动量：$p'_{甲y} = mv'_{甲y} = -0.45 \ (\text{kg} \cdot \text{m/s})$；
碰后乙球 $y$ 方向动量：$p'_{乙y} = mv'_{乙y} = 0.79 \ (\text{kg} \cdot \text{m/s})$；
碰后甲乙两球 $y$ 方向动量之和：$p'_{甲y} + p'_{乙y} = 0.34 \ (\text{kg} \cdot \text{m/s})$；
碰撞前、后 $y$ 方向动量的相对偏差：$\dfrac{|0.34 - 0.35|}{0.35} = 2.9\%$。

通过实验探究，发现在误差允许的范围内，小球二维碰撞过程中的动量是守恒的。

【案例点评】

我们的探究活动要避免让学生"虚假探究"。探究活动应基于生活实际，如我们在观看斯诺克比赛时，经常被其高超的球技所震撼，同时也会思考：台球在碰撞的过程中遵循动量守恒定律吗？能验证我的猜想吗？通过这些基于生活中的真实问题，可以激发学生的探究兴趣和热情。在探究活动中，我们也一定要尊重实验结果，杜绝编造和修改实验数据。在本实验中，碰撞前后的总动量是略有差异的，我们甚至可以基于这些差异去做进一步的分析或探究，只有这样我们才可以真正培养学生的科学探究能力和探究精神。

## ■ 第四节　基于传感器的科学思维能力培养

随着现代科学技术不断发展，世界上正进行着一场新的技术革命，这场革命的主要基础就是信息技术，它以极大地提高劳动生产率和工作效率为主要特征，信息技术的关键在于信息的采集和处理，而信息采集主要依靠各种类型的传感器。

在物理教学中，计算机辅助物理实验教学装置依赖于传感器，在物理实验中也可以应用传感器做许多平时做不了的实验。传感器是借助于检测元件（敏感元件）接收某一种形式的信息，并按一定的规律将它转换成另一种形式的信息的装置。它获取的信息可以是各种物理量、化学量和生物量，而转化后的信息也有各种形式，目前大多数的传感器将获取的信息转换为电信号。常用的传感器有力传感器、位移传感器、光电传感器、温度传感器、磁感应传感器、电压传感器、电流传感器等。

### 一、利用传感器的实时数据采集培养学生的自主科学探究素养

在信息化时代背景下，培养学生的科学探究素养，借助传感器的实时数据采集功能，让每个学生都能真正地融入科学探究中，同时提升其创新创造能力。通过传感器将测量的物理量实时转换为电信号，输入电脑系统中，最后通过系统的处理，以表格和图像的形式将实验结果显示出来，这样既能够简化实验过程，又提高了效率，同时还能真正实现学生科学探究能力的培养和实验能力的提高。

【案例1】探究作用力和反作用力规律

将一对力学传感器通过 USB 线连接到数据采集器上侧的任意两个端口，将数据采集器下侧的端口通过 USB 线连接到电脑上。按下数据采集器最下面的按

钮，直到对应的指示灯亮为止，如果连接正常，数据采集器正面的 USB 指示灯会亮，上侧两个端口的指示灯也会亮。

打开软件，等到"设备连接"上的问号消失；如果"设备连接"上的问号始终未消失，则表明电脑查找不到传感器，需重新连接或者单击"实验连接"命令，手动查找传感器；如果问号变为红色感叹号，则表明传感器连接错误，需查看连接的是否为力学传感器。一切正常后单击"OFF/ON"键，轻按一个力传感器上的"置零"键，将传感器置零。让传感器的侧钩相互勾住，单击进入"力－时间"页面。保持两传感器处于同一直线上，静止向两侧拉动两传感器，如图 6－4－1 所示。

图 6－4－1

如果两个力显示的图像是相反的，则实验连接正常；如果图像相同，则长按其中一个力传感器的"置零"键。

实验中加速向前，或者减速向前，或者相互挤压，观察两个力学传感器的读数，会发现传感器示数大小相等，方向始终相反，如图 6－4－2 所示。

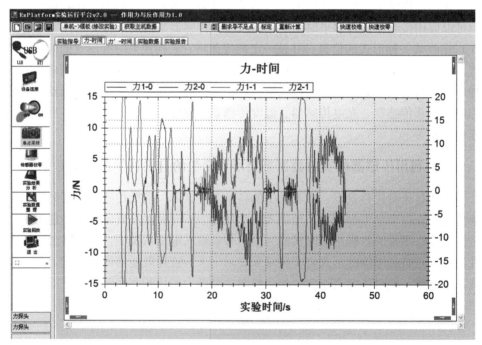

图 6－4－2

**【案例点评】**

传统实验中，用弹簧秤对拉，这样数据不准确，还可能会导致错误。在数字化实验室中，学生自主操作，通过两个传感器进行对拉，这两个传感器，无论是静止、匀速还是加速、减速，都能够让学生在计算机屏幕上了解这两个力的变化的图像，这时作用力和反作用力大小相等、方向相反的特点一目了然。同时，学生的记忆非常深刻，有助于增强学生的科学探究能力，让他们自主操作、自主将两个力的大小进行改变，让他们在不断观察中了解实验、获取知识。

**【案例2】探究影响最大静摩擦力的因素及关系**

学生学习了静摩擦力和滑动摩擦力，知道静摩擦力有一个最大值，称为最大静摩擦力。生活中有很多地方会涉及最大静摩擦力，比如运动会上的拔河比赛，取胜的一方关键是"定性"要好，即鞋与地面之间不要有相对运动，这就要求鞋与地面之间的最大静摩擦力大于对方的拉力。如何取得比赛的胜利呢？就要知道如何增大最大静摩擦力，这就要研究最大静摩擦力和哪些因素有关。

学生已经知道滑动摩擦力的影响因素是动摩擦因数和正压力，公式为 $f_滑 = \mu N$。最大静摩擦力是否也有类似的关系呢？下面通过实验来研究这个问题。

1. 最大静摩擦力大小跟什么因素有关

（1）最大静摩擦力和接触面的粗糙程度有关。

具体操作：在保持正压力一定的情况下，改变配重盒底部材料，从而改变物体与木板接触面粗糙程度，如图 6-4-3 所示。

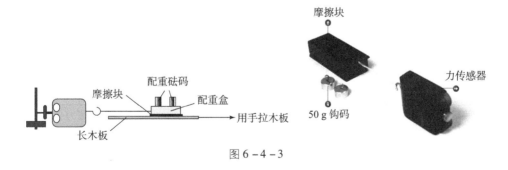

图 6-4-3

利用力传感器，通过计算机记录下最大静摩擦力的数值，从而比较得出最大静摩擦力和接触面的粗糙程度的关系。

（2）最大静摩擦力和正压力有关。

具体操作：配重盒底部材料不变，即物体与木板接触面的粗糙程度不变，改变配重砝码的质量，从而改变物体与接触面间的正压力。

实验装置和操作都与研究滑动摩擦力的相同，如图6-4-3所示，保持接触面不变，用手拉下面的长木板，得到摩擦力与时间的关系曲线。

2. 探究最大静摩擦力和正压力的定量关系

（1）改变配重的质量，重复实验，得到如图6-4-4所示的实验结果。从摩擦力变化图像看到，每次随着正压力的变化，最大静摩擦力也会变化。正压力与最大静摩擦力之间会存在怎样的关系呢？

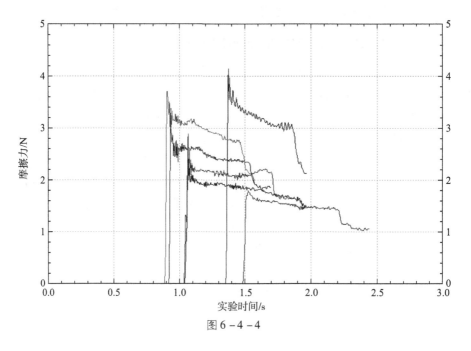

图6-4-4

（2）改变压力大小，得到6组实验数据，对应着不同压力，最大静摩擦力也不同，具体数据如表6-4-1所示。

表6-4-1　最大静摩擦力与压力大小

| 实验次数 | 压力（物体重力）/N | 最大静摩擦力/N |
|---|---|---|
| 1 | 4.20 | 1.80 |
| 2 | 5.18 | 2.42 |
| 3 | 6.20 | 2.94 |
| 4 | 7.14 | 3.38 |
| 5 | 8.12 | 3.70 |
| 6 | 9.10 | 4.20 |

（3）粗略观察实验数据可知，最大静摩擦力是随着压力的增大而增加的。但是最大静摩擦力是否类似于滑动摩擦力一样与压力存在正比例函数的关系呢？学生可以利用数据作图观察，如图6-4-5所示。

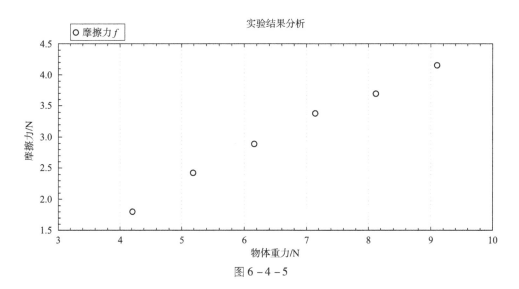

图6-4-5

观察图6-4-5，很容易想到，最大静摩擦力与压力大小存在着一次函数关系，学生可以尝试用直线拟合，如图6-4-6所示。

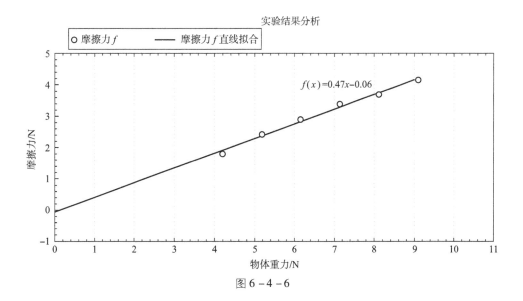

图6-4-6

图线说明最大静摩擦力与压力存在着一次函数关系：$f_{max} = 0.47N - 0.06$。但是实验结果不是我们想象中过原点的正比例函数，而是存在着一个常数项 $-0.06$，它的存在很有可能是实验误差造成的。一次项系数即可叫作静摩擦因数，体现了最大静摩擦力与压力之间的比例关系。

另外，还有大量实验表明最大静摩擦力和接触面的粗糙程度也有关，最大静摩擦力也有类似的计算公式 $f_{max} = \mu_{静}N$，与滑动摩擦力的公式不同的是其中的摩擦因数，这里可以把摩擦因数叫作静摩擦因数，滑动摩擦力公式中的 $\mu$ 称为滑动摩擦因数，二者都与接触面的粗糙程度有关。静摩擦因数数值比滑动摩擦因数略大，因此学生得到的实验曲线中会在最大静摩擦力处有个凸起，当外力超过了最大静摩擦力，物体就会发生相对运动，静摩擦力就变为滑动摩擦力了。

**【案例点评】**

在探究最大静摩擦力与正压力的关系时，利用传感器的实时数据采集功能可以方便获取最大静摩擦力的大小，从而进一步分析影响其大小的因素及定量关系。传统实验很难做到最大静摩擦力的实时数据获取。教师也可在活动中启发学生的质疑精神，如传感器所测的点一定是最大静摩擦力的真实值吗？事实上，实验仪器的精确度、数据采样的频率、人为的操作，均可影响最大静摩擦力的定量测量，它只是一个与最大静摩擦力接近的值。我们也可启发学生的开放性思考：拔河比赛为了取得胜利，为什么选体重大的同学？为什么还穿防滑底的鞋子？体操运动员在比赛前为什么总是往手上擦一些粉状物？

## 二、利用传感器的数据采集处理功能培养学生的质疑创新精神

传感器的方便使用使学生有了参与的机会，也极大地调动了学生的学习积极性和学习兴趣。科学研究表明：对学习有兴趣的学生总是以积极愉快、活泼的心态去对待自己的学习，使思维得以流畅地展开。比如在研究自感现象中，学生体验了"千人震"实验后异常兴奋，总是质疑小小的干电池怎么会有那么大的威力。教师可以借机培养学生的质疑创新精神，及实验探究的证据意识。

**【案例1】探究自感现象中的规律**

一个有趣的实验——"千人震"，找四节干电池、一只变压器原线圈 $L$、一个小灯泡、电键，连成如图 6 - 4 - 7 所示的回路。然后全班同学手拉手站在一起，前后两个同学拉住裸露导线的两端。导线接通在电键两端，闭合电键，小灯泡发光，这时大家不会有什么感觉；断开电键，全班同学会产生强烈的电击感觉，所以这个实验叫作"千人震"。为什么会有如此震感呢？

自感现象本质是一种电磁感应现象，通常的演示方法是用小灯泡显示自感电动势的存在，方法虽然简单，但不能直观显示自感现象中电流变化的暂态过程；尤其在演示断电自感现象时，电感线圈与灯泡并联的电路中，在断开电键的瞬间，灯泡的电流如何变化？利用电学传感器学生可以非常方便地发现自感现象的一般规律。

如图 6-4-8 所示，电键接通后，A 灯发光，要求学生认真观察电键断开时，A 灯闪亮一下渐渐熄灭。

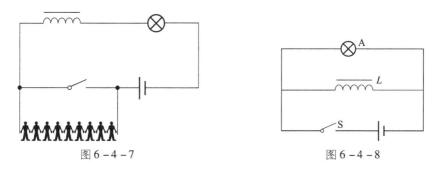

图 6-4-7　　　　　　　　　　　　　图 6-4-8

为什么 A 灯闪亮一下渐渐熄灭，通过它的电流到底是怎样的？通过问题启发学生的质疑精神和寻找证据的意识。

对于该断电自感实验，通过两台电流传感器分别观察线圈和灯泡中的电流变化，如图 6-4-9 所示。

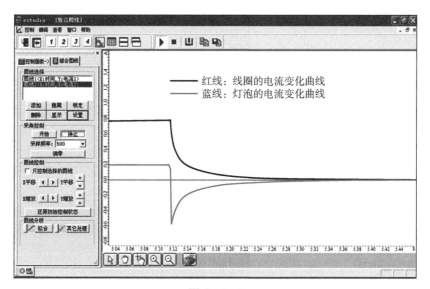

图 6-4-9

由图像可以看到，断开电键的瞬间，A 灯仍有电流通过，但电流更大，且与线圈的初始电流相同，不过这是一个反向的瞬间电流。这一实验证据就能解释上述现象。形成这一现象的原因是什么呢？启发学生进一步思考。这是由于电键断开的瞬间，通过线圈的电流突然减弱，穿过线圈的磁通量也就很快地减少，因此在线圈中产生感应电动势来阻碍线圈磁通量的减少，即阻碍线圈电流减少。这时电源虽已经断开，但线圈 L 和灯泡 A 组成了闭合电路，在这个电路中有感应电流通过，所以灯泡不会立即熄灭。当然这时回路的电流方向与电键断开前线圈的电流方向相同，与电键断开前 A 灯的电流方向相反；电流大小则是从电键断开前通过线圈的电流值开始逐渐减小，这也就能解释"千人震"的实验现象了。

**【案例点评】**

学生通过体验"千人震"的实验，有极大的感官冲击力，很自然地想到利用传感器寻找该实验所对应的初步实验规律和实验证据。在科学探究活动中一定要基于事实的证据，要具有证据意识。同时，也可进一步让学生设计研究通电自感的实验规律，并学会从理论上分析形成上述现象的根本原因。

# 参考文献

[1] 中华人民共和国教育部．普通高中物理课程标准［M］.北京：北京师范大学出版社，2020.

[2] 董博清，彭前程．核心素养视域下科学思维的内涵及其实现路径［J］.课程·教材·教法，2019，39（4）：84－90.

[3] 史宁中．试论教育的本原［J］.教育研究，2009，30（8）：3－10.

[4] 何新．中外文化知识辞典［M］.哈尔滨：黑龙江人民出版社，1989.

[5] 邢红军．物理学科核心素养：透视、商榷与重构［J］.教育科学研究，2018，（11）：5－14.

[6] 杨奇．在高中物理习题教学中培养学生科学思维的教学策略研究［D］.武汉：华中师范大学，2021.

[7] 张恩德．科学思维素养的重新审辨与教学实现［J］.课程·教材·教法，2022，42（4）：127－133.

[8] 殷小慧．在物理概念教学中培养学生的科学思维能力［D］.上海：上海师范大学，2018.

[9] 华蕾．在物理概念教学中培养学生高级思维能力的初探［J］.新课程（上），2011，（4）：86－87.

[10] 张玉峰．基于学习进阶的物理单元学习过程设计［J］.课程·教材·教法，2020，40（3）：50－57.

[11] 于海波．物理课程与教学论［M］.长春：东北师范大学出版社，2019：242.

[12] 同［11］188.

[13] 张颖之，刘恩山．核心概念在理科教学中的地位和作用——从记忆事实向

理解概念的转变［J］.教育学报，2010（2）：57.

［14］李娇阳."问题链"教学模式在中学物理电磁学教学中的应用［D］.北京：中央民族大学，2021.

［15］姚建新，郭玉英.为学生认知发展建模：学习进阶十年研究回顾及展望［J］.教育学报，2014（10）：35－40.

［16］郭玉英，姚建新.基于学生核心素养学习进阶的科学教学设计［J］.课程·教材·教法，2016（11）：64－66.

# 后 记

新时代学生成长需求的变化已经对课堂教学提出了新的挑战！以培养"未来卓越担当人才"为目标，北京一零一中分析时代教育内涵，不断在实践中探索人才培养策略，提出的"生态智慧课堂"理念，坚持教育必须促进每一个学生生命个体的健康成长。基于适应未来社会发展需要，基于学校的"生态智慧教育理念"，北京一零一中物理组教师近几年一直在探索如何以概念、习题、实验为载体，提升学生科学思维能力，最终实现提升学生物理学科素养。

本书由史艺、杨双伟、詹光奕三位老师发起并重点执笔，三位教师总结并提炼多年物理教学实践经验，反思并提升教学实践中的科学思维培养范例，遂成此书。本书在撰写过程中，得到物理组全体老师的大力支持，书稿的第一章、第三章第三节、第五章第一、二节由杨双伟老师完成，第二章、第三章第一、二节、第五章第三节由史艺老师完成，第四章第三节、第六章由詹光奕老师完成，第四章第一节由孙宇伽老师完成，第四章第二节由吴滨老师完成。书中的部分习题、案例来自北京一零一中物理组王跃飞、相新蕾、郭金宁老师，还有部分案例来自北京一零一中双榆树校区物理组梁婷老师。本书撰写过程，也得到了学校陆云泉校长、熊永昌书记、平亚茹校长助理、付鹂娟副主任的大力支持，还得到北京基础教育研究中心张玉峰老师、海淀区教师进修学校崔琰老师、马朝华老师的指导，在此一并对所有的老师、领导、专家表示感谢！

作者因为均来自物理教学一线，对于理论的提升还有一定的局限性，书中撰写内容还有可提升、可改进之处。在未来的教学实践中，我们将一如既往努力学习教育理论、反思教学实践，积累更多有价值的典型科学思维能力培养范例，提炼出更多有价值教学实践反思。也期待本书所写内容能给教育同人提供借鉴，引发更多物理教师关注并实践科学思维能力培养。